· 中国科学技术大学文化育人系列 ·

校报里的“科大范”

主　编◎邓建松
副主编◎朱霁平　汪银生

中国科学技术大学出版社

内 容 简 介

中国科学技术大学自建校之日起，就特别注重以“文”化人、以“文”育人。为更好传承中国科大文化育人的优良传统，本书从65年来见诸校报（校刊）的字里行间，精选有温度有细节的篇章，从文化的角度梳理前辈大师与科学家的无疆大爱，原汁原味地展示中国科大的那些人、那些事，立体地呈现中国科大独有的精神风貌与校园文化，旨在以史为鉴，在继承中国科大文化传统的基础上，努力创造属于我们这个时代的新文化，培育更多能堪当民族复兴重任的新时代“六有”大学生。

图书在版编目（CIP）数据

校报里的“科大范”/邓建松主编.—合肥：中国科学技术大学出版社，2024.3
ISBN 978-7-312-05852-3

Ⅰ.校…　Ⅱ.邓…　Ⅲ.高等学校—校报—新闻工作—合肥　Ⅳ.G216.3

中国国家版本馆CIP数据核字(2023)第253729号

校报里的“科大范”
XIAOBAO LI DE “KEDA FAN”

出版　中国科学技术大学出版社
安徽省合肥市金寨路96号，230026
http://press.ustc.edu.cn
https://zgkxjsdxcbs.tmall.com
印刷　安徽国文彩印有限公司
发行　中国科学技术大学出版社
开本　787 mm×1092 mm　1/16
印张　26.5
字数　379千
版次　2024年3月第1版
印次　2024年3月第1次印刷
定价　78.00元

编　委　会

主　编　邓建松

副主编　朱霁平　汪银生

编　委（以姓氏笔画为序）

王　敏　刘爱华　杨晓萍

桂运安　崔　劼

序

《易经·贲卦》中说："观乎人文，以化成天下。"对于高校而言，育人是大学之本、创新是大学之道，而文化是大学之魂。大学是一种物化存在，更是一种文化存在。大学以超凡脱俗的文化品格肩负起新时代的使命，其关键所在，就要以"文"化人、以"文"育人。

中国科学技术大学是一所充满文化底蕴的大学，她的独特文化和精神令人神往。1958年，为培养"两弹一星"尖端人才，在邓小平、聂荣臻、郭沫若等党和国家领导人的亲自关心下，中国科大在北京成立，她的诞生被誉为"我国教育史和科学史上一项重大事件"。中国科大首任校长郭沫若是中国现代著名作家、历史学家、考古学家、书法家和社会活动家，是我国当代思想文化界的一面光辉旗帜。郭沫若校长的创新求实理念，使中国科大在成立不久便以"红专并进、理实交融"的崭新且独特的文化风貌跻身我国重点高校之列。郭沫若担任中国科大校长近二十年，他一直激励科大学子，在高扬科学技术风帆的同时，也要将文学艺术与科学研究相结合，在文学艺术中找到科学技术创造的灵感。此外，郭沫若校长十分关心学校的文化建设，不仅在文学艺术教育和文娱活动的开展上亲力亲为，用稿费为学校修建游泳池、买放映机和影片，把自己创作剧本的首演票送给师生，亲自为学生修改文学作品，将文学与艺术的基因深深刻入到中国科大之中。如今，中国科大注重培养学生的人文素养，在推动基础学科率先一流与新工科、新医学跨越式发展的同时，着力打造“科”字当头的特色文科，让学校既能高扬科学技术风帆，又不缺少文化传承，这与郭沫若校长当年的倡导和鼓励不无关系。

中国科大成功的文化密码，归结起来，就是红专并进、科教报国。1970年南迁合肥后，学校首创少年班和研究生院，在艰难困苦中二次创业、迅速崛起。中国科大建校仅65年，就赢得了“创新之重镇、英才之摇篮”的美誉，成为新中国创办最成功的大学之一，更是坚持“教育、科技、人才”一体化发展的典型代表。65年来，中国科大践行“科教报国”的宗旨，敢为人先地改革创新，成为高教界一股“不跟风不盲从”的清流。在这里，红色基因和科学文化“同频共振”，“创新”“卓越”“务实”“坚守”“宽容”“民主”等关键词，有形或无形地溶渗于科大文化之中；在这里，大家有着“科教报国”的强烈使命感，一代代科大人“潜心立德树人、执着攻关创新”，“坚持精品办学、培养精英人才”，遵循规律办学治校、创新育人；在这里，有一张安静的书桌，广大师生“不跟风、不逐流、沉静低调”，“勤奋学习、红专并进”的精神融于学风、师风、校风之中，体现的是“勇于创新、敢于超越、力争一流”的不懈攀登；在这里，开放与包容并存，“不唯上不唯书，只唯真只唯实”的科学精神成为全校上下的共识。

传承中国科大的优秀文化传统，责任重大而光荣。在我的职业生涯中，我非常有幸能够成为一名教师，也非常有幸能够成为中国科大的一员。5年多来，我工作生活在生机勃勃的科大校园，零距离地感受着科大文化，在深深感动于科大文化的同时，自觉接受科大文化的濡润与涵养。创新是科大立校之本，科大人低调务实而又敢为天下先。在我的潜意识里，求实唯真的创新精神、艰苦创业的奋斗精神、科教报国的传统、沉静扎实的学风，已成为科大人的鲜明基因和文化血脉。5年多来，我与广大师生一道，竭尽全力推进校园文化建设，传承和弘扬抗大精神、“两弹一星”精神和老一辈科学家精神，切实担负起以“文”化人、以“文”育人的光荣使命，努力培养更多“有理想、有追求，有担当、有作为，有品质、有修养”的“六有”大学生。

文化是一个国家、一个民族的灵魂，传承大学文化是一流大学的文化使命。在中国科大建校65周年之际，校党委宣传部策划推出“文化育人”系列图书，旨在梳理总结我校“文化育人”的实践经验，在文化传承和创新的基础上，奋力迈进建设世界一流大学新征程。作为系列图书重要组成部分，《校报里的“科大范”》一书由《中国科大报》65年来刊发的文章中精选而来，从“理念”“精神”“寄语”“创新”“校园”“追忆”等多个维度，系统整理学校在长期办学治校中积淀和创造的具有鲜明科大特色的深厚文化和基本经验，总结凝练郭沫若等老一辈留给我们的宝贵精神财富和文化遗产，充分营造传承弘扬科大文化的良好氛围，激励一代代中国科大人牢记“科教报国、追求卓越”的初心使命，增强文化自觉、坚定文化自信，奋力把红旗插上科学的高峰，无疑具有重要意义。

习近平总书记在文化传承发展座谈会上强调，在新的起点上继续推动文化繁荣、建设文化强国、建设中华民族现代文明，是我们在新时代新的文化使命。创造属于我们这个时代的新文化，建设中华民族现代文明，虽然任重道远，但对于肩负“为党育人、为国育才”光荣使命的中国科大来说责无旁贷。广大师生一定要牢记习近平总书记对中国科大的殷殷嘱托，以习近平文化思想为指引，坚持守正创新，坚定“红专并进、理实交融”的校训精神，以“观乎人文、化成天下”的文化自信和文化自觉担当使命，进一步传承和弘扬抗大精神、“两弹一星”精神、科学家精神，推动科大文化创造性转化、创新性发展，与全体科大人一道创造属于我们这个时代的科大新文化，为建设中国特色、科大风格的世界一流大学提供坚强思想保证、强大精神力量、有利文化条件。

是为序。

舒歌群

中国科学技术大学党委书记

目　录

理　念　篇

精　神　篇

寄　语　篇

创　新　篇

校　园　篇

追　忆　篇

理念篇

在中国科学技术大学成立暨开学典礼大会上的讲话[①]

聂荣臻[②]

同志们：

我们的国家在党的社会主义建设总路线的光辉照耀下，出现了工农业生产大跃进、技术革命和文化革命的高潮，在科学技术工作方面，必须大力培养新生力量，以满足国家建设的需要，创办一种新型的大学是十分必要的。这种大学和研究机构结合在一起，选拔优秀的高中毕业生，通过比较严格的科学基本知识和技术操作的训练，在三、四年级时，让学生到相关的研究机构中参加实际工作，迅速掌握业务知识，加快培养进度，以便在短时期内使我国最急需的、薄弱的、新兴的科学部门迅速赶上先进国家水平。中国科学技术大学就是在这样的要求下筹办的。在郭院长直接领导下，筹备工作进行得非常快，今天已经正式开学了，这是一件大喜事，我向你们表示热烈的祝贺。

我们的教育工作，必须在党的领导下，为无产阶级政治服务，教育要与生产劳动相结合，教育要走群众路线。为此，中国科学技术大学所培养出来的学生，首先应该是忠实于共产主义事业、艰苦奋斗、忘我劳动的、工人阶级的战士，要在教职学员中，大力加强马克思列宁主义的政治教育和思想教育，树立工人阶级立场和观点，培养与锻炼坚强的革命意

① 原载于1958年9月27日《中大校刊》。

② 聂荣臻，时任国务院副总理。

志和高度的集体主义精神，提倡敢想敢说敢干、坚持真理、战胜困难、勇于同一切资产阶级思想和保守思想进行顽强斗争的精神。

中国科学技术大学培养出来的学生还应该是既掌握坚实的科学基础理论，又能掌握技术操作方法的全面人才，要使科学与技术密切结合。这是现代尖端科学所要求的。除此之外，这个学校还要求同学们成为既能在实验室从事研究、又能在车间参加生产，既能劳心、又能劳力的新型劳动者。为此，就要坚决贯彻理论联系实际、教学结合生产的方针，不断进行教学改革，设立勤工俭学岗位，根据不同的学科和专业，使教学、科学研究和生产三者密切结合起来。

我们是完全有条件把中国科学技术大学建设成为一座很好的新型大学的，在这方面，不仅有中央和国务院为我们制定的正确的方针可以遵循，并且有各兄弟学校在教育革命的具体实践中所创造的丰富经验可以学习。这里特别希望你们与北京大学和清华大学等密切协作，互相支援。为了办好中国科学技术大学，中国科学院提出了全院办校的方针，中国科学院和各个研究所都应该充分发掘潜力，共同努力把这所大学办好。当然，我们还必须看到在前进道路上仍存在一定的困难，譬如，学校才开始兴办，教学工作还缺乏经验，物资设备还不够充分，等等。但是，我相信在党的领导下，在各有关方面的大力支持下，再加上全体教职员和学生的共同努力，鼓足干劲，力争上游，就一定能够多、快、好、省地把这个学校办好。

最后，请让我引用郭院长为学校做校歌中的歌词来结束我的讲话，祝大家：

迎接永恒的东风，
把红旗高举起来，
插上科学的高峰。

继承抗大的优良传统前进①

郭沫若②

同学们、同志们：

在党的建设社会主义总线路的光辉照耀之下，全国工农业生产大跃进的浪潮正在不断高涨，划时代的人民公社正在逐步形成和推广，因而新型的共产主义教育制度也正在逐步定型化而见诸实施。在这个全国人民都“精神振奋、斗志昂扬、意气风发”，为建设社会主义鼓足干劲、力争上游的时候，中国科学技术大学今天正式宣布开学了。

我们的学校是从无到有地建立起来的。筹备工作仅仅费了三个月。在这样短的期间，能够基本上筹备就绪，首先要感谢党中央和政府的特别关怀和重视，其次还要感谢各有关机构的大力支持，我们感谢中国人民解放军为我们解决了校舍问题，感谢各省市党委的具体领导使我们完成了招生任务，感谢各有关部门帮助我们解决了干部和设备等问题。教学计划和教学大纲是在北京大学、清华大学和其他有关学校的同志们的帮助之下初步拟就的，我们同样表示感谢。

国务院副总理聂荣臻、人民大学校长吴玉章和各机构负责同志今天特地来参加我们学校的开学典礼，给了我们很大鼓舞，我们表示感谢。

中国科学院是以“全院办校”的精神来从事本校的筹备的。在筹备

① 原载于1958年9月27日《中大校刊》。

② 郭沫若，中国科学院首任院长，中国科学技术大学首任校长。本文是其在中国科学技术大学成立暨开学典礼上的致辞，有删改。

期间,院所属单位和本校全体工作同志都做了很大的努力。好几百位提前报到的同学们以忘我的劳动,进行了校园的整理和操场的修建,使美丽的校舍更加锦上添花了。此外,在教职员和同学们的共同努力之下,还建立了制造铁氧体、高锰酸钾、氧化铁、电子计算机和电子学仪器等五个工厂,目前已经先后开始生产。这一良好的开端,明确地证明:只要我们肯做最大的努力,我们是可以平地起楼台的。这样的努力能够继续不断地坚持下去,我们一定能够把学校办好,一定能够不辜负党和政府对我们的关怀,不辜负各有关部门和全国人民对我们的期待。

严格地说来,今年是共产主义新教育制度开始的一年。我们的学校是新建立起来的,前无所承,缺乏经验,这是我们的缺点,但也正是我们的优点。毛主席说过:"一张白纸,没有负担,好写最新最美的文字,好画最新最美的画图。"(《红旗》第1期第3页)我们的学校如果可以说像一张白纸,就请把它办成为最新最美的学校吧,我们是有各种极优良的条件的,中国科学院各研究单位的优秀专家都来担任教师,我们的同学是经过严格挑选的中国人民的优良儿女。院与校是一家,院的各个研究单位、各个附属工厂,都是我们的活动场所、我们的实验室、我们的战场。我们既"没有负担",就正好心情舒畅地按照共产主义新教育制度来办好我们的学校,我们一定能够很快地把我们的学校办成模范的红专大学,办成为新型的共产主义大学。

为了实现这个任务,在正式开学的今天,根据党的指示,我要向全体同学和工作同志们说明一些原则性的问题,归纳起来可以叫做"三纲五化",提供给各位讨论,并在今后实践中逐步加以补充和琢磨。

什么是"三纲"?

第一纲,政治挂帅,党的坚强领导。

第二纲,勤工俭学,教学、研究和生产劳动相结合。

第三纲,抓尖端科学技术,为国家建设事业服务。

在社会主义建设事业中,党的坚强领导是站在第一位的一条大纲。这是绝对不能动摇的。体现着万能的马克思列宁主义的党,作为无产阶级先锋队的党,应该领导一切,并且能够领导一切。几年来的最新的事实证明:在党的领导下,中国的革命和中国的建设事业,都进行得很快很好,各个战线都是一个胜利紧接着一个胜利,的的确确表现了“一天等于二十年”的速度,这自然表示着社会主义制度的无比优越性,更特别是党的方针政策的无比正确性。六亿人民的生产力和创造性,在党的正确领导下,得到了全面的大解放。党的方针政策是“从群众中来,到群众中去”的群众路线的成果,是六亿人民的智慧的总结晶。毛主席告诉我们:“只有做群众的学生,才能做群众的先生。”(《毛泽东选集》886页)党集中了群众的智慧,故能具有最高度的智慧,故能领导群众,并领导一切。从这里我们尽可以看到突出的领袖人物在革命事业中的领导作用。那便是:最会向群众学习的人是群众最好的先生。马克思、恩格斯、列宁、毛泽东就是最会向群众学习的,他们都是人民的永远的导师。

党中央已经决定:学校的行政要采取在党委领导下的校务委员会负责制。这是极妥当的办法,既有集中,又有民主;既可以广泛地把众人的良好意见集中起来运用,又可以免掉一长制的各种流弊。本校遵照党中央的决定,首先就要贯彻执行这一制度,学校行政由党委领导下的校务委员会负责。校长、教职工和全体同学都必须服从这个制度,服从党的领导,谁也不能例外!

大家知道,党是最善于听取群众意见的,任何同志只要有意见和建议都可以向党组织提出,凡是好的意见和建议一定会很快地为党所采纳,以促进工作的进展,因此,我们要明确地认识到,要有最坚强的党的领导,才能够保证有最广泛的民主。

勤工俭学,教学、研究和生产劳动相结合,这是我们今天实施共产主义教育制度的一条新的纲领。以前有过封建主义的教育制度,那是为地主阶级服务的。有过资本主义的教育制度,那是为资产阶级服务的。那些为统治阶级服务的旧教育制度,有它们的共同点,便是把脑力劳动和体力劳动分开了。所谓“劳心者治人,劳力者治于人”,所谓“万般皆下品,唯有读书高”,这些虽然是封建主义统治时代的话,也完全适用于资本主义统治时代。今天我们应该把这些陈腐的制度完全肃清了。今天是人们掌握了自己命运的时代，是劳动人民当家作主的时代。全民协作，在共同建立最新最美的国家，以保证每一个人能够逐步享受最富裕、最优美的生活。而要创造这样的局面，主要的关键是在劳动，是在体力劳动和脑力劳动的密切结合。学校办工厂、工厂办学校；学校成公社，公社办学校，从两方面来促进这两种劳动的结合，是今天普遍的趋势。从这里，工农阶级和知识分子的区别要逐渐消除了，城与乡的区别也要逐渐消除了。这不是太长远的远景，而是在目前已经出现了共产主义的萌芽，比旭日东升还要快得正在蒸蒸日上。

我们的学校也就要紧紧抓着勤工俭学这条大纲，实践共产主义的新学制，把生产、教学、研究结合起来，打成一片。我们今后准备采取一、三、八的比例作为每一学年的时间分配，便是一个月休假，三个月劳动，八个月学习。学校已经在开始办工厂了，今后还要办得更多更大。在初步计划准备13个系各系建立一个小型工厂，全校建立一个比较大的综合性工厂，同时和中国科学院的器材厂和各所的工厂挂钩，作为一个附属车间或者分厂；这样就使院与校有机地联系起来了。我们还可以有计划地在校外的工厂或者公社去劳动。我们主动地去提供劳动力，就可以得到很大的帮助，学习很多的东西，也节省费用。我们要体会到，劳动是知识的源泉，劳动是锻炼，是学习，是研究，是生产，是创造。从劳动中学习，会学习得更多、更快、更好、更省（省劳力、省时间、省费用）。以前的制度不仅把教学研究和生产劳动分开了，甚至把教学与研究也分开了。教学之后继以研究，许多知识差不多又要从头学起；研究的成果付诸生产，对从事生产者也差不多要从头教起。以前的旧制度，几套人马，几套手续，甚至于有时候还不能扣接，所谓"学非所用，用非所学"，研究成果置诸高阁，秘方秘法门外不传或者失传，这样的事情是经常有的。以前的制度，规约了这些少慢差费的办法，人类的进步很慢，这也是一个重要的原因。这样的制度和方法，我们要当成病毒一样坚决、迅速、彻底、全面地把它消灭，并预防受到感染。

我们的学校当然也有我们的特点，党给我们的任务是抓尖端的科学技术为国家建设服务。

近30年来，世界科学技术有了惊人的迅速的发展，目前已进入了原子能时代，全人类临到了更大规模的生产革命的前夕。当我们在这里举行开学典礼的时候，苏联的第三颗人造地球大卫星正在我们的头上旋转，这在目前十分形象地表示着科学技术的最高尖端。我们要迎头赶上去。中国的科学家们都在做很大的努力。1956年上半年制定的《十二年科学技术发展远景规划（草案）》，经过最近国务院科学规划委员会的全面检查，已经知道基本上可以提前五年或者七年完成任务。青年研究人员特别表现了惊人的成绩，全国还涌出了不少的土专家，他们的成绩创造出了世界的先进水平。我们的时代的确是一个天才的时代。

适应国家建设的需要，中国的科学技术事业必须不断地大跃进，而且要向着两个方向大跃进：一个是向高层突破，另一个是向全面铺开。向高层突破是要向未知的领域突进，揭破自然界的更深的秘密，掌握还在隐藏着的物质和规律，找到钥匙来向自然界的最秘密的宝库中取宝。向全面铺开和普通的普及意义稍有不同，而是把新科学新技术的成果或者加以综合创造，投入生产，投入国防建设，以提高人民的物质生活和文化生活的水平，以保卫革命胜利的成果，以保卫祖国的安全。这样一纵一横的科学技术研究都是我们所说的“尖端”，我们不仅要掌握尖端，还要创造尖端。我们不仅要攀登上科学的高峰，还要不断创造科学的高峰，使高峰高到没有止境。

我们的国家是需要大量的建设人才的，我们必须源源不绝地培养出一批又一批的科学尖兵。各位同学，你们是中国的优秀儿女，国家选中了你们来进中国科学技术大学，学校的任务就是培养你们成为科学尖兵，你们的任务也就是要作为科学尖兵为国家建设服务，而同时也就在为发展中国科学技术服务。你们要在高层突破的志趣下争取全面铺开，而在向全面铺开的奋斗中争取高层突破。这也是毛主席所指示的“在普及基础上的提高，在提高指导下的普及”，我只是换了一个说法。当然，普及的意义我们是要全面照顾到的，既要普及尖端，也要普及基础科学或一般的科学知识。普及的水平是随人民文化的不断提高而不断提高的。

各位同学的主要任务既是抓尖端科学技术，本校的任务也就在使你们能够多快好省地实现抓取尖端的任务。所以我们的大学是尖端科学加共产主义的大学，也就是又红又专、红透专深的大学。我们希望靠着党委的领导、全体师生和工作同志们的努力，能够切实地做到这一点。我们要高举起红旗，不断地为共产主义事业作先锋，创造出一个共产主义大学的典型。

以上讲了"三纲"，我现在要讲讲"五化"。"五化"是实现"三纲"的步骤或者方法。

什么是"五化"？便是：(1) 思想马列化；(2) 生活工农化；(3) 组织军事化；(4) 教学集体化；(5) 技能多面化。

在党的坚强领导下，科学研究和生产劳动合理地结合了，在这里面自然包含有思想教育，但我们必须把思想教育特别加以强调。学校要着重政治课，个人也要着重思想锻炼。我们务必以红带专，以虚带实，以政治带动业务。经验证明，这样做是有成效的，不然便弊病百出。特别是抓尖端科学技术的人容易忽略政治思想，容易脱离群众，脱离实际，往往插上白旗或者甚至黑旗。所以本校的要求，是全体教职学员的思想都必须努力马列主义化。我们必须学习马列主义的一些经典著作，学习辩证唯物主义与历史唯物主义。学习毛泽东同志的著作，特别是《矛盾论》《实践论》《关于正确处理人民内部矛盾的问题》等，不仅单作书本上的学习，还要联系实际，联系自己的专业善于运用。这样学习的结果，不仅能够保证巧干，使专业的学习更快、更深、更透，而且利用尖端科学技术的新知识还可以丰富马列主义的内容，而使马列主义向前发展。我们读恩格斯的《自然辩证法》和列宁的《唯物主义和经验批判主义》，可以看出我们的导师们都是利用了当时的尖端科学的知识来丰富和发展了马克思主义的理论。这种努力，我们也必须学习。

本校值得夸耀的是，在1600名同学中，党团员占84%，同学们的政治品质和思想水平是有一定的高度的，但我们不能以此自满。我们希望全体同学都能成为党团员，随着年龄和思想的成长都成为党员，使我们的学校成为百分之百的党校。同学们在政治学习上的努力不仅可以提高自己的思想水平和业务水平，而且同时还可以推动教师们的思想水平和业务水平一道提高。我们的学校便能迅速地发展，迅速地为工人阶级事业作出多而且好的贡献。假使我们疏忽了思想教育，那我们就会犯严重错误，不仅学校办不出成绩来，连已有的政治水平，可能降低。那是绝对不允许的。

我们的生活作风要坚决采取工人农民的姿态。毛主席告诉我们："要以普通劳动者的姿态出现"，我们必须切实地做到。我们要养成艰苦、朴素、勤俭、耐劳、诚实、刚毅、活泼、英勇的作风，和工人农民打成一片。要使我们本身就是工人农民，不是工人农民以外或以上的任何东西。这样我们也才能够更好地走群众路线，保证我们的思想日益进步，不致蜕化。形式可以决定内容，反过来内容也可以决定形式。两者是辩证的统一。我们教学研究既然是与生产劳动相结合，我们的生活作风便必须与工人农民成为一体。

本校值得夸耀的另一点是：同学中工农成分的比例比较高，占63.5%，超过半数。我们希望工农出身的同学们要起带头作用，不仅把你们的技术知识传授给其他同学们，还要把工农的生活作风像珍宝一样保护着，并影响其他的同学。

非工农出身的同学们更要"见贤思齐"，向工农出身的同学们学习，学习他们的技能，学习他们的生活作风，彻底改变自己的阶级立场，成为有高度社会主义觉悟、有高度技能的新工人、新农民。在这一点，本校同学中的一小部分革命干部子弟我们希望特别要起带头作用，要采取革命的手段使生活彻底工农化。

生活工农化了，是不是说生活就会永远艰苦下去呢？不！很快就要改变面貌。毛主席的号召，要我们"苦战三年，改变面貌"，这是要改变一切的面貌，社会面貌和自然面貌都要加以改变。粮食的大丰收已经使我们在考虑着粮食的综合利用的问题。像北京这样的旧都市，一大片匍匐在地面上的房屋不久都要站立起来改变成高楼大厦。将来的工厂会像疗养院，农村会像大都市。黄河要变成青河，黄海要变成青海，大戈壁沙漠要变成万顷良田。今天工人农民所穿的衣裳和用具，将来只能在博物馆里面或者图画和相片里面才能够看到了。但是，在今天还是要艰苦一段时期的，想到了明天的甜，今天的苦就会带上蜂蜜的味道。大家一旦形成了一种艰苦朴素、刻苦耐劳的风气，在这样的风气中，那就谁也不能不受影响，不肯艰苦朴素，不能刻苦耐劳的人连自己也会感觉着难为情了。青年是特别富于感受性的，同志们！你们必须努力形成这样的风气！

组织军事化，很多学校都已经在实行了。全民皆兵，气势磅礴。本校也决定采取军事化的方法，准备把学习小组和民兵小组结合起来，学习组就是民兵班；各系按人数的多寡编成为若干排、连、营；全校成为一个民兵团，将来人数增多了还要扩大成为师。在体育教学中要增加军事训练，我们要成为文武双全的人，一只手拿笔杆，一只手拿枪杆。有必要时，只要祖国一声号召，我们就能奔赴前线，消灭敌人、消灭战争，保卫祖国、保卫和平。

事实上，我们在平时也可以说是在战争状态。我们是在向自然开战，向地球开战，在不久的将来还要打进外层高空。要进行这些战斗，我们必须有严格的纪律性，军事化是提高纪律性的最好的办法。我们必须体会到：纪律和自由是并不矛盾的，也可以说是矛盾的统一。要有高度的纪律才能有高度的自由。例如，我们身体的生理机能便是有高度的纪律性的，神经系统、循环系统、呼吸系统、消化系统和其他各项机能系统，都有一定的分工而又是全面的协作，在非常严密的秩序之下，井井有条、一丝不乱。这样就保证了身体的健康发展和精神的自由舒畅。但假如身体中有一部分细胞越出常规，闹独立性，不遵守纪律，那就成为恶性瘤子，结果会把整个身体毁灭，当然更无自由可言了。河水泛滥便要成为灾害，长江三峡枢纽一经建立便会增加无限的福利。大宇宙的运行也都是在严密的纪律中进行的，再加以合乎规律的人为控制，便可以更自由地为人类服务。尖端科技便负有这种控制宇宙的使命。毫无疑问，必须有高度的纪律才能有高度的自由。我们体会到了这个道理，在人类社会的组织中就必须自觉地提高我们的纪律性，以保障我们的自由。我们的教育组织采取军事化也正是根据这个道理。组织的军事化保证了我们行动的战斗化。我们有了高度的纪律，便有了高度的主动性，能够出奇制胜，克服一切的困难，使地球和宇宙都听受我们的调度。

教学集体化是准备采取党委、教师、学生三结合的方针，而在必要时还要邀请劳动模范、战斗英雄和土专家来校讲学，或者我们亲自去移樽就教。这就成了党委、教师、学生、群众四结合。土专家的智慧中有尖端科学存在，我们丝毫也不能轻视。农业生产和工业生产在不断放射出高产量的“卫星”。中医药中不断出具有惊人特效的秘方和奇迹。这些极其宝贵的经验都等待着我们去提高到理论的水平，谁做到了，那就为科学技术创造了新的尖端。我们是丝毫也不能妄自菲薄的。

这“三结合”和“四结合”是教学走群众路线的两种方式，校内要集体教学，校外也要集体教学，把整个中国变成一个大学校，一个大实验室，一个大科学院。六亿人民都要成为专家。这并不是空谈，而是在不太长久的将来就会呈现在眼前的现实。

校内的教学，在党委领导下，教师与学生的结合是必须特别重视的。古人说:“教学相长”正是这个道理。教师应该边教边学，学生也可以边学边教。青年的集体智慧是十分宝贵的。中国科学院各研究所中有不少的青年作出了惊人的奇迹。北大、清华和其他大学的同学们所集体创造的成绩，有的更为惊人。最近《红旗》第8期刊载了清华校长蒋南翔同志的一篇文章，题目是《党的教育方针促进了高等学校的革命》，我想各位怕已经看过了，如果还有人没有看到，务请阅读一遍。那文章里面所举的水利系的今年毕业同学胜利地集体承担了北京市委所委托的密云水库等的工程设计，实在是一个很典型的例子。北大、清华等大学是我校的大哥、二哥，积累了很多先进的教学经验，我校一定要很好地学习；我校的全体同学也一定要向兄弟学校的优秀的同学们看齐！

技能多面化就是希望我校的同学们，人人都成为多面手。你们不仅要掌握尖端，而且要有深厚的基础，渊博的知识，丰富多彩的技能。

我们要成为亦工亦农亦商亦学亦兵。亦商是要带有经济观点。在社会主义制度下的商是生产关系的运输机构，拿人体来作比喻，就等于血液循环系统。它是把养分运到身体各个部分，而又把用过的产品运到别的系统去再生产的。我们的学校将来会成为一个大公社。在那时，我们学校也是工厂或者农场，也是研究所或者设计院，也是工程公司或者供销合作社。在那时我们是需要同学们有长于经济核算的本领。

我们的多面，除工、农、商、学、兵之外，还可以更多一些。毛主席说过：“搞科学的人应该懂点文学，搞文学的人应该懂点科学。”我们搞尖端科学技术的人尤其应该懂些文学艺术和各种体育活动。在红透专深的保障之下，同学们不妨同时成为诗人、画家、音乐家、戏剧演员、运动员或者其他。你看我们毛主席不是同时是诗人吗？而且他长于游泳，曾经五次游过长江，造出了历史上空前未有的纪录。新近去世的约里奥·居里教授，是我们原子能研究所钱三强所长的老师，她是原子核物理学的权威，而她又是提琴家，会打庭球。像这样的例子举不胜举。

因此，我认为，我们的同学只要不荒废专业，尽可以在文化艺术等方面发挥自己的兴趣。我们的学校应该有适当的文娱活动和弦歌之声。这弦歌之声在我们中国古代是和教学工作联系起来的，我觉得是好的传统，我们今天应该保留着这个传统。我认为，我们的学校在条件具备时也可以搞一个管弦乐队或其他各种文娱小组。我们是在采取军事化组织的，军队里面不是都还有文工队和军乐队吗？科学研究如果和文艺活动适当地结合起来，我看在我们学校里是有助于实现毛主席所说的“又有集中、又有民主；又有纪律、又有自由；又有统一意志，又有个人心情舒畅、生动活泼的政治局面”。

最后，我要特别说明一项，我所做的校歌《永恒的东风》，曲谱是请音乐家协会主席吕骥同志作的,昨天已向各位同学作了介绍。吕骥同志是抗日军政大学校歌的作曲者。我们的校歌得到他的作曲这就使得我们的学校能够有声有色地继承着抗大的传统。大家知道,抗大是由学员自己在延安挖掘窑洞所建立的大学,毛主席的《实践论》和《矛盾论》就是在抗大的讲义。我要请同学们经常把这件事情提在念头上。抗大的先辈同学们在党的领导下,条件尽管怎样困难而终于取得了抗日战争和中国人民革命战争的胜利。我要请同学们坚决地把抗大的精神继承起来,努力学习,刻苦锻炼,辛勤劳动,大胆创造,团结互助,英勇活泼,不在任何困难的面前低头,迅速地把自己锻炼成为社会主义的建设人才,把我们的祖国迅速地建设成为共产主义的乐园。

光荣属于永恒的马克思列宁主义!

光荣属于共产主义的创造者!

光荣属于人民!

中华人民共和国万岁!

中国共产党万岁!

伟大的领袖毛主席万岁!

中共中国科学技术大学委员会向首次代表大会的工作报告(节选)①

郁　文②

今后我校党的工作任务是:加强党的领导,紧密地团结全党、全校师生员工、继续深入地贯彻党的教育方针,逐步巩固提高,认真做到教师教得好,学生学得好,职工工作好,大家思想好,劳动好,共同努力,争取三年打好基础,五年成型,为把我校建设成为共产主义的大学而斗争。

各位代表、各位同志:

我代表校党委会向第一次党代表大会作工作报告。

一

我校于去年6月初开始筹办,9月20日正式开学,到现在已经半年多了。我校是在我国社会主义革命、社会主义建设大跃进的形势下诞生的。自党的八届二次大会以来,在党的建设社会主义总路线的光辉照耀下,我国工农业建设有了飞跃的发展,全民性的技术革命、文化革命运动在全国形成了高潮。我校正是为了适应革命形势大发展的需要,为了加

① 原载于1959年4月29日《中大校刊》。

② 郁文,中国科学技术大学首任党委书记。

速我国科学事业的发展而创办的。为国家培养具有共产主义觉悟的,既有坚实的科学理论基础又能掌握最新的实验技术知识的,又红又专的科学技术人才,是党交付给我们学校的光荣任务。

学校成立不久,党中央和国务院发布了关于教育工作的指示,确定了教育为无产阶级政治服务,教育与生产劳动相结合的正确方针。这就是我们办校的根本原则,是我们进行一切工作的准绳。我们要根据党的教育工作方针,根据不久前中央召开的教育工作会议的精神,来检查总结半年来的工作,巩固发扬成绩,改正缺点、错误,继续深入贯彻党的教育方针,把中国科学技术大学建设成为培养尖端科学研究技术干部的共产主义大学。

二

半年以来,我校党委在中共北京市高校党委的正确领导下,团结了全党、全体师生员工,认真地贯彻了党的教育工作指示,在建校工作中,在实现教育革命、贯彻教育与生产劳动相结合的方针中取得了初步的成绩。

一是我校从开始筹办到正式开学只有三个半月的时间。

由于全体人员的努力,由于中央各有关部门、科学院各有关单位和北京市各有关学校的大力协助,克服了重重困难,解决了校舍、师资、教学设备等问题,建立了学校组织和工作制度,确定了科系设置,草拟了教学计划,完成了招生任务,保证了学校按时开学。这是全校人员在工作中发挥了革命的干劲和各有关部门发扬了共产主义大协作精神对我校大力支援的结果。

二是开学以后,学校根据政治挂帅,以红带专,以政治带业务的准则,在工作中注意加强了党的思想政治工作,保证了教育计划的基本实现。

学生入学以后,党组织便对学生的学业水平、思想状况进行了深入的了解和研究，发现了不少同学存在着追求个人名利、忽视政治、忽视集体、过分强调个人兴趣、个人自由、厌恶必要的纪律等不正确的思想；开课后，又发现有些同学害怕困难，缺乏刻苦钻研的学习精神；参加生产劳动中又暴露了部分师生有鄙视体力劳动，认为体力劳动会影响学习的思想；经过一个时期劳动后，少数同学中又发生读书不够安心，学习课业不够认真的现象，针对各个时期师生中存在的各种不正确的思想，党组织领导全体人员首先学习了党的教育工作方针，认识了教育革命的内容，教育革命的重大历史意义，澄清了不少错误思想，明确了努力的方向，在从事工厂生产、大炼钢铁、帮助群众秋收等生产劳动中，党组织有意识地引导教师、学生接触生产实际，接触群众生活，接触革命斗争，逐步培养师生中的工农阶级的感情，养成劳动习惯，克服种种资产阶级个人主义思想。在课业学习中组织了各种专题报告向学生介绍所学的专业在国家建设中的作用和目前发展的状况，介绍学习的经验和方法；系的工作干部和教师，想尽办法具体帮助学生解决学习中的问题，引导学生认识攀登科学高峰必须有不畏艰险的革命精神，必须勇于正视困难，坚毅地去克服困难，逐步培养他们独立思考、刻苦钻研、坚持不懈学习精神。除学习、劳动、生活中的政治思想工作外，还结合国内外革命形势的发展进行了"形势与任务"的教育。学期终了，不但进行了政治课的考试，还通过个人交心、集体帮助，提交了思想小结，进一步巩固了同学们的思想收获，明确了继续前进的方向。经过以上的思想政治工作和"形势与任务"的学习，稳定和鼓舞了同学们的学习、劳动情绪，全体人员的群众观点、劳动观点、阶级观点，开始逐步成长。

三是在教学工作上，为了培养同学们打下坚实的理论基础，特别注意了基础理论课的教学工作，并对教学工作进行了初步的改进。

由于我校创办不久，大部分教师多系兼职，大部分青年助教虽然工作热情很高，积极负责，但经验不足，加上我们大部分党员领导干部多是教育战线上的新兵，缺乏办学经验，因而对改进教学工作采取了重点试办，积累经验，稳步前进的方针。

(1) 注意了改进师生之间的关系。开学不久便发现了师生在教学中存在有矛盾。由于有些教师对学生在中学所学的课程,学生的学业水平和中学里的学习方法与大学不同等实际情况不够了解,不看对象的教学,教学效果不好,学生对教师意见很多。党组织抓住了师生关系中存在的矛盾,采取了大鸣、大放的方式,充分暴露矛盾,然后召开师生座谈会,互相提意见进行讨论。经过采取加强教师备课、加强课堂提问和辅导、加强师生间的直接联系等方法,对教师脱离实际的教学方法有所改进;并基本上转变了同学中不懂就喊、不愿费脑筋动思考的学习风气,师生关系有了初步改善,教学效果有了初步提高。

(2) 开办教学试验田。改进教学工作,必须在教学实践的基础上,认真总结教学工作的经验,不断地提高、不断地实践、不断地改进。各门课程的教材,应具有严密的科学性、系统性,要能结合实际的需要。教学方法必须注意因材施教,密切结合实际。但由于我校教学经验不足,因而在改进教学工作中特别注意吸取其他兄弟院校的先进经验,并在党委领导下,实行青老教师结合、教师与学生结合,开办教学试验田的方法;通过试验田,培养青年教师。在开办的教学试验田中,实行教师集体备课、分工授课、相互听讲,授课以后注意听取同学意见,经过集体讨论,总结经验,逐步地加以改进。

(3) 组织有一定学术水平和一定教学经验的老教师,或在老教师指导下组织青年教师根据各科系不同的需要,编写活用的教材。教材编好后经过教学的实践和集体的研究,不断地修订,逐步达到完整。

(4) 加强了课业辅导工作。根据我校专职老教师较少的情况,大力加强青年教师对同学的辅导工作,绝大部分青年教师真正做到了教学相长、深入同学、积极热情地进行工作,有的教研组规定了"三下两上"的辅导制度,并在与同学一起生活一起劳动中进行深入的辅导,受到同学们一再表扬。

四是组织生产劳动。由于将生产劳动列入了教学计划,教师和同学参加了生产劳动,师生的思想面貌已经开始有了变化;教师、同学对工农阶级情感有了亲身的感受;劳动观点、劳动习惯开始在形成。旧中国资产阶级教育遗留给知识分子的理论脱离实际、个人脱离群众、鄙视体力劳动和体力劳动者的思想作风,已经开始在转变。师生们的理论知识、技术知识得到了巩固与提高。

以上就是我校在半年多以来的工作中所取得的主要成绩。

中国科学院关于进一步办好中国科学技术大学的几点意见[①]

粉碎“四人帮”以后，特别是1977年8月我院召开第一次中国科学技术大学工作会议，国务院批准《关于中国科学技术大学几个问题的报告》以来，全校师生员工贯彻执行党的新时期的路线、方针、政策，各方面的工作恢复发展较快，教学和科研取得了显著成绩。为了贯彻中央关于教育工作的一系列指示精神，我院最近召开了第二次中国科学技术大学（以下简称中国科大，编者注）工作会议，就进一步办好在合肥的校本部和在京的研究生院的问题，提出如下几点意见：

一、关于培养目标

中国科大今后的培养目标确定为：拥护中国共产党领导，坚持社会主义道路，献身于我国现代化建设，具有高水平且能刻苦耐劳的科学技术研究人才。

设在合肥的校本部近期以培养学士为主，逐步增加培养硕士、博士生的比重，已经具备条件并已招收研究生的系或专业，可从现在起着手进行培养硕士、博士生的工作。

设在北京的研究生院的主要任务是：与各所密切配合培养硕士、博

① 原载于1980年11月30日《科大校刊》。

士，并逐步转到以培养博士为主。

中国科大培养的学生，理论基础和实验技术要宽厚、扎实，具有进行科研工作的较强能力，熟练地掌握至少一门外国语。

要继续办好少年班。

二、继续贯彻和发展“全院办校，所系结合”的方针，推动学校与科研单位的联合

实践证明，“全院办校，所系结合”是办好中国科大、促进我院科研事业发展的正确方针，在新的形势下，要继续贯彻，并且要不断有所发展、创新。

全院都要把办好中国科大、培养高水平的科学技术研究人才作为一项重要的战略任务。从院到各学部、各专门委员会、各职能局、各分院、各研究所，都要把办好中国科大列入议事日程。各学部和各所要与中国科大相应的系、科紧密结合。

各所要根据中国科大教学、科研工作的需要，有计划地组织科学家到合肥校本部和研究生院讲学，包括教课、指导研究生、举办专题讲座、介绍科学发展的最新趋势等，有些可担任兼职教授，对教学、科研负起更多的责任。科研人员到学校讲学的费用，由学校编制预算计划，列入学校教育事业费预算中开支。

为有利于学校教师和各所科研人员的提高，学校要有计划地派教师到研究所进修、讲学、进行科学研究，研究所可有计划地派科研人员到学校进修或合作进行科学研究，然后逐步将到高等学校讲学的情况作为考核科技人员的内容之一。各分院、各研究所对中国科大的教师培训、提高工作，要给予大力支持。要支持研究生院尽快形成一支精干的高水平的专职教师队伍。

学部或专业委员会及其所归口管理的研究所，要根据科研工作的实际需要，与学校通力合作办好某一系、专业、研究室，或合作承担科研项

目，教师与研究所的科研人员还可合作培养研究生、编写教材等。

中国科大要与各所密切合作，有计划地组织高年级学生到对口研究所，开展科学研究，做毕业论文。

三、调整现有的系科专业

中国科大现有的系科、专业是1958年建校之初根据中央批准的办校宗旨设置的。现在要根据当代科学与理工科教育发展的趋势和我国“四化”建设及我院科研工作发展的实际需要，借鉴外国的先进经验，在各学部和各研究所有代表性的科学家共同参与下，做一次认真的调整。调整系科专业，一是要与国家的长远发展规划和我院的长远规划密切结合，注意加强或填补目前我国某些薄弱或空白学科；二是改变把系和专业分得过窄过细的做法，注意把专业面搞得宽一些，把基础打好；三是在加强、调整和充实现有理科各系或专业的同时，逐步增加一些目前国家急需的新兴技术方面的系科、专业，如信息科学、材料科学等。

四、正确处理教学与科研的关系，进一步搞好教学和科学研究

学校的教学和科学研究都要为培养高水平的科学技术研究人才服务。两个方面相辅相成，都不能忽视。要改变目前按基础课、专业课和科学研究安排教师并加以固定化的做法。除重大科研任务需要有部分专职科研人员外，大力提倡教师既能教基础课，又能教专业课，同时又从事科学研究。提职、考核，既要注意鼓励教师搞好科学研究，多出科研成果，更要注意鼓励教师努力搞好教学。教学是教师的基本职责，要千方百计地把高水平的教师安排到教学第一线。

在教学过程中，要因材施教，敢于拔尖，鼓励冒尖；也要热情帮助一

般学生,使大多数学生的学习成绩能保持良好。在使学生打好基础、开阔眼界的同时,着重培养他们的科学研究能力。要大力加强实验课教学,同时,适当增加一些人文科学方面的教学内容。对高年级学生,要多设一些选修课,开设一些专题讨论班。要允许少数确有较高水平的在校大学生报考研究生甚至申请更高的学位。要切实加强对教学工作的领导。

学校的科研工作必须遵循我院"侧重基础,侧重提高,为国民经济和国防建设服务"的方针和高等学校既要成为教育中心又要成为科研中心的要求,在继续加强基础研究同时,也要紧密结合"四化"建设的需要,积极开展一些力所能及的应用研究。要对现有的科研项目进行适当的调整,以便发挥优势,集中力量,保证重点,使科研工作具有自己的特色。在统一规划下,对少数有苗头的研究方向,允许教师自由结合承担某些研究任务。

中国科大校本部要充分挖掘潜力,在保证教学、科研任务的前提下,积极为安徽省发展国民经济和科教事业做贡献,同时还要为我院承担部分轮训干部的任务。

五、关于学校的管理体制

研究生院是1977年我院委托中国科大在北京筹办的,几年以来工作取得了一定的成绩。为了集中力量承担起培养学士、硕士、博士的繁重任务,将中国科大和中国科大研究生院统一起来,逐步形成我院培养高水平的科学技术研究人才的完整体系,成为一个实体、两个部分。这样做既能节省人力物力,又能更好地运用我院的一些有利条件。成立统一的校务委员会,对合肥和北京两地的教学、科研工作,教师和干部的调配使用,大学生、研究生的招收、培养以及国际学术交流等实行统一的规划和安排。

六、在办学条件上给中国科大以更多的支持

中国科大是全国有影响的几所重点大学之一，担负着为全院各所培养科技人才的繁重任务。校本部又是经中央批准现正在筹建中的我院合肥科研、教育基地的重要组成部分。由于历史原因特别是被迫搬迁，学校的仪器设备、图书资料遭到严重破坏，校舍严重短缺，使教学、科研受到了很大的限制。为此，院部要在财力、物力(包括外汇)上给予重点保证。

院里支持中国科大尽快把基础课、专业课和专业课教学以及科研急需的一些仪器设备配齐，把研究生院必需的一些教学实验室尽快建起来，其中重点支持学校建成几个现代化的实验室。

在图书资料的供应及所需经费方面，要给予重点保证。

支持学校在近1～2年内尽快完成在合肥修建6～7万平方米和在北京修建4万左右平方米的基建任务，根据校本部原定规模确定的兴建校舍18万平方米的规划，仍应逐步实现。

为有利于中国科大的发展和合肥科研、教育基地的建设，院部大力支持学校争取于1985年前后在合肥建成能量为8亿电子伏特的电子同步辐射加速器。目前，在完成预制研究的基础上，要抓紧各项工程的准备工作。

在财力、物力的使用以及开展国际学术交流，包括出国访问、考察、进修、学习以及参加国际学术会议等方面，要为学校创造更多的方便条件，在批准的预算和计划的范围内给学校以更多的自主权。一些国际或国内的比较重要的学术会议，要注意安排中国科大的人参加。

七、搞好思想政治工作，建设高度的社会主义精神文明

培养高水平的科学技术研究人才，一定要有强有力的思想政治工作

做保证。学校要把思想政治工作摆在重要地位。对于政治课教学从内容到方法要逐步改进，在教授马列主义基本理论的同时，要以党的三中全会以来的决议、报告为指导，密切联系实际，及时解答现实生活中提出的理论和实际问题。学校党委对政治课教员要经常给予帮助，及时传达中央指示并使他们能及时阅读必要的文件。

要加强党团组织的思想建设和组织建设，教育党团员模范地执行中央的路线方针政策。要注意发挥工会和学生会组织的力量，教育广大师生员工关心党和国家的大事，解放思想，实事求是，团结一致向前看，努力做“四化”建设的促进派。

要在广大学生中经常进行热爱社会主义祖国的教育和艰苦奋斗革命传统教育以及遵纪守法、文明礼貌的教育，开展丰富多彩的文化活动，不断提高他们自觉抵制封建主义和资产阶级思想影响的能力，培养教育他们树立远大的革命思想、高尚的道德风尚以及为科学真理、为共产主义事业献身的精神，建设高度的社会主义精神文明。

中国科学技术大学先进的办学思想①

辛厚文②

近日，校刊编辑部希望我写篇文章，以庆祝校庆45周年，义不容辞，现对中国科学技术大学的办学思想，谈点粗浅的认识，抛砖引玉。

在总结中国科学技术大学45年办学经验时，有两个问题值得进行深入分析：

（1）为什么中国科学技术大学的创办被称为中国科学史和教育史上的重大事件？

（2）为什么在南迁合肥、极端困难的条件下，又能迅速发展起来，成为国内外著名的高等学府？

显然，对这两个问题的分析，应该包括多方面因素，但是，其中最关键的因素是中国科学技术大学具有先进的办学思想。

在创办中国科学技术大学时，提出了两个先进的办学思想：

（1）实行科学与技术相结合。当时，这个办学思想主要体现在以我国"两弹一星"对人才的需求为目标，建立了科学与技术紧密结合的学科专业结构，绝大多数立足世界科学技术前沿，属于交叉学科，并填补了国内空白。

（2）实行教育与研究相结合。这个办学思想主要体现在中国科学院实行"全院办校，所系结合"的办学方针，形成科大独具特色的办学模

① 原载于2003年9月15日《中国科大报》。

② 辛厚文，曾任中国科学技术大学副校长。

式：中国科学院有关研究所所长和著名科学家兼任系主任；中国科学院选派最优秀的科学家讲授主要课程，每年到校授课的科研人员达300人次，保证了高起点、高水准的教学质量；高年级学生进入研究所实习，从事科研工作。

这两个新的办学思想的提出是对当时我国按苏联模式建立起来的理工分家、教育和研究分离的科技教育体制的重大突破，是中国科学院领导和老一代科学家对我国科技教育事业的发展作出的重大贡献。

我校迁入合肥时，仪器设备损失了2/3，教师流失50%以上，校舍面积不到6万平方米。尽管办学条件极端困难，中国科学院领导与我校广大教职工，不但坚持而且发展了上述的办学思想：

（1）提出了"两个中心"的办学思想。1977年8月，中国科学院在北京召开第一次中国科学技术大学工作会议，明确提出：中国科学技术大学既要成为教学中心，又要成为科研中心。9月5日，中国科学院向国务院提交《关于中国科学技术大学几个问题的报告》，提出继续实行"全院办校，所系结合"的方针，加强教学科研工作，扎根安徽省，办成一个能独立进行高水平教学和科研的重点大学。9月中旬，中共中央、国务院批准《关于中国科学技术大学几个问题的报告》。当时，全国在恢复教育秩序时，"教学为中心"，即一个中心的办学思想是普遍认同的、占主导地位的办学思想。显然上述"两个中心"的办学思想的提出，不但坚持了中国科技大学的基本办学思想，而且也为推动全国高等教育的改革和发展作出了重要的贡献。因此，《人民日报》刊登新华通讯社报道中国科学技术大学工作会议的消息，编后按语评论："在教育要大上的形势下，中国科学技术大学先迈开了一大步"。在"两个中心"办学思想指引下，1978年开始筹划"国家同步辐射实验室"，这是国家在高等学校建设的第一个大科学工程。同时，成立了全国第一个研究生院。

（2）提出了"超常教育"的新思想。超常教育是对智力超常的少年儿童实行超越常规的教育，以利于早出成才，出高质量人才。1978年，在迎来了科学的春天的大好形势下，若干智力超常少年的家长呼吁为这些优秀人才创造学习条件以利于他们的成长。中国科学技术大学在中国科学院的大力支持下，开始创办少年班，这是古今中外教育史上的重大事件，由创办少年班形成起来的超常教育思想，是教育思想的重大突破，是中国科学技术大学基本办学思想的新发展。尽管，在国际上也有些国家对智力超常少年进行超常教育的少数个例，但作为一种新的教育体制，集中办班，并且每年连续招生，一直坚持下来，中国科学技术大学是独一无二的。截至2003年9月，少年班已招收27期共999名优秀少年大学生，现已毕业777人，少年班的大学生，80%考取国内外的研究生，并且有1/3已获得博士学位。少年班创造了我国教育界的一系列之“最”：年纪最小的大学生（11岁），最小的研究生（15岁），最年轻的博士（23岁）。少年班的优秀毕业生正在国内外著名学府、科研机构中崭露头角，取得了令人瞩目的好成绩。

由少年班开始的我国超常教育事业，得到了不断地扩展和深化：1986年，在国家教委的支持下，若干重点大学也开办了不同类型的少年班，使少年班教育实践在横向得以扩展；1985年，我校与苏州中学和北京景山学校，共同创办了少年预备班，使少年班的教育实践在纵向得以扩展；1985年，在总结少年班办学经验和教训基础上，我校开办了“教学改革试点班”（又称零零班），其目的是把少年班所取得的教学经验向本科教育推广，也是为了对本科生教育中深层次的改革取得经验，至2003年9月，已招收19届共722名学生，现已毕业432名；1986年，我校又在少年班创办了少年软件班，其目的是为我国计算机事业的发展培养优秀人才，这是把以理科为主要培养目标的少年班向培养高素质工科人才的扩展。

（3）建立了有利于优秀人才成长的教学体制。为了使教学工作有效、有次序地进行，多年来已形成了一整套的规章、制度和体制。但是，这些教学规章、制度和体制，主要是面向教育对象的大多数，而如何有利于少量拔尖人才的成长，却考虑得太少。为了服务于社会对人才的需求，高等学校不但要培养足够数量的人才，更要培养高质量的人才。这些少量拔尖的人才是最宝贵的人才资源，如何改革多年形成的传统的教学体制，使之有利于拔尖人才的成长，这是对传统教育观念的挑战。中国科学技术大学自改革开放以来，不断进行教学改革，已逐步建立起若干行之有效的有利于优秀人才成长的规章制度和体制：

(1) 建立了“4－2－3”，即本科生－硕士生－博士生分流体制，从而使较多数量的优秀本科生，可以不通过研究生考试，直接进入研究生阶段的学习。

(2) 建立了彻底的学分制，允许本科生在满足所要求的学分后，可以跳级，可以提前毕业，从而使“刚性”的学制，变成了“弹性”的学制。

(3) 为了促进学科的交叉，允许学生转专业和实行双学位制度，尤其对少年班和零零班的学生，入学后前三年不分系，到高年级，才在全校范围内自由选择系和专业。

(4) 鼓励优秀的本科生，在完成教学计划所规定的学习任务的前提下，可以提前进入实验室，在导师的指导下，进行科学研究工作的实习。

综上所述，可以看到，中国科大是在创新中立校，在创新中发展，走过了45年艰苦卓绝、令人自豪和不断开拓进取的历程。按照社会发展的需求，遵循科学技术、教育和优秀人才成长的客观规律，所形成的先进的办学思想，是最宝贵的历史经验。胸怀国家，开拓创新，自强不息，严谨求实是科大人的基本精神。中国科大先进的办学思想和中国科大人的精神，是中国科大能够克服一切困难、不断前进的动力，也成为中国科大的生命力。目前，中国科大正处在创新发展的新时期，深信在新的领导班子的领导下，充分发动群众，集思广益，进一步明确新时期的奋斗目标和创新思路，团结一致，艰苦奋斗，把中国科大办成世界一流的研究型大学的战略目标，在不久的将来一定能够实现。

我看“全院办校、所系结合”[①]

郭传杰[②]

“我记得入学不久，第一次开全系大会时，钱学森主任给我们同学讲话。他说，他给我们请来了几门重型大炮，这是指他为我们请来了几位大师级人物来上基础课。严济慈讲普通物理，吴文俊讲高等数学……吴文俊老师上课，板书极美观，边写边讲，极少看讲稿。两块黑板从左上角写到右下角，满了擦掉，再来一遍，就到下课了，时间掌握极准。”

这段话，摘自中国科大力学系1958级一位老学长对当年学生生活的回忆文章。许多中国科大人讲起那段历史，无不沉浸在幸福的回忆之中。

“全院办校、所系结合”，不是今人的创新，是中国科学院当年的领导、中国科大的创建者们为中国科大确立的办学方针。正是这一方针，使新建的中国科大迅速跻身全国名校之列，书写了中国科大早期的辉煌，造就了我国教育史上的奇迹。这些，已经形成了大家的共识。今天，从字面上看，这八个字的概括似与实际不完全准确，但是，它所体现的原则、精神是长存的，并且已经积淀为我们文化的一部分，成为中国科大办学的宝贵精神财富。当然，我们在继承前辈留下的这份财富的时候，不能仅仅享用，还应思考，思考其中蕴蓄的规律性内涵；不能只是照搬，还应探索，探索这一方针在新形势下的新特点、新机制，攀上新的高度。

① 原载于2005年6月15日《中国科大报》。

② 郭传杰，时任中国科学技术大学党委书记。

二

合乎规律的东西，才有生命力。"全院办校，所系结合"方针之所以赢得成功和赞誉，从根本上讲，也是由于它在以下两个关键点上，顺应了规律，合乎客观理性。

一是一流人才的培养，必须教研结合，研教互动。

所谓一流人才，不仅是能传承文明之人，还要在知识传承的基础上，能在某一问题或某个领域内，有所发现、有所创造，为人类的知识宝库或经济社会进步贡献自己的增量。因此，一流人才的培养造就，仅靠知识传授是不够的，是低效的。正因如此，大学的理念、使命，经历几百年的沧桑巨变之后，终于孕育了洪堡思想，诞生出研究型大学。

为什么研究型教育比知识传授型教育能更有效地培育精英人才呢？这是因为，知识有显性和隐性之分，书本化的知识只是人类文明结晶的一部分。学生只有参与到创新研究的过程之中，才能深切感受研究者的思维方法、心路历程，从书本上是不易领悟到这些隐含在过程中的经验、情感和智慧的。尤其重要的是，超然于知识之上、体现科学文化最高境界的科学精神及科学思想，更是只有在科学实践的过程中，才能得到高效的真传。

二是"所系结合"，体现了科学、教育本质的开放性和资源的共享性。

当年，中国科大从提议创建到正式开学，前后不足半年。因此，从师资设备到教学空间，完全不可能有"自己"的条件。从这个角度看，当时提出"所系结合"，像是逼出来的良策，是为解决急需的权宜之计。其实，这一方针正好从深层次上体现了社会公共资源配置必须遵循的共享、互补、高效原则。特别是科学和教育，都是求索未知、面向未来的事业，开明、开放，资源共享是其本源特征，封闭、割据不是它们的品格。因此，即便在日后，我们中国科大自己的物质资源极其丰厚了，自己的人才大师济济了，作为一流大学，也不能脱离这一思想的轨道。

二

在一个有限的历史时程上观察，即使是合乎规律的东西，也不一定都能很好地实现目标预期，因为具体的时空条件有很强的制约性。纵观中国科大这一办学方针几十年的实践过程，就是一个很好的佐证。

在北京办学的那些岁月，是贯彻“全院办校、所系结合”的最佳黄金时期。当时，教授上完课，书本一夹，就回到所里做实验；学生们在课余、周末，就钻进所里的实验室，给研究人员当助手。那时的工作人员，分不清谁是中国科大的老师，谁是所里的研究员，事实上，大家也不关心这种“身份”的区别。所系合作交流，真正达到了无缝接触、水乳交融的境界，体现了教学、科研的密切互动，因此，获得了令人瞩目的效果。

1970年，中国科大南迁合肥之后，这一方针的贯彻落实，经历了艰辛的曲折发展过程。1977年8月，中国科学院在京召开了第一次中国科大发展工作会，明确继续实行“全院办校、所系结合”方针。次年4月，其时兼任副校长的两位科学院领导李昌、严济慈，率19位局长和科学家专程到合肥，实地调研一个星期，解决办学条件，推动所系结合。但终因地域间隔等各种原因，“所系结合”工作进展未如理想。其后，在1980年和2000年分别召开的第二、第三次中国科大发展工作会议上，“全院办校、所系结合”仍是重要议题之一，并继续作为中国科大的办学方针予以推进，但成效均无法与建校之初同论。

回思这段历史，可获不少启示：

一是中国科学院和中国科大历来都高度重视“全院办校、所系结合”这一方针，同视为中国科大发展的独特资源及宝贵财富，这反映了前辈们对教育、科学发展规律的深刻洞察和远见卓识的战略构思。

二是实施这一方针，需要天时、地利、人和等多种因素协同配合，否则效果会大打折扣，甚至难有作为。办学初年，其之所以顺利成功、成效显著，除了地利、人脉关系外，在计划体制下，行政力量巨大，令行禁止，畅达无阻，也是不可小视的缘由。

20世纪80年代以来，随着市场经济体制的逐步确立，院校虽仍在一个大系统之内，但行政机制的运作空间逐步变小，加之人员往来日稀，所系结合渐让位于疏离。因此，认真总结历史的经验，研究新时期面临的特点，对当前有效推进这一方针的落实，十分必要。

三

当前，随着国家、社会和院、校事业的发展，“全院办校、所系结合”方针的实施，迎来了前所未有的机遇期。经过国家知识创新工程的洗礼，中国科学院的研究机构基础实力更加雄厚，创新活力更加充沛，开放共享、同高校携手共建国家知识创新体系的理念逐步深入人心。中国科大在“211”“985”和创新工程支持下，创建一流大学工作进展显著。同时，在高校竞争发展的态势下，越来越大的压力和紧迫感，使我们更看重“全院办校”这一独特优势的资源禀赋。而且，随着科技的巨大进步，曾经长期困扰我们的交通、通信问题，已几近忽略不虑。

因此，继2003年11月在合肥召开“全院办校、所系结合”座谈会和2004年10月在北京召开第四次科大发展工作会议后，“所系结合”工作，立即呈现出新的热潮。现在，各学院、系的院长、系主任，基本上都由来自研究所的院士、所长担任；中国科大与各分院、研究所已成功签订了几十个合作协议，合作的科研项目、共建的教研基地及系科、专业，与日递增；进入研究所的中国科大毕业生连年增加，一些研究院所已在中国科大设立种子基金，支持专门人才培养；中国科学院各业务局在研究战略、制定规划、确定项目时，都把相应的学院、系与研究所一视同仁相待，统筹考虑。现在，在中国科大校园里，差不多天天可见来自中国科学院机关或各所的领导、专家，在北京、上海、东北、中西部的中国科学院研究所里，也时常可见中国科大教授、学生们忙碌的身影。作为结合的直接结果之一，两年来，学校的科研项目、科研经费，已呈迅速上升之势。可以预见，只要我们按规律办事，积极推进，“全院办校、所系结合”的方针定会在新时期雄风重展，爆发出强大的生命力。

四

做事开头难，持续发展更是不易。虽然“所系结合”已全面启动，态势良好，但距离全面结合、无缝交融、自觉自动、持续发展的境界，还任重道远，需要不断推进，踏实工作。当前，特别要从以下三个方面下大力气：

一要抓住新机遇。中国科学院知识创新工程工作即将进入“创新跨越、持续发展”的新阶段。在此阶段，院党组将出台一系列新的举措。例如，为增强自主创新、综合集成能力，将组建1+10个创新基地；为进一步扩大开放，将主动与国际科技界及国内大学、企业加强合作。其中，将与研究型大学共建50个左右的伙伴小组及联合实验室，加大人员互访交流的强度，等等。这些，无疑是科大与研究所加强结合的新契机。当然，如果我们缺少主动、组织不力，或者对创新基地的建设不关心、不了解、不进入，大好机遇也可能从我们身边溜走。因此，在这一关键时刻，校、院、系领导都要重视并了解科学院创新三期的新举措，积极参与创新基地的战略规划。

二要建立新机制。学校、研究所都是独立事业法人组织。在市场经济社会，不同的法人组织为了自身的生存发展，当然都会有自身的利益取向。因此，牢固恒久的合作，必然要以互惠互利、共同发展为基础，而能形成长期互惠的基础是互补式的结构。在人才培养、项目合作、基地共建等方面，校所、所系之间存在许多优势互补之处，可以实现互利双赢。研究所国家任务多，尤其是从事战略高技术及国家安全方面的机构，任务重、经费足，但人手紧，而学校有人才的优势；研究所的工作多有明确国家目标，干大事的集成性强，而学校则较灵活，自由度大，因此适合前瞻性、原创性探索。这些差异，正好形成互补结构。在市场经济条件下，作为中国科大人，我们不仅要享受“全院办校”带来的实惠，更要思考如何“校为全院”这个问题，为研究所的发展多作贡献。除认识利益机制外，还要逐步完善顶层架构，作出规划和制度安排，设计建立合适的考评机制、交流机制以及激励机制。

三要探索新模式。建校之初，根据当时的环境条件，所系结合的模式主要在于人员的兼职和交流。现在，除了这一途径外，还有许多种结合模式有待发展。例如，联合申请各类各级研究项目；共建伙伴小组、联合实验室以及系、专业，开发出更多的科研、教学合作平台；设立研究基金，委托前瞻性研究；共同举办学术会议、暑期研讨班以及专题讲座；开拓4+2教学模式，延托人才联合培养新渠道；利用视频会议系统，开办常设虚拟学术会堂；等等。总之，要根据实际，不断探索所系结合形式的多样性。

需要指出的是，我们现在推进“所系结合”，并不是说中国科大只同院内的研究所结合，或者说研究所只同中国科大结合。中国科大、研究所不仅彼此结合，还都要与国内外的教育、科研机构加强合作交流。只有坚持全方位的开放，才符合国家研究机构和一流研究大学的特征。但是，目前我们的合作重点先是中国科学院的研究所。如果与同源同根、使命相近，血脉相连、基因同种的研究所都不能很好结合，怎能设想与国内外广大的科教机构合作得好呢？

目前，客观地讲，“全院办校、所系结合”的工作进展不错。但是，要达到互惠互利、亲密无间的状态，实现“全面结合、无缝交融、自觉自动、持续发展”的目标，尚需完成三个转变：

一是要由以行政推动为主转变为主要靠机制控制。行政推动是必要的、重要的，但主要是起“第一推动”的作用，持续发展必须靠机制维持。

二是从人员交流为主的单元方式向人才、项目、学术活动等多元结合的模式转变。

三是由点、线式的键合结构向二维的网格结构及三维的立体构架转变，开展多种不同的体制创新。

当然，要实现这三个转变，前提是我们要有与之相应的理念、眼界和胸襟，有强烈的事业心和责任感。我想，在这三个转变逐步完成之日，“所系结合”将进入水乳交融的状态，想拆分也分不开了。在此持续合作的基础上，在中国科学院大教育战略观的指引下，如果再展望一下更久远的将来，研究所、研究生院与中国科大的紧密结合、体制创新，相信还会有更大的发展空间。

培养勇攀高峰的技术科学人才[①]

舒歌群[②]

习近平总书记在今年的两院院士大会、中国科协第十次全国代表大会上强调,"现代工程和技术科学是科学原理和产业发展、工程研制之间不可缺少的桥梁,在现代科学技术体系中发挥着关键作用。要大力加强多学科融合的现代工程和技术科学研究,带动基础科学和工程技术发展,形成完整的现代科学技术体系"。

创新之道,唯在得人,一流创新人才是建设世界科技强国的根基。高水平研究型大学作为人才培养的第一资源,理应为现代工程和技术科学贡献一流创新人才。中国科学技术大学自诞生之日起,就致力于"两弹一星"重大工程和技术科学人才培养,从"理实交融"的校训到"理工结合"的专业设置,无不体现出老一辈战略科学家们超前的办学理念。特别是"技术科学"思想的提出者、学校创始人之一、力学和力学工程系(现为近代力学系)首任系主任钱学森先生,在实际主持力学系工作的八年里,深入开展了技术科学人才培养和教育实践。

---

① 原载于2021年10月15日《中国科大报》、2021年9月27日《中国教育报》。

② 舒歌群,中国科学技术大学党委书记。

红专并进，坚持“立德树人”根本任务

钱学森先生高度重视思想政治教育，坚持马克思主义在高等教育和人才培养中的指导地位。他认为“一个有为的科学家，首先必须有一个科学的人生观、宇宙观，才能真正对人类、对自己的祖国作出有益的贡献”。他曾深刻阐述“红”与“专”的关系，认为“红色专家的捷径绝不是‘先专后红’，而是‘专红并进’”。在科研和教育实践中，他也始终坚定地践行“必须又红又专，把红落实在专上”的理念。

建校60余年来，中国科大始终秉承“红专并进”的校训精神，坚守“科教报国、追求卓越”的初心使命，传承和发扬以抗大精神、“两弹一星”精神、二次创业精神和老一辈科学家精神等为核心的红色精神谱系，把“培养社会主义建设者和接班人”作为办学根本任务。新时期，学校牢记习近平总书记的殷殷嘱托，全面贯彻党的教育方针，坚持社会主义办学方向，坚持用习近平新时代中国特色社会主义思想铸魂育人，努力办出中国特色、世界一流大学。

学校持续深化与中共安徽省委党校合作，探索高校与地方党校共建马克思主义学院的思政教育改革“中国科大模式”；着力提升思政课程教学效果，设立校党委书记任组长、全体校领导参与的“形势与政策”课程组，打造“开学第一课”“毕业生党课”等特色思政课程；充分挖掘各类专业课程中蕴含的思想政治教育资源，以本科生特色课程“科学与社会”研讨课为抓手，建立“一院一课”的全校课程思政育人体系。

理实交融，培养“理工结合”创新人才

钱学森先生注重并擅长理论联系实际，在20世纪50年代高校“理工分离”的教育背景下，前瞻性地提出要培养“理工结合”的技术科学家，他认为“对于一个工程科学（技术科学）家来说，他的任务是解决提交给他

的问题，以及进行工程科学的基础研究"。

中国科大始终坚持"科教结合、理实交融"的优良传统，注重学生理论联系实际和创新实践能力的培养，充分发挥"全院办校，所系结合"的特色优势，利用好中国科学院相关研究所的创新实践资源。新时期，学校围绕"强化国家战略科技力量"的重要部署，承担基础研究主力军和重大科技突破生力军的职责使命，为基础前沿探索和关键技术突破培养"理工结合、理实交融"的技术科学人才。

学校长期构建多层次梯级提升的实验教学课程体系，实现基础技能训练、高级专业实验和自主创新实践的递进式培养；鼓励本科生进入科研实验室参与科研训练、接触科技前沿，实现本科生百分之百进实验室开展科研训练；已与中国科学院12个分院、39个研究院所签署全面合作协议，每年有800多名学生赴中国科学院研究院所和其他知名科研机构实践学习。

基础宽厚实，发挥"强基固本"支撑引领

钱学森先生曾在《人民日报》发表文章，系统论述了基础课程教育对创新人才培养的关键作用，"我们重视基础理论的缘故，是因为科技大学的学生将来要从事于新科学、新技术的研究"，"我们在摸索问题时要有依据，好像在大森林里走路要有一个指南针，基础科学中的自然规律正是我们进行科学研究的指南针"。

中国科大始终高度重视"宽、厚、实"的基础课教学，长期的办学实践证明，无论是研究型、应用型，还是不同专业的各类人才，扎实的基础素养都是其适应社会发展、持续创新创造的重要源泉。新时期，学校自觉履行"高水平科技自立自强"的使命担当，努力提升原始创新能力，大力加强原创性基础性科技攻关，打牢理论基础和应用基础的人才根基。

学校在本科培养方案中明确要求校定通修课程等基础课程不低于总学分的45%，并要求全体教授为本科生讲授基础课程；持续强化学生

数理基础，进一步推行和完善数学、物理的分类教学，实行因材施教、按需培养；开设“计算思维”课程，培养学生计算思维、工程思维、设计思维和交互思维。

专业精新活，瞄准“未来科技”学科前沿

钱学森先生曾提出要立足于“旗杆式”而非“金字塔式”的人才培养之道。所谓“旗杆式”，即在加强理论基础教育的同时，把学生直接带到学科的最前沿。钱学森先生在中国科大的教育实践中也充分体现了他“精、新、活”的专业教育思想，他亲自开设“星际航行概论（火箭技术概论）”课程，并讲授当时世界最前沿的航天专业知识。

中国科大的专业教育始终瞄准世界科技前沿、立足国内重大需求，建校时就开设了一大批国内首创的新兴、前沿、交叉专业，如今又获批国内首个“量子信息科学”本科专业，获批建设全国首批未来技术学院。新时期，学校瞄准“未来科技和产业发展的制高点”，顺应突飞猛进的新一轮科技革命和产业变革，帮助学生洞悉相关专业领域的发展趋势，为适应和引领未来技术变革做好准备。

学校未来技术学院将瞄准量子信息科技、智能技术、智能材料等前沿和关键领域，探索量子信息科学专业实质性学科复合交叉规律，形成量子科技创新领军人才培养新模式，培养一批在前沿交叉与未来技术领域具有重要影响力的未来科技创新领军人才，锻造一支在量子科技前沿交叉领域具有重要影响的高水平师资队伍，建设若干量子信息相关科教资源平台。

全方位育人，实现“德智体美劳”全面发展

钱学森先生十分重视全面发展，他指出“学生离开学校进入社会所面临的工作都不是单一的，总是综合多方面的，所以如果其知识只限于

一个学科，不知其他，那将是书呆子，教育就失败了”，他强调未来“科技帅才”的培养“不仅要有深厚的数理基础和丰富的工程技术知识，而且要懂得社会科学，特别是哲学”，并结合自身经历谈到文艺对科学思维的启示和开拓。

中国科大始终以培养德智体美劳全面发展的社会主义建设者和接班人为根本任务，以培养高素质复合型科技英才为目标，持续优化全方位育人体系。新时期，学校面向“党和国家事业发展对科学知识和优秀人才的迫切需要”，引导学生坚持德智体美劳全面发展，立大志、明大德、成大才、担大任，努力成为堪当民族复兴重任的时代新人。

学校成立本科生院，统筹本科教育教学，对全校本科一、二年级学生实行“书院制”管理，通过课外活动、氛围营造、朋辈互助、自我管理等浸润式教育，打造积极向上、和谐友爱的学生思想阵地和社区家园；实施综合素质评价，破除“唯成绩论”，实现一、二课堂的互动互融、互补互促，促进学生思想政治、创新创业、体育健康、文化素养、劳动精神的全面发展；创建科技与人文深度融合的特色人文学科，让人文科学携手自然科学和技术科学，培养兼具科学基础、工程技术和人文关怀的科技领军人才，引导学生以天下为己任，以开创一流的科学和技术、服务人类美好生活为远大目标。

站在“两个一百年”奋斗目标的历史交汇点，作为中国共产党亲手创办的红色大学，中国科大将紧紧围绕“潜心立德树人、执着攻关创新”两大核心任务，积极适应新一轮科技革命和产业变革的新趋势，主动面向科技自立自强和创新驱动发展的重大战略需求，继承和弘扬钱学森教育思想，加快建设发展“基础研究深厚、学科交叉融合”的科大特色新工科，为培养勇攀科技高峰的技术科学人才贡献科大方案。

精 神 篇

勤奋学习　红专并进[①]

在新学年开学典礼大会上的讲话

郭沫若[②]

同学们,同志们:

今天本校举行本学年的开学典礼,首先我祝贺旧同学们从一年级升到了二年级,新同学们从高中升到了大学,你们就好像从一座山峰又准备登上另一座更高的山峰一样,祝你们不断地胜利,早一天学好专业,为人民服务,为社会主义建设服务,成为红色的专家。

一

我们的学校是在党的建设社会主义总路线的光辉照耀之下,在去年工农业生产大跃进的气势中,根据教育大革命的明确的方针,新建立起来的。我们是从无到有、白手起家的,去年仅仅费了三个月的筹备工夫便把学校的基础奠定下来了。这要感谢党和政府的特别关注,兄弟学校的大力支持,中国科学院和所属研究单位以及本校全体同志、同学的共同努力。中国科学院是以"全院办校"的方针来创办这个学校的,在人员配备、器材设备和基本建设各方面都优先地照顾了这个新生的单位。因

① 原载于1959年9月11日《中大校刊》。

② 郭沫若,中国科学院首任院长,中国科学技术大学首任校长。

此,我们建校虽然仅仅一年,成绩是显著的。

我们的学校所负的任务主要是为国家培养出搞尖端科学的人才。原有的13个系都是最近二三十年新发展的科学技术部门,即所谓“尖端科学”。今年把中国科学院在去年同时创办的“科学情报大学”合并过来了,成为一个系。科学情报是要把世界各国在科学技术方面的新的发明发现和研究成果,尽可能迅速地详尽地收集过来,向我国科技界传播,以促进我国科技的发展。我们的科技的发展要赶上或者超过国际水平,科学情报工作是十分必要的。要搞好科学情报,工作人员必须具有一定的尖端科学的知识,并要尽可能动员各方面的科学家参加。因此把科学情报大学合并到本校,省得摆两个摊子,是很合理的。搞尖端科学必须有深厚的基础。没有深厚的基础,向高层突破的尖端是建立不起来的。各位都知道,在沙地上不能建立高大的楼台。所以向高层突破的尖端愈高,它的基础必须愈是深厚。尖端科学的基础是些什么呢?我认为可以分为思想基础、科学基础和语文基础。这些基础都必须先认真地逐步打好,然后进一步的专业学习才能胜任愉快,有所成就。

二

为了打好同学们的思想基础,今天的教育方针是十分正确的。那就是“教育为无产阶级政治服务”,“教育与生产劳动相结合”。

首先我们要解决为谁服务的问题,我们今天立志搞科学,搞尖端科学,到底是什么打算?准备为谁服务?我想同学们应该是有一定的思想准备的,我们不是为个人名利或为少数人的利益而服务,那样就是资产阶级的思想。我们今天是要为人民服务,为祖国建设服务。我们要掌握科学技术并发展科学技术,用以促进生产,不断提高国民经济的水平,使全国人民能够获得日益幸福的物质生活和文化生活。我们要尽可能迅速地把社会主义建设成功,再过渡到共产主义,从生活资料的按劳分配过渡到按需分配,这就是我们当前的政治。我们当前的政治是党领导的以工农联盟为基础的无产阶级专政，我们的任何工作都必须为当前的政治服务，也就是为无产阶级政治服务。搞尖端科学的人尤其不能例外。

要忠诚地为无产阶级政治服务，必须端正我们的思想立场，就是说我们要树立无产阶级的宇宙观，要做无产阶级的知识分子或者有高度知识的无产阶级。为了成为这样的人，“教育与生产劳动相结合”就是最好最具体的办法。这是有革命意义的。以前中国旧时代的教育或者现在的资本主义制度下的教育是和生产劳动分开的。体力劳动和脑力劳动划然分了家。受高等教育的脑力劳动者不从事生产劳动，而从事生产劳动的体力劳动者没有受高等教育的机会。脑力劳动者是统治阶级，是主人；体力劳动者是被统治阶级，是奴隶。在社会主义制度下人民翻了身，劳动人民不再是奴隶，而是掌握了自己命运的社会的主人了。生产劳动是光荣的事，脑力劳动和体力劳动必须打成一片。这样就可以使自己站在无产阶级的立场，争取到无产阶级的宇宙观，而全心全意地为无产阶级政治服务。

我们所从事的专业和生产劳动相结合，可以有种种程度的不同。有的可以直接发生联系，有的不一定那么直接。譬如理论数学和生产劳动便没有多么显著的直接联系。但不要紧，我们必须从事一定的生产劳动。因为在成为数学家之前，我们必须成为一个良好的社会主义制度下的公民。从事一定的生产劳动，不仅可以获得一些必要的生产技术，而且可以使人容易办到“以普通工人姿态出现”，和劳动人民打成一片，而成为劳动人民的一员。

为实践这项革命的教育方针，本校同其他学校一样，在过去一年是收到很大的成效的。学校自己办了一些工厂，今后还准备扩建，以作为同学们接受劳动锻炼的适当的场所。

除劳动锻炼之外，我们还必须学习马列主义和毛主席的著作，掌握辩证唯物主义与历史唯物主义。学习经典著作，不仅可以帮助我们端正自己的思想立场，而且可以给予我们以怎样做学问、怎样进行科学研究的方法。关于马列主义的理论学习，同学们会在学校的政治课中逐步深入地得到启发。理论和实际结合起来，把理论表现为实际行动，在实际行动中体会理论，那样就可以保证我们又红又专，而且红透专深。

在打好同学们的思想基础上，我们的学校有一个优点，便是同学中党团员的成分比较多，工农子弟的成分比较多，同学们的政治素质比较好，但我们不要自满。我希望党团员的同学们在思想学习和劳动锻炼上特别要起带头作用；非工农成分的同学们要向工农成分的同学们学习。我还希望我们的学校在将来能够成为100%的党团员的学校。

三

同学们，同志们，党交给我们的任务是要训练出大批尖端科学的人才。要搞好尖端科学，基础科学如数学、化学、物理、力学等是不能不重视的。这是尖端科学的科学基础。要把基础科学学好，将来进入专业学习才有一定的根底。我希望你们对于基础科学要好好地学习，认真地学习。

在学习基础科学和尖端科学上，我们学校有很好的教师。中国科学院和各研究所的有名的专家们都到我们学校里来任课，他们教得很好，启发性很大，二年级的同学们是很清楚的了。我希望同学们要好好地向老师们学习，认真地做好功课，认真地读书。

有的同学有些不正确的看法。有人认为着重思想问题就会抛荒功课，没工夫认真读书。反过来，又有人认为提倡认真读书，是不是会忽略思想工作？抱着这种忧虑的人，他们认为好好读书就好像走白专道路，个人钻研就好像是个人主义。这些看法都是不正确的。我们既不容许忽略思想工作，也必须提倡认真读书。就是说，我们要“勤奋学习，红专并进”，两条腿走路。在今天不专不红的懒汉是不能容许的，但只专不红或者只红不专的人，也是不能满足国家的需要。而且不红则专不能深，不专则红不能透，这是可以肯定的。我们必须又红又专，红透专深，两条腿走路，走到底。

或许有人会问：两条腿走路到底先迈哪一条腿？提出这样的问题，看来是有点呆板的，我们在实际走路的时候，谁也没有考虑过这样的问题。但在红与专的关系上确确实实是有人提出了这样类似的问题，他们会问到底是先专后红呢，还是先红后专？我们可以肯定地回答，在今天来说，这两种办法都不行了。在旧时代或者解放初期，先专后红算是进步的，因为那比只专不红要好得多。反过来，先红后专也是进步的，因为那比只红不专也要好得多。那时候用一条腿走路是迫不得已，但今天是不行了，你如果还要用一条腿走路，那就会落伍，不能为国家更好地服务。所以我们必须是两条腿走路——红专并进。既要积极参加劳动锻炼、学习马列主义、学习政策，也要认真学好功课，鼓励个人钻研，发扬个人的自觉性和首创精神，敢想、敢说、敢做。

个人钻研、认真读书不能和个人主义同等看待。这儿包含着为谁服务和站在什么立场的问题。个人主义是为个人名利或者为少数人的利益服务的，是站在资产阶级或小资产阶级的立场。那是应该反对的。今天鼓励个人钻研和认真读书是要为人民服务，为社会主义建设服务，是要人们站在人民的立场或者无产阶级的立场上的。这两者是绝对不能等同的。当然我们也要警惕：任何理想的东西，只要多走了一步，便会转到对立面去，也就是说好事有可能变成坏事。因此两者的综合平衡，一方面要靠同学们自己善于掌握；另一方面也要靠各级领导上帮助同学们掌握。平时走路，一不谨慎也有摔跤的时候。但不能因为有摔跤的万一的可能，便不用两条腿走路了。

总之“勤奋学习，红专并进”是很好的办法，不仅在做学问上应该这样，就在做人上也应该这样。我听说新入学的同学们一进校门，看到校内贴出的“勤奋学习，红专并进”的标语便表示高兴，都准备把它作为努力的方向，我觉得很好。我们就请努力照着这样办吧。不仅你们年轻的同学们应该“勤奋学习，红专并进”，就是我们年老的教职员们（包括我自己在内),也应该"勤奋学习,红专并进",我们大家都用两条腿走路,迈步前进,不能做独脚龙。

四

现在我想简单说一说打好语文基础的必要。语文有中国语文和外国语文。我们是中国人,应该把中国语文搞好是用不着多说的,同学们是搞科学的,不是搞文学的,但也不能不重视中文学习。譬如你们将来要著书立说或者讲学座谈,总要能说会写,这样才能把你们的学识传播给别人。外国的科学家,特别是法国科学家,每每长于文笔。我们中国的科学家,似乎有点两样,往往不善于写作。我觉得这是缺点。我建议:我们年轻的科学家应该懂点文学,而年轻的文学家应该懂点科学。这怕也是两条腿走路吧?只是所走道路各有不同罢了。

但我在这儿要特别强调一下外国语文。学科学技术的人应该起码懂得两种外国语文。近代的科学技术,外国人比我们占了先是无可讳言的。我们要吸收别人的先进经验,特别要赶上国际水平,必须精通外国语文,阅读外文书籍,并与外国学者交流经验。要做科学情报工作,尤其要认真学习外国语文。当然,外国人也应该学习中国语文。只要我们可以学习的东西多了,外国学者自然会感觉着有学习中国语文的必要。近年来在外国学习中国语文的倾向是在增加。但中国语文难学,如果外国学者学不好,我们也不必怪他,但我们自己却必须把外国语文学好。在这一点上我们要严格地要求自己,而不必严格地要求别人。年轻时学习外国语文是比较容易的,因此我希望同学们对于外国语文要认真学习。

有些领导同志曾经提出这样的建议:本校将来在高年级的班次中,同学们的外国语文有一定的基础了,有些专业课似乎可以直接采用外文课本讲授。我认为这个建议是可以考虑采纳的。这在旧时代倒是经常的事,外国人办的教会学校不用说,就是北大、清华也大体上是采用外文课本的。站在爱国主义的立场,我们曾经非难过那种现象,认为那是买办教育、洋奴教育。在旧时代那样做的确是应该受到那样的非难。因为在半殖民地半封建社会的旧中国,一切的东西都是外国的好,月亮也只有美国的好,对于中国文化多取虚无主义的态度。那时的教育的确是在为买办资产阶级服务,为洋人服务的。今天不同了,我们如果采用外文课本,那是为了更快地吸收外国的先进经验,更快地促进中国科技的发展,早一天赶上国际水平。因此,今天如用外文讲课倒是合乎爱国主义和国际主义精神的。其实这种办法在非殖民地的国家也在采用,譬如我自己是在日本的大学里学医学的,在那个时代,日本人所用的参考语都是德文,先生在课堂上讲课用的是德文和日文相混合的语言。这样的方法,无疑是促进了日本科学的发展。

所以同样的事情,要看时代、看立场、看用意,不能够一视同仁;时代不同、立场不同、用意不同,昨天的坏事可能变成好事。旧时代用外文讲课是应该反对的,今天如有可能用外文讲课,是值得提倡的。当然,我们还只是在做这样的考虑,并不立地是见诸实施,还要看看情况,斟酌客观的可能,同学们也不必立地就紧张起来。听说外地来的同学,有的人在担心老师讲的北京话怕听不懂。如果听到我说我们准备用外文讲课,那你们有好大一部分同学恐怕又会担心得睡不好觉了。我今天把这个考虑提出来,没有别的用意,就是想提醒一下同学们注意,要重视外国语文的学习,这也是搞尖端科学的基础。你们要有这样的精神准备,争取早一日能精通一两国外国语文,争取早一日能看外文参考书,争取早一日能听外文讲授或用外文写作。这样可以保证你们的专业一定能学得更快更好。

五

以上我讲了三种基础,即思想基础、科学基础、语文基础。这些基础,你们在进行学习中一定要逐步地把它打好。学校的教师和各级的领导同志和工作同志也要尽最大的力量帮助你们把基础打好。

我们的校风是好的，就是勤俭办学、艰苦朴素、红专并进、团结互助。旧同学们已经学习了一年，和学校的教职员一道把这种优良的校风初步树立起来了，我们要更进一步把它巩固下去。

我们现在新学年开始，又得到了一支新生力军，许多新同学加入了我们的战线。新同学一来，我们的气象又不同了。同学们看来都是意气风发的，你们热爱集体，热爱劳动，努力学习，努力上进。你们看到校园正在赶着建设，有好些新同学一进校门便自动成批地投入了建设工作。听说你们的口号是:“自己盖好房子自己住，以实际行动来迎接国庆十周年。”很好！这样的精神表现，让人很感动。我希望你们永远保持着这样朝气勃勃的精神。

我们的学校是新建的学校，仅仅只有一周岁。我们的校舍还在建立，而且这儿的还不是永久校址。这儿因为区域上的限制不能扩建得太大。我们的永久校址，从明年起要在北郊建立，那里的规模将要大得多。因此，在这几年期间，全体同学都是学校的创建人，你们不仅在创建校园，而且在创建校风，将来还要创建学派。不消说我们的祖国整个都还在创建中，全民都是国家的创建人，你们是负有不小的责任的。所以我们不仅是“自己盖好房子自己住”，而且是“自己盖好房子让同志住”，我们是通过建校来建立社会主义和共产主义，通过建校来扩大科学队伍，培养社会主义建设者的红色专家。

因而我们的工作看来是有点紧张的，但也不要害怕。适度的紧张是好事，因为我们不是在搞冷冷清清的修道院，而是在搞前人所不曾做过的轰轰烈烈的伟大的社会主义建设事业，我们要多快好省地办事，就必须鼓足干劲、力争上游。要鼓足干劲、力争上游，看来是不免有点紧张。天安门前的大礼堂，那真是一座宏伟的建筑，所用的钢梁有两条就有140吨重，不足十个月就完成了。将来同学们会有机会去参观，你们看了，就立竿见影地看出在党领导下的中国劳动人民的气魄是多么豪迈。当时在建设期中是轰轰烈烈的，是相当紧张的，但在今天看来是坦坦荡荡、井井有条了。

事实上，站在旁观者的立场，觉得紧张的事情，在当事人那里却并不觉得怎么紧张。这里有方法问题存在。我们既要苦干、实干，也要巧干、会干，掌握了客观规律，用科学的方法来推进，有条有理地去做，循序渐进地去做，按部就班地去做，养成了习惯，就可以化紧张为不紧张。凡事应是波浪式地进行的，有张有弛，有作有息，当然不能一天到晚24小时都在做同样工作，这种突击式的办法一两天还可以支撑，时间一长就办不到了。学校为同学们布置的是每天9小时学习、8小时睡眠、1小时的体育运动，我看这样按部就班地去做，你们的身体会更加好起来的，学业也会有所进步。

工作和休息不是绝对对立的东西，而是对立的统一。工作得好就会休息得好，休息得好也就会工作得好。新来的同学们，你们初进大学，一切都还不习惯，在精神上可能有些不必要的紧张，希望你们把这种紧张情绪缓和下来。首先你们不要有无谓的忧虑，怕这样、怕那样，前怕龙后怕虎，这样反而把你们的力量消耗了。有人说过，天地间没有什么可怕的东西，如果有的话，那是名叫“怕”这个东西了。我看，这话是有一些道理。天不怕，地不怕，就怕你自己害怕。古人说：“畏首复畏尾，吾身其余几。”你这样也怕，那样也怕，成为个害怕专家，那你还能够作出什么成绩出来呢？

所以我劝新来的同学们，不可作无谓的忧虑，不要怕。毛主席教导我们：“在战略上要藐视困难，在战术上要重视困难。”这是很好的指示。我们在任何困难面前都不要低头，但遇着有什么具体困难的时候，我们一定要聚精会神地千方百计地来克服它。同时还可以请教老师，请教朋友。古人说，“精诚所至，金石为开。”那是说，一个人把意志力量集中了是可以发挥意想之外的作用，任何困难都可以克服，不怕就是坚硬的钢铁或者岩石，可以把困难击退。意志不集中，那是等于力量的消耗。个人是这样，集体更是这样。从集体来说，集中就等于团结，不是说团结就是力量吗？所以我们要追求心志统一，有了统一意志，便能使个人的心情舒畅、生动活泼。因为我们的力量愈大，掌握客观事物的规律愈多，我们的自由也就愈广泛了。

我们的学校优点很多,缺点也不少。我听说有一小部分新来的同学有两种不同的感觉。一种是多肯定优点,因而自己隐隐有些优越感。一种是看到缺点,认为所谓尖端大学也不过如此,似乎又隐隐有点轻视。这两种感觉我认为都是不够全面的。前一种感觉会使人骄傲自满而流于怠惰,后一种感觉会使人悲观失望而流于消沉。这些都是一种右倾情绪的表现,我希望我所听到的情况不一定正确。但同学们如果有这样的右倾情绪,最好在它的萌芽就把它摘掉,不要使它滋长。我们要共同努力巩固我们学校的优点,并扩大我们学校的优点。我们要共同努力减少我们学校的缺点并改正我们的缺点。认真说缺点是经常会有的,因为万事万物都在发展中,事物一发展,新的就成为旧的,好的会成为坏的,我们总得要有不断革命的精神,时常推陈出新。我们有些优点,一点也不要骄傲。学尖端科学和学其他科学乃至做其他任何工作都是一样的。问题要看你是否认真,是否有成就。凡是认真努力的结果,作出了成就出来,对社会主义建设有所贡献,不论你成绩的大小,都是值得赞扬的。不管是做大车轮或小螺丝钉,总要称职。说到称职,是做自己应该做的事情,也不应当骄傲。何况刚刚进大学,就有些自满的情绪,那是不好的。毛主席说:“虚心使人进步,骄傲使人落后。”值得我们大家警惕。

同学们,同志们,今年新学年开学的时期是大有历史意义的时期。党的八届八中全会的公报和决议刚刚公布不久,而不久又要迎接国庆十周年了。现在全党全民都在进行学习党的公报和决议,全党全民都拥护党的号召,要努力反右倾,鼓干劲,进一步厉行增产节约,全心全意拥护总路线。目前全国各个战线上都卷起了新的高潮,要以实际行动迎接伟大的国庆十周年。形势是非常好的,我们在这样大有历史意义的时期举行开学典礼,真令人勇气百倍,欢欣鼓舞。

同学们,同志们!我向你们建议:在开学之初,抓紧时间好好地进行八届八中全会的公报和决议的学习吧,我们一定要鼓足干劲,反对任何右倾情绪、右倾思想和右倾活动,我们要做实事求是的促进派,要努力增产和节约。“增产”在同学们今天的情况下就是好好学习，好好锻炼身体，好好端正思想，要做到学习、锻炼、思想三丰收；“节约”在同学们今天的情况下就是要好好利用时间，好好集中意志，不要三心二意地使自己的精力作无谓的消耗。

同学们，同志们！让我们共同努力吧。我完全同意你们的号召：“我们要勤奋学习，红专并进。”“以实际行动来迎接国庆十周年。”我们要高举起总路线的红旗，使我们的学校在去年的基础上继续跃进。

也谈中国科大的前途与命运[1]

尹鸿钧[2]

中国科大的前途与命运究竟如何，这是每个在中国科大工作或学习的同志所极为关心的问题，也是许多校外同行或朋友所关注的问题。复刊的《科大校刊》展开“怎样办好科大”的讨论，给所有关心和关注中国科大的同志提供自由讨论园地，这对加速中国科大的前进，打破僵化沉闷，冲破某些陈规积弊会有助益。

对中国科大，中央和中国科学院很为重视，省委给予很大支持，赋予了重任，在中国科大第二次工作会议中又进一步明确了中国科大的发展方向。所有这些都还不能代替中国科大自身的奋斗，更不能保证在社会竞争中中国科大取胜的前景。并非每个在中国科大工作或学习的同志都能真正意识到中国科大的地位作用与重任，感受到实际存在的淘汰与竞争的强大压力，理解到加速办好中国科大的紧迫性。

如何完成办好中国科大、为国家培养高水平的科技人才的战略任务，如何把中国科大建成真正具有高水平的教学和研究能力的第一流大学，如何使中国科大在竞争中具备更多取胜的素质，摆在中国科大面前亟待解决的问题又有哪些，需要广开言路，集思广益，在此我愿就几个问题略述己见，与同志们共同研讨。

迅速建立和健全“三士”（学士、硕士、博士）培养教育工作与科学研

---

① 原载于1980年12月30日《科大校刊》。

② 尹鸿钧，时任中国科学技术大学近代物理系副主任。

究工作相结合的体制。这一体制的建立和计划方案的实施能够较好地把教育与科研紧密结合,体现学校工作必须以教学为中心、教育计划是学校工作的主轴、教学质量提高的活力在科学研究等。能够较好地实现出成果、出人才,有利于用新的动态知识结构与科学工作所必需的能力、品格来培养学生,有利于教师队伍的成长和具有特色、水平较高的学术集体的形成,有利于全国一流甚至世界一流的研究成果和研究人才的涌现。“三士”培养教育计划的实施,要有计划地开设科学而先进的课程系列,要形成中国科大自身的特色,要有计划地部署在哪些学科、哪些方向、哪些指导力量、哪些优势发挥上招收硕士或博士生,在创造研究成果的基础上培养高水平的人才。要扩大各系甚至各学科各教授的自主权,允许不同形式和风格的探索,不要搞一种模式。当前已有的学分制教育计划虽迈进了一步,但是仍然具有保姆式、填鸭式教学的积弊,尚需进一步解放思想,在实施中不断修改。教育计划一定要保持厚基础、宽口径、适当接触研究前沿、反映科研需要的特点,一定要有利于培养学生的独立工作能力、自学能力、广阔的视野和活跃的学术思想。

办好中国科大需要建设好三支队伍:一支是师资队伍,一支是管理(包括各种后勤保障工作的)队伍,一支是思想政治工作队伍。没有一支高水平的师资队伍,没有几百个全国一流甚至世界一流的教授或副教授,就没有第一流的中国科大,也就不可能培养高水平的学生。要下大决心,采取多种途径和有力措施,在教学和科研第一线有计划地培养师资。一定要紧紧抓住大批中年教师这一部分群体,有远见、有计划、有措施地给他们发挥才能创造条件,逐个学科、逐个方向、逐个人员地落实安排,把业务骨干真正用在刀刃上,真正委以学术重担,鼓励他们冒尖。要以学术水平、教学质量和贡献为主要依据,大胆破格提拔,授予相应的学术职称,明确相应的职责。一定要制定研究成果鉴定、教学质量评议、申请学位职称、发扬学术民主等一系列法规,使人才涌现的道路畅通。建设一支高水平的管理队伍是办好中国科大的又一关键所在,也是全国急迫需要解决的问题。管理是一门科学,不是熟悉或精通某一具体业务学科所能代替的。在某一具体学科的学术领域很有才华、成果显著的人才，并不一定善于管理，盲目地从师资队伍中冒尖一批抽调一批，势必会造成智力资源的滥用，损害教师队伍的成长。适合于管理工作，有利于改革，组织能力强、善于思考、一专多能的同志是有的，也可以转为管理，但毕竟是少数。特别是绝不要轻易抽调创造力正处旺盛时期的许多业务尖子。要吸取中国科大自建校以来许多又红又专的人才，一批批被抽调去做管理等方面的工作，虽进行了智力投资，但不问或不注意其效果，只使用不培养的教训。要对中国科大的管理队伍进行深入调查分析，给他们正名，进行培养与调整，解决他们的实际问题，充分发挥多年来智力投资的效益，使中国科大既有一支高水平的师资队伍，又有一支高水平的管理队伍。要结合科学管理系科的建设，举办各类管理进修班，开展科学管理学的研究与实验，加速科大管理队伍的成长。要建设一支适应“四化”形势要求、熟悉科技教学规律和人才成长规律、精通本行业务的政治思想工作队伍，为未来培养更多的又红又专的人才。

中国科大一定要打破僵化，在流动中促进人才的成长，要承认人才的竞争与淘汰。任何一个单位及其领导，要想吸引人才，就得爱惜人才，知人善用；就得人尽其力，关心培养。靠单位所有制、岗位终身制来禁锢人才的流动，是不利于人才的成长的，中国科大一定要改革科学技术人员的管理制度，学校应该有招聘权，应该有权选择自己所需要的人才，也应该从制度上有权调剂不适宜或不需要的人才。对人才也应有对等的权利和义务，允许他们选择合适的岗位或学位。没有竞争与淘汰，只请不送，队伍就没有流动，这不利于人才的迅速成长。只要下大决心，抓住关系中国科大命运和前途的关键问题，中国科大是大有希望的。

理想·信念·决心①

严济慈②

去年春天，我光荣地加入了中国共产党，我这个80岁的人，终于实现夙愿。

有人问我，你这么大的年纪了，为什么还要入党？今天，我来谈谈自己的想法。

我年轻的时候和许多知识分子一样，怀有爱国图强、教育救国、科学救国的志愿，远涉重洋，出国深造，想为祖国出点力。但是在黑暗的旧中国，这些愿望只是一种幻想。

新中国成立后，社会制度发生了根本的变化。在党的领导下，新中国的科学文教事业迅速发展起来。我从新旧社会的对比、自己的工作实践和生活感受中切身体会到：没有中国共产党的领导，就没有新中国的一切，科学家在新中国大有用武之地。经过几十年的实践、斗争、磨炼、比较……使我逐步加深了对党的信念，认识到中国共产党是我们中华民族建设社会主义现代化强国的胜利保证。我虽然是80岁的老人了，但并没有迟暮之感，我愿加入党的战斗行列，把自己的希望和命运同党的事业紧密联系在一起，为实现祖国的繁荣富强，贡献自己的一点微薄力量。

有的人说：党的威信降低了，入党还有什么光荣？

---

① 原载于1981年1月5日《科大校刊》。

② 严济慈，中国科学院院士，时任中国科学技术大学校长。

我们每个要求入党的人，首先考虑的是入党干什么？如果有人因为中国共产党是执政党，把入党当作获取个人名利权位的阶梯，把党员当成一块金字招牌，晋升的资本，就必然在革命事业顺利发展的时候，高兴、有信心；一旦革命受到挫折，就怀疑、动摇。这样的人说到底，不过是个从个人得失出发的投机者，而不配成为一个共产主义者。

理想和信念是一个人生活和工作的动力。1976年到1980年的编年史说明，历史进步的潮流是不可逆转的。五届人大三次会议充满了民主的精神，充满了改革的精神，标志着我国民主化进程大大向前跨进了一步，将对我国现代化建设事业的发展产生积极的影响。在党的正确方针指引下，我们正在前进，动了起来，就会加速，就会有极大的速度和能量，冲破一切障碍，以超出预料的速度滚滚向前，这就是我的信念。我是一名科学工作者，科学工作者应该具有实事求是的精神，我对社会主义祖国的前途是充满信心的。四个现代化的宏伟目标，正吸引着老一代人为之奋斗终生，也鼓舞着新的一代奋发图强。我们的事业后继有人，我们的国家前程似锦。我要争取时间多做工作，把自己的一切献给祖国的科学事业，为“四化”多做贡献，这就是我的决心。

勤奋学习　热爱祖国
立志当社会主义中兴大业的积极分子

在中国科学技术大学“郭沫若奖学金”暨三好学生、优秀学生干部授奖大会上的讲话[①]

张劲夫[②]

同志们，同学们：

今天有这个机会到中国科学技术大学来，向郭沫若奖学金获得者、三好学生、优秀学生干部发奖，这是一件大喜事。同时，中国科大有好多我的老战友，我们在中国科大开办的时候是一起参加筹建的，在我的故乡遇到了故人，这又是一大喜事。所以，我今天来确实很高兴。要我来谈谈，可以。但不一定谈得好。谈什么呢？据说中国科大有人很高明，你张劲夫来讲什么我已经知道了。中国古代有个诸葛亮，传说他很高明，可以未卜先知。其实这个人很注重调查研究。有一副对联讲“诸葛一生唯谨慎，吕端大事不糊涂”，他不是随随便便乱猜乱说的，乱猜是靠不住的。现在有一门新学科，叫“未来学”，寻找发展规律，进行科学预测，这是有道理的。至于有人猜我的讲话，可能你猜中了，那也只是偶然的。比起同学们，我的年纪要大些吧？几十年的经历中我有个体会，我

① 原载于1981年4月10日《科大校刊》。本文根据相关记录整理而成，标题是整理者添加，文章有删改。

② 张劲夫，时任安徽省委第一书记。

们想问题、办事情不能靠偶然吃饭，要靠必然吃饭，要相信科学，不能靠碰运气，要找出必然规律按科学办事才靠得住。其实我今天谈的并没有题目，是随便谈谈。

关于所谓“代沟”问题

前几天，约了几位老师请教了一下。老师们给我讲的一个情况，把我震动了，是我原来没有听过的。就是说：我们老字辈、中字辈和小字辈之间，由于许多原因，有个“沟”，叫“代沟”。

我想，是不是有沟？可能有的没有沟，有的有沟，有深有浅，情况不一。如果说有沟的话，为什么有沟？我想还是要用历史唯物主义来解释，就是历史的环境、条件给人的影响不同，站在不同的立场，吸取的教训和“体会”不同，反映的主观思想也就有不同。

许多人有这样的体会，对两件事印象最深，不易忘记：一个是童年时期的生活，一个是故乡的事物。我们相隔有四五十年的时间了，我的童年时期和你们所处的时期有什么不同没有，确实有不同的情况。抗日战争前，我在上海做地下工作期间，跟着我的一位老师搞过教育工作。那是以教育为掩护做地下工作的。当时，我不懂教育，在工作中留给我印象深的有两点：第一点是青少年具有可塑性，可以把青少年塑造成一个很有成就、很有道德、很有才干的人才。如果不承认一个人是可以塑造的话，教育就不能成立。既然搞教育，就要承认人具有可塑性。第二点是青年的摆动性很大，要教育好青年难度很大，要做好教育工作是不容易的，包括大学教育在内。有这样说法：“教育者如扶醉人，扶得东来西又倒。”所以，搞教育的人，必须研究心理学，不研究心理学是教不好的，教师首先要教人，然后才是教知识。韩愈的《师说》一文讲：“师者，所以传道受业解惑也。”传道，就是要教人。在当时的工作需要下，我研究过一点心理学。我发现心理学有很多学派，其中有一派认为，人在十几岁时受到的环境和周围亲友的影响，尤其是在他的亲属中所受到的影响，对于这个人今后对别人的看法，是、非、好、恶，影响很大，甚至是影响一辈子。这一派的观点有很大的片面性，但也有一点道理。

这就使我想到目前所说的“沟”。我们各人所处的环境，以及当时社会舞台上表演的人物给我们的影响各不一样，各人的境遇也不一样。你们在“文化大革命”初刚上幼儿园、小学吧？你们是生在新社会，但是长在动乱时期。你们的童年、少年时期——这个对人生有重大影响的时期，恰恰处在“四人帮”横行、社会动乱时期。至于新中国成立前，旧社会的事情，你们就没有经历过。新中国成立初期的情况，可能也知道得不多。

我看，如果说有沟的话，可能是暂时局部的现象，从本质上说是不应该有沟的。在我们之间，对于我们国家的现状、形势的看法、当前的问题、未来的前途，可能想得一道，也可能想得不一致。不过，现在的青年生活的环境跟我们当时环境不同了，简直是新旧社会两重天，追求真理，要做真人，有利条件太多了，使青年们具有新时代的好多优点，敢于思考，能想问题，才华迸发。思想活跃是国家兴旺发达、有希望之所在。思想活跃，又是推动社会前进的一股力量，会出现大批人才，群星灿烂。但是，也有弱点。因为没有经历旧社会，没有新旧社会的对比，因而看问题不容易全面，缺少经验，对事物的判断有时不一定准确。不过，总的说来，还是你们比我们强，比我们幸福。中国有句老话：“长江后浪推前浪，世上新人换旧人。”我过去讲过：“前人教育后人，后人胜过前人。”后人如果不接受前人的教育帮助，就不一定能胜过前人，甚至于重复前人的错误，走弯路，这是常见的。

因此，你们这一代，是思考的一代，是大有希望的一代，但是也有一部分人要注意，是危险的一代。也许有的同学听了不大高兴。可是，你究竟是青龙还是白虎，还要看呐！绝大多数同学可能走上正路，个别的也可能走上歪路。

因历史原因，我们都受到了大的创伤，我们要清醒地看到时代给予我们的烙印，有好的，也有不好的，包括我在内。对于我们的老同志来说，“左”的影响不是有无的问题，而是深浅的问题，多少的问题，觉悟得迟早的问题。这是主体方面，至于右，有人有时也是有的。我们正在“清理”自己，总之要实事求是地“清理”总结。你们年轻人是不是也有值得“清理”的地方呢？恐怕也有吧。当时不少消极的东西对大家是有影响的。在这种情况下，如果有沟怎么办？我看我们来填这个沟，老的、中的、青的，都来填，来个接力赛。我们的根本利益是一致的，这就在立场上有了一致的基础，有了这个基础，就会有共同的理想、信念，共同的奋斗目标。我们之间是接力前进的关系，搞个接力赛跑，一棒一棒传下去。希望你们跑得比我们快。每一个人在历史的长河中所起的作用，都只能作为一滴水，无非有的大一点，有的小一点，有的干净，有的肮脏。当然也有泥沙，会沉淀，会阻碍潮流向前。鲁迅先生说过：“肩负着因袭的重担，推开黑暗的闸门，让他们（青年）到宽广的路上去。在前进的路上如果遇到沟壑，我们这些人愿意拿自己的尸体垫上去让你们前进。”我们的革命先烈已经这样做了。现在这些老同志也都是愿意这样做的，因为这是一个共产主义老战士应有的风格。

当然，目前我们有些老同志重新工作后是不是存在不尽如人意的缺点呢，是有一点，官僚主义，特殊化，不正之风，我们都承认。我们党现在十分重视这一问题，要整顿党风，正在自己和自己的缺点作斗争，这正是我们党坚强和成熟的表现。我们有许多立志改革的同志，决心很大。我遇到不少老同志都在互相勉励，不把党的事业搞好，绝不罢休。我们这些干部，绝大多数是国家的健康力量，是革命事业的脊梁，是中华民族的精华。

在我们党外，包括文化界、教育界、科技界，还有工商界，原来是朋友，跟我们走，现在不少入了党，成了同志，经过锻炼，不仅不消极了，而且更积极了。上海有一位工商业者跟我们走，也挨过整，还想为“四化”贡献力量。最近，他在《文汇报》上登了一首诗，说：“报国之日苦短，报国之心尤切，真是老牛明知夕阳短，不用扬鞭自奋蹄。”读后使我振奋，民族工商业者都进步啦！你不要看我们这些“老家伙”，有不争气的，那是个别极少数，绝大多数是要“自奋蹄”的，老黄牛要拼老命啦。

鲁迅先生起初相信进化论，说过“青年胜过老年”。后来，国民党“四·一二政变”之后，他说脑子像被炮轰了，把这一思想轰毁，同样是青年，有的革命，有的告密卖友，有的投敌求官，都不一样。老年也不一样，有老而革命的，也有老而不死是为贼的。因而从进化论进步到阶级论，对人要进行阶级分析。所以，如果说我们之间有沟的话，只是一时局部的表面现象，而我们之间并没有不可克服的矛盾，没有根本的利害冲突，因此就有共同的基础，可以确定我们共同的奋斗目标。从本质上说，是不存在沟的，即使有也是可以填平的。如有人硬说有一条鸿沟，煽动青年一代打倒老年一代，那是别有用心，千万要警惕啊。我们之间，年老的、年中的帮助教育年轻的，年轻的也要帮助年老的。我们有些人思想解放不够，不敏锐，有缺点，也需要青年的锐气给予帮助，但要尊重，敬老尊贤是我们民族的好传统，不能丢掉。尤其是对老师要尊重，让我们共同努力来填这个沟，我们之间是同志关系、师生关系，来个接力赛，把革命火炬传给你们，一直传递下去。把科学事业的火炬也传递下去。

发扬中国科大传统，勤奋学习

我衷心地希望中国科大办得更好，希望同学们勤奋学习。这里首先讲一讲中国科大是怎样办起来的，好在什么地方，这对同学们可能会有点帮助。

那是在1958年办起来的。当时，科学家们说，分配来中国科学院的人，有的合乎我们需要，有的就不合我们需要，我们能不能自己办个大学，选拔最优秀的学生、适合搞科研的青年。当时，四月份时开始酝酿。科学家要办大学，我赞成。郭老不仅赞成，并很积极，他老人家说“我兼校长”。最著名的科学家兼系主任，钱学森同志兼力学系主任，钱三强同志兼原子能系主任，赵九章同志兼地球物理系主任，贝时璋同志，贝老很热心，兼生物物理系主任。咱们的华罗庚同志最热心了，兼数学系主任、副校长，还亲自上课。还有吴老、严老，都亲自来上课。党组郁文同志来当党委书记。那时胆子大，我们就在报上登了广告，什么时候招生，招多少人。可是，我们赤手空拳，怎么办？广告上登的校址是“北京西苑”，这一宣布，中调部的负责同志着了慌，因为西苑的房子是他们单位的。他们找到杨尚昆同志，郭老办科技大学要占我们房子怎么办。于是尚昆同志就找我，说：“劲夫啊，你们怎么搞的，也没同我商量商量。”我说：“广告已经登出去了，不好改了。”后来，尚昆同志感到难办，说“我给你想个办法，中央党校有个二部，已经结束了，房子刚刚交给军委，地点就在玉泉路八宝山旁边”，要我去找黄克诚同志，他当时是军委秘书长、参谋总长。我就去找黄老，请求支持。黄老在军内很有威望，他当即表示支持。聂总也表示支持。我就同郭老说：“借你的牌子我俩一起去看看唐凯（接收该房的部队负责人）同志吧。”我们俩一到，唐凯同志迎了出来，一见面热情得很，不用我们开口他就说：“我已经知道来意了，一个星期内搬家。”解放军的好传统、高风格，在唐凯同志身上表现得何等鲜明。于是房子很快就给了中国科大。当时第一期招了1600多人，住不下。正好隔壁是解放军政治学院，我找了副院长莫文骅同志，借了两幢楼作为宿舍，借用大礼堂举行开学典礼。就这样，中国科大从酝酿到招生开学，只用四个月，就办成了。

中国科大是中国科学院办的，采取了“全院办校、所系结合”的办法，这八个字的作用可大了。当时许多优秀青年要报考这样的平地起家的大学和这八个字的吸引力是有很大关系的。

当时来的青年，给我的印象很深很好，好多同学家里是很穷苦的，下了火车，自己挑着行李，从北京站步行到学校。中国科大一开始就有这么一批学生来自穷苦家庭，克俭克勤，勤奋学习。还有不少南方来的同学，穿不起鞋子，赤脚上课。许多同学买不起计算尺，钱学森同志把他的科学奖金捐了出来，给同学买计算尺。郭老用他的稿费为中国科大修了游泳池。当时，严老上课坚持的时间最长，很受欢迎，大教室里听课的人很多。各个研究所用最好的设备、最新的成果来装备学校，让学生有机会参加最新的科学实验，因此中国科大分成了两部分，前三年基础课在玉泉路，后两年专业课在中关村。

从第一届毕业典礼至以后的每一次毕业典礼，陈老总、罗总长等许多领导同志都到中国科大讲话，每届开学也有领导同志到学校讲话。我每学期去一次，当个“啦啦队员”。这个大学从一开始，我们还想继承抗大的传统，注意思想政治工作，上课、集会等活动，都很有秩序，既整齐，又迅速，不拖拖拉拉。

后勤工作，去了许多部队转业的同志。我也是搞后勤的。那时，中国科大食堂伙食好不好，我的消息很灵通，好多干部子弟回去一反映，电话就到我这里来了。所以，宿舍有臭虫啦、食堂没办好啦，我马上就知道了。

中国科大在1963年有了第一届毕业生。据反映，中国科大的毕业生质量还可以，有不少是优秀的。我希望能有一个具体的材料来说明学校究竟办得怎么样。如果说，中国科大有一点成绩，这是党的关怀，是社会主义的优越性，还要感谢科学家的热心，感谢青年同学们的努力勤奋学习。我们不要把20世纪五六十年代的中国说得一无是处，有些事情是办得好的，很有成绩的。中国科大就是一例。你们能有机会进中国科大很不容易，招学平均年龄17岁。我如果倒回去50年，我也一定争取投考中国科大。我17岁时，这是想也不敢想的。你们今天能进这个大学，我真是羡慕不已。

现在，党中央、国务院、中国科学院对中国科大很关心，特别是关心培养一支又红又专的教师队伍，提供优越的条件，让中年教师有更多机会出国进修。现在，一支很好的专职教师队伍培养出来了，我很高兴。方毅同志上次来讲了，中国科大的办学方针还是“全院办校，所系结合”，只是方式不同就是了。你们安心在合肥，我很欢迎。你们在合肥站住脚，生下根，对安徽很有帮助。这里条件是要差一点，但经过这两年的努力，也慢慢好一些了。今后还要继续创造和改善条件。省里一定也支持，要进一步搞好。

我看，要发挥三支力量，在党委领导下把学校办好。

一是教师的力量。中国科大有这么一批中年教授、副教授，在全国是不可多得的。今后，还有很多机会同国外进行学术交流，提高自己的科研水平。

二是行政工作的力量，做好后勤工作，保证科研、教学的进行。这个力量不可轻视，这方面工作是高尚的、不可缺少的。按照马克思主义理论来讲，社会是一个整体，社会的各种劳动互相协作，叫作劳动交换。科研、教学的劳动是高尚的，行政后勤的劳动也是高尚的，是不可缺少的。行政后勤工作同志为办好中国科大已经付出了辛勤的劳动，今后还要付出巨大的劳动。

三是思想政治工作的力量，包括做学生工作的队伍，很重要。教育首先是教人，要有坚定正确的政治方向。中国科大有好的传统、好的风尚、好的政治气氛和学习气氛，学生很勤奋，要注意保持发扬。

我希望在中国科大工作的同志们要有强烈的革命事业心。我的老师陶行知，是一位人民教育家，也是革命家、文学家，我很敬佩他，尊重他，他有一种献身精神。他放弃了优越的条件，穿着草鞋、布衣到农村去办教育。他有副对联让我终生不忘：“捧着一颗心来，不带半根草去。”就是要为劳动人民的教育事业献身，他是说到做到的。毛主席称他为伟大的人民教育家，他是当之无愧的。徐特立同志对陶行知也非常佩服，曾改名为“师陶”，要以陶行知为师。我们搞教育就要有这样的献身精神，只有个人没有什么企求，才能把事业办好。中国科大有好传统、好条件，可以进一步办好。

对于同学们来讲，我希望你们要勤奋学习，珍惜时间，增长才干。同时，要坚持四项基本原则，要维护五个秩序，即社会秩序、工作秩序、生产秩序、学习秩序、生活秩序。没有好的秩序，什么也搞不好。

我在中国科学院工作时曾经讲过“安、钻、迷”。就是说搞科学研究：一要安心，三心二意、五心不定是不行的。二要肯钻，而且要钻到入迷的程度。要想有成就没有这种精神是不行的。中国历史上有个著名的音乐家叫师旷，他曾说："技之不精由于多心，心之不一由于多视。"这种分析不一定全对，但说凡事要专心致志，还是对的。他于是用艾烟熏瞎了双眼，让自己什么也看不见，专心致志地研究音乐，最后成为著名的音乐家。这种方法不可取，但精神可嘉。古今中外伟大的革命家、科学家都是这样爱他的工作至入迷的程度的。按照邓副主席讲的，就是专心致志、聚精会神，把你的精神聚集起来，如同聚光镜一般，才能"会神"啊！当然，也不能让你一天到晚迷进去，还要有个周期性和节奏，一张一弛，劳逸结合，爱因斯坦还拉拉小提琴嘛。

热爱社会主义祖国

我们的国家是了不起的，但我们不能光靠老祖宗吃饭。我国历史悠久，古代文化光辉灿烂，地大物博，人口10亿。人多虽然有些困难，但也是了不起的力量啊，占世界人口近1/4。我国是一个了不起的大国，不要把中国看得无足轻重。我们要热爱自己的社会主义祖国。

我的孩子出国工作，走的时候问我"爸爸有什么吩咐？"我提了个低要求，我说你要爱国。我们家庭是贫苦的老百姓，是一个"清白世家，没有污点"。因此我说："孩子，你爱国、清白，这是起码的要求。更高的目标要为共产主义伟大事业而献身，你长期去奋斗吧，但最低的要求你一定要做到，不然咱们父子关系就要重新考虑了。"一个青年，起码要爱国，你是中国人，不能有辱国格，不能做对不起祖国的事、说一些不像话的话。我对明朝于谦的《石灰吟》很欣赏，他是很爱国的。他的诗说："千锤万凿出深山，烈火焚烧若等闲。粉身碎骨全不怕，要留清白在人间。"做人起码不要有污点。

关于热爱祖国，我还可以讲几个例子。

我访美时，在旧金山遇到一位华侨，抗日战争前因贫苦出外谋生，几经周折，在日本成为资本家，办了一家西药工厂，娶了日本夫人，有三个孩子，两个男孩，一个女孩。后来搬到美国旧金山办工厂。我去时，他跟我说：“我现在条件很不错，但是慢慢老了，我最大的心事是怕孩子不爱国。我家里讲日语、英语，不讲汉语。为了培养他们的爱国观念，我一定要让他们经常回国看看。”为了回国看看，他们还经过一番很尖锐的斗争。他们第一次回国，“四人帮”还没有倒台，传说很多，如何如何危险，他说不行，非回去不可。最后，他下决心，如家属实在不同意，他就决心一个人回国。结果全家人一起回来看望祖国。打倒“四人帮”后，他高兴极了，要经常回国看看。他有一个很强烈的祖国观念，因为他经历了日本、美国之后，转来转去，觉得还是祖国好，叶落归根。

《北京日报》3月3日登的有一个同志写了一篇文章：《热爱母亲》，讲的是一个国外回来的人的感受。我念一下：

“我们英雄的国家，哺育了英雄的人民，也哺育了许许多多可歌可颂的英雄妈妈，但是此时此刻我想得更多的另外两个母亲：即我们伟大的社会主义祖国和伟大的中国共产党。由于众所周知的原因，我们这两个母亲的形象是大大地损坏了，身上有了伤痕了……古人说：‘家贫出孝子，国困显忠臣。’这话有道理……我们这两个母亲锻炼培养出大批的优秀儿女，成为祖国的脊梁。所以，我以为，要真心热爱这两个‘母亲’，就要以主人翁态度，努力医治好她们身上的创伤，使之健康长寿，并永葆其美妙之青春。决不能采取嫌弃的态度……”

内燃机专家王运丰同志说：“母亲可以一时错怪他的孩子，但孩子不能不爱母亲。”

从台湾辗转归来的战志果夫妇说走遍天涯路，还是家乡好。祖国再穷也是我们的母亲，好儿女应该热爱自己的母亲，有本事应当为自己的祖国服务。”

又如，我接触过的沈钧儒先生，上海救国会七君子之一。沈老有一次写一首诗，题目叫《我是中国人》。本来这首诗是想写一些内容的，结果第一句写了“我是中国人”，第二句还是“我是中国人”，第三句想了半天，还是“我是中国人”，最后一句还是“我是中国人”。笔一放，老人家痛哭起来。鲁迅也讲,我不仅是个作家,我同时是个中国人。他在答托洛茨基派的信中说:“你们的高调有违中国为人的道德。我们共产主义者,是把国际主义和爱国主义看成一致的,是不矛盾的。”你为世界奋斗,首先要为祖国奋斗嘛。我们国家是个好地方,不仅应该爱她,也值得爱嘛,我们的前景是很灿烂的。热爱祖国,这是低要求,至少要做到这一点,不然你就够不上是一个中国人。

我路过日本,日本政府人员向我介绍,住、行只及美国的1/3,吃、穿、用接近美国。日本的高速公路不行,从成田机场到市中心,走了两个小时,只有七八十公里,车子不大能动,付了三次买路钱。日本的公路上挤得一塌糊涂,住的房子挤得很,我着重看了东京的新建住宅区,比美国差远了,很矮,中国画横的可以挂,长的挂不了,拖到了地。看来,住、行只及美国的1/3,是符合实际情况的。我们在物质上和发达国家有点差距,可以逐步赶。我们国家大,人口多,要赶,工作也是艰巨的。不过,也不要把我们自己看得无足轻重,更不要自己轻视自己。在物质文明上我们可以逐步赶,在精神文明上我们远远超过了资本主义,不要妄自菲薄。

立志当社会主义中兴大业的积极分子

我们的国家正处在一个社会主义中兴时期。我们党在经过曲折之后,目前在进一步调整国民经济,进一步实现安定团结,以便站稳脚跟,继续前进。我们要总结经验,立志改革,把“四化”、两个“文明”实实在在地向前推进。我们的经验教训是很宝贵的。我到安徽来工作,去年选我当省长要我讲话,我想来想去,就讲“安居乐业,民富国强”。安居才能乐业,不安居不能乐业,人心思定,人心思治,人心思上。要安定下来才行。低要求,把老百姓搞富了,国家才能搞得强盛。到本世纪末,我们要努力实现小康的社会主义,再一步一步向高标准的社会主义、共产主义努力奋斗。我最近对合肥市的同志讲,我们欠账很多,把人民生活的问题排个序:有的目前做不到的,可以做准备工作,长期努力奋斗;有些目前能做到的，现在就做；我们要多做少说。我们合肥市和省属所有的城市都有“五子”问题。第一是房子，住房很紧张；第二是篮子，买菜及副食品供应等，物价在涨，要稳定物价；第三是孩子，就学、就业问题；第四是车子，交通很挤；第五是票子，工资、奖金、职工收入还要在生产增长基础上有步骤地增加一点。

我们的国家处在中兴时期，目前要把两个“进一步”搞好，站稳脚跟，继续前进，实现“四化”的希望是指日可待的。党的十一届三中全会后，路线、方针、政策进一步拨乱反正了，就看我们在实际工作中要好好贯彻，靠我们的努力奋斗，前景是光明灿烂的，社会主义的中兴大业，就靠我们来承担了。有的同志对社会主义还有怀疑，我们可以讨论。绝大多数的同志们、同学们是愿为社会主义中兴大业奋斗的，我希望你们立志当社会主义中兴大业的积极分子。没有共产党就没有新中国，这是历史的事实所证明了的。我们要中兴社会主义大业，实现“四化”，只有依靠中国共产党的领导才有希望，才有保证。

今天我讲的原是没有题目，随便谈谈。如果一定要有一个题目，就是：勤奋学习，热爱祖国，立志当社会主义中兴大业的积极分子。这是我的一点希望！

光辉的历程[①]

武汝扬[②]

中国科学技术大学是1958年由中国科学院创办的一所理工科结合、以理科为主的综合性理工科大学。当年3月中国科学院郭沫若院长首先倡导中国科学院要办一所新型大学，命名为中国科学技术大学，报请党中央、国务院审批。6月经核准开办，任命郭老兼任校长，7、8月间即首次参加了全国统一的高校招生，共招收首届新生——1958届1600多名学生。9月20日隆重地举行了中国科学技术大学成立暨开学典礼。21日《人民日报》就报道："中国科学技术大学开学是我国教育史和科学史上的重大事件。"

在如此短促的时间内，以如此迅速的步伐，就办起了如此一所新型大学，这在中国教育史上是罕见的。中国科大可以说是白手起家，底子薄、条件差、困难多、起步晚，但是从开办之日起，就进入全国高等院校之列，是社会舆论公认的国内名牌大学之一。这在中国教育史上也是少有的。

这所新型大学之所以能在伟大的祖国大地上诞生、茁壮成长、发展，是有其客观方面与主观方面的许多有利因素的。

首要因素是中国科学技术大学是在党中央、国务院和周恩来总理亲切关怀下，在陈毅、聂荣臻元帅等许多老一辈无产阶级革命家大力支持、

---

① 原载于1989年10月20日《中国科大》。

② 武汝扬，曾任中国科学技术大学党委书记。

指导下，在敬爱的郭沫若校长呕尽心血、精心培植下，经过全校师生员工的艰苦奋斗、艰苦学习、共同努力，创办、成长、发展起来的一所新型大学。这是办好中国科大最根本的保证。

其次，中国科大从开办及成长中，始终贯彻、执行了一条合乎实际的办学方针——“全院办校，所系结合”。

学校一开办就明确宣布：学校的一切工作要以教学为中心，不断提高教学质量，特别强调要大力加强基础课教学。要使学生用三年到三年半的学习打好三个基础。自然科学理论基础、实验技术基础、外文基础，为了尽快培养适应现代化科技需要的科技人员，还明确规定：四、五年级学生要分别到对口研究所参加科研工作，直接接触和学习最新的科学技术。

其三，从学校开办起，就十分重视勤工俭学，教学、科研同生产劳动相结合，抓尖端科学技术。

其四，从开办学校起，就很重视教师的主导作用和重要性。在31年的教学、科研的实践中，业已组建、培植起一支政治素质好、业务水平高的教师队伍与职工队伍。从1958级第一届学生起，每年接收的学生，政治素质是好的，业务水平是高的。这两项因素对办好中国科大关系极大。

其五，在教学、科研实践中，中国科大继承和发扬了抗大的优良传统和作风，逐步形成了一条好的校风——“勤俭办学，艰苦朴素，红专并进，团结互助”，这时刻激励着师生员工不断努力、奋勇前进。首届新生入学后的第一次大课就是同全校教师、职工并肩参加义务劳动，自己动手整修借用来的教室、宿舍及校园。

中国科大的历史证明：这所大学始终是在党中央、国务院的关怀下，坚持了正确的方向，贯彻了适合实际的办学方针，继承和发扬抗大优良传统和作风，才取得卓著的成绩。31年来为国家培养成千上万合格的毕业生。他们在各自的岗位上，辛勤劳动，刻苦钻研，为发展科技事业作出了贡献，博得用人单位和社会的普遍好评。其中不少已成为著名科学家,许多早已成为科研、教学战线上的骨干力量。

中国科大在成长发展过程中,有正面的经验,也有反面的教训。所以,我们既要肯定成绩,也要重视失误。我们充分相信:中国科大的全体师生员工只有一如既往地坚持四项基本原则,群策群力、扬长避短,才能更上一层楼。

重振科大革命精神　发扬科大优良传统①

谷超豪②

30年前的今天，在党中央、国务院和刘少奇、周恩来、邓小平、聂荣臻等老一辈革命家的关怀下，由郭沫若院长直接领导，肩负着为国民经济和国防建设培养尖端科技人才重任的中国科学技术大学(以下简称中国科大)在北京西郊正式成立。从无到有，筹备工作仅仅花了三个月时间。

从学校成立到1966年“文化大革命”前夕，学校一共培养了四届毕业生5000多人。这一时期毕业生中90%多成为所在科研单位和大学里的骨干力量。他们参加了国内研制原子弹、氢弹、人造卫星、洲际火箭、人工合成牛胰岛素和丙氨酸转移核糖核酸等重大、尖端的科学研究工作，并作出突出的贡献。这些成绩的取得，无疑是在党中央正确的教育方针指导下取得的，是“全院办校，所系结合”这一方针的成功实践，也是中国科大广大教职工艰苦创业的丰硕成果。同时，它又是学校重视政治思想教育，坚持党的正确领导的结晶。

1958年5月，中国科学院党组给聂荣臻同志的请示报告经中央书记处会议和邓小平同志批准，其中就中国科大的办学原因、培养目标及培养方法做了明确的阐述。报告中说：“为了适应我国社会主义建设的新形势，充分发挥科学院现有科学家的潜力，加速培养世界新兴学科的科学干部，促进我国这些学科的迅速发展，我们研究了苏联创办的物理工

① 原载于1989年10月20日《中国科大》。

② 谷超豪，中国科学院院士，时任中国科学技术大学校长。

程学院的经验后,拟由科学院筹办一所新型的大学。""这所大学主要是培养世界科学发展中最新的尖端性学科的科学研究工作干部。培养干部的目标是忠实于工人阶级事业,既有坚实的理论基础,又能掌握最新的科学实验技术,并具有两种以上的外语能力的又红又专的新型科学干部。在培养的方针上坚决贯彻理论联系实际的方针。入学后首先着重基础课的训练,特别在数学、物理、化学、力学等方面要打下较好的基础。未毕业前即在科学家指导下进行一定的研究工作,以便在理论基础和研究工作方面打下良好的基础。"

郭沫若校长根据中央的指示,也反复强调要按照社会主义的教育制度办学,坚持党的领导,继承抗大的优良传统。他在首届学生开学典礼讲话中明确指出,党的教育方针是办校的根本原则,并且用"三纲""五化"做了具体阐述和发挥。"三纲"是:政治挂帅,党的坚强领导;勤工俭学,教学、研究和生产劳动相结合;抓尖端科学技术,为国家建设服务。"五化"是思想马列化,生活工农化,组织军事化,教学集体化,技能多面化。这些论述以及他后来总结的中国科大校风:"勤奋学习,理实交融,红专并进",其基本精神至今仍应成为我们办学的指导方针。为了使学校能继承抗大的优良传统,郭老亲自作词并特意请抗大校歌作曲者吕骥为中国科大校歌谱曲,请抗大毕业生郁文担任党委书记。

正因为中国科大从创办之日起就具有坚定正确的政治方向并逐步形成了优良的校风和传统,所以在"十年动乱"中学校受到严重破坏的情况下,广大教职工仍然能够忠诚党的教育事业。1970年南迁合肥以后,仪器设备损失殆尽,在极端困难的条件下,广大教职员工自力更生,勤俭办校,重建实验室50多个,并取得了一批科研成果,使学校能逐步恢复元气,为后来的发展打下了基础。

粉碎"四人帮"后,中国科大获得新生。1977年8月,在邓小平同志"一定要办好科技大学"的指示下,中国科学院在北京召开了第一次中国科学技术大学工作会议,在全国高等教育战线拨乱反正中率先迈出了一大步。学校以较快的速度恢复和发展起来。重建了基础课教研室,并进行了一系列的教育改革的大胆尝试,创办了少年班和全国高校第一个研究生院,在全国产生了很大影响,起了推动的作用。近年来,我们学校的教育改革继续深入发展,并取得了一批令人瞩目的科研成果。在教学实践中也进行一系列改革,使我们的教学水平得以较大幅度提高;科研上,同步辐射装置建成出光,是我国高科技领域中的一项重大成果。在超导研究中,我校继续保持国际领先地位。这些都是有目共睹的,都是在中国共产党领导下,广大师生员工坚持正确的教育方针和优良的校风而取得的,是我国社会主义制度优越性的体现。

然而,近几年来,由于党内个别领导人"淡化"党的领导作用,严重忽视党的建设和思想政治工作,听任资产阶级自由化思想的泛滥,听任不正之风和腐败现象滋长,使党的形象和威信在群众中蒙受很大损失。学校党组织的战斗力和思想政治工作受到了严重的削弱。尽管我们广大干部和党员加以抵制,但客观上在一段时期中我们对学生和青年教师的"红"的方面要求是放松了,没有理直气壮地抓学生的思想政治工作,没有完全坚持对学生德智体美劳的全面培养,没有把反对资产阶级自由化坚持不懈地抓到底。尤其是某些同学散布和鼓吹资产阶级自由化,在青年学生中造成了思想上的混乱,少数学生盲目崇拜西方资产阶级的所谓民主和自由,对坚持四项基本原则表示怀疑,产生了信仰上的困惑和无所适从,导致了政治上的动摇和个人主义思想的发展。行动上则表现为放任自流,纪律松懈,追求享受等。这样就不可能树立正确的世界观、价值观,就会丧失为社会主义建设奋斗的责任心和使命感。同时,也缺乏社会主义民主与法治的观念。

聂荣臻同志在"文化大革命"期间,对我校学生进行了恳切的教育,暑假中,又给我们学校写了信,体现了对我们学校的极大的关怀和殷切的期望。他的来信,使我们回忆起31年前他在中国科大成立及开学典礼上的讲话,他指出,"我们的教育工作,必须在党的领导下,为无产阶级政治服务……为此,中国科学技术大学所培养出来的学生,首先应该是忠实于共产主义事业、艰苦奋斗、忘我劳动的、工人阶级的战士。"重温这些教导,对我们有非常现实的意义,我们必须在广大师生中大力加强马列主义政治教育和思想教育,使广大师生树立起远大、坚定的革命理想,树立起为祖国的繁荣昌盛奋斗终生的坚定信念,始终一贯地进行坚持四项基本原则的教育,坚定不移地开展反对资产阶级自由化的斗争。只有这样,我们的社会主义教育才能是成功的。

8月18日以来,我们根据全国高校工作会议和安徽省高校工作会议精神在全校范围内组织广大干部、思想教育工作者以及全体教工和同学分别进行了学习,以邓小平同志三次讲话精神和党的十三届四中全会精神为指导,围绕"一个中心、两个基本点",让广大师生员工在党和政府决策的正确性等根本问题上,分清了是非,端正了态度,收到了良好的效果。

然而这只是我们工作的第一步,我们还必须在前阶段学习的基础上,进一步提高认识,深刻接受教训。

中国科大31年的历程是不平凡的。10天之后,我们又要迎接中华人民共和国40周年的大庆,全国各条战线的辉煌成就在激励着我们,总结过去,思考未来,我们一定要恢复中国科大的革命精神,发扬中国科大的优良传统,在社会主义现代化的建设事业中,写下我们新的篇章。

思贤哲　学校训　创一流[①]

郭传杰[②]

5月28日到校后，我给自己规定的第一件事是尽快认识科大，融入科大，学做科大人。从老师们的回忆和校史资料中，我看到了这样一个场景：45年前的9月20日，中国科学技术大学（以下简称中国科大）在借用的解放军政治学院礼堂里，正举行开学典礼。首先，聂荣臻副总理代表党中央、国务院，就为什么要办科大、办什么样的科大和怎样办科大等办学的宗旨、方针、模式问题，发表主旨讲话，立意高远，言简意赅，阐释透辟。随后，66岁的郭老神采奕奕，登上讲坛，以其特有的学者兼诗人气质，开始了首任校长演说："当我们在这里举行开学典礼时，苏联的第三颗人造卫星正在我们头上旋转。我们要迎头赶上去！我们的大学应是又红又专的大学，要忠于人民，忠于祖国，要理论和实践相结合，向科学的未知领域突进，迎着永恒的东风，把红旗高举起来，插上科学的高峰！"台下，数千师生，群情激越，掌声雷动。次年9月，建校周年之际，他把"红专并进，理实交融"定为校训。

历史是从前的足迹。当这些镜头把我们带到中国科大的起点时，各人的感受会不尽相同。当年鼓过掌的同学会沉醉于幸福的回忆，刚进校门的新生心中会升腾起股股豪情。而我，被深切感奋的同时，又在想：是什么因素赋予中国科大如此顽强、蓬勃的生命力，初创短短几年，即与北

---

① 原载于2003年9月15日《中国科大报》。

② 郭传杰，时任中国科学技术大学党委书记。

大、清华齐名，而后挫而不折，人才辈出，永追卓越？作为后继者，我们当以什么思路和方略，使中国科大在传承创新中，辉煌如初，跻身一流？

我关注并思考着校训。校训多是由学校奠基者确定的关于办学宗旨、理念的高度概括，反映着学校的价值取向和传统特质，是国家意志、时代特征和学人精神相互融合的结晶。校训从根本上规范着学校的行为准则，长久坚持，日积月累，即成传统、习惯，化为校格、校风。因此，凡校多有校训，名校更有名训。古今中外，莫不如是。北大蔡元培倡导的"兼容并包，思想自由"，梁启超在清华演讲形成的"自强不息，厚德载物"，竺可桢为浙大确立的"求是"，等等，不仅各自校内皆知，且广为社会传颂。查看剑桥大学、麻省理工学院、加州理工学院等校网页或印本介绍，无不在显要位置上标写着自己的使命（Mission）、理念（Vision）或价值观（Core Values）。

我们中国科大的校训"红专并进，理实交融"，认真品味起来，不仅语言简约，文辞对称，且内涵深邃广博，入时合理，既含价值观，又有方法论。我个人理解，这八字校训至少有六层意蕴：

一是为人之基。培养的人才要"忠于祖国，忠于人民"，有正确的政治方向。这既是办学宗旨，又是对人才的起码要求。今天，常讲与国际接轨，这是对的；不开放，则国不能昌，校不能强。但这与爱国主义完全不悖。古今中外，名家志士，无不认同此理。尼·波尔曾把丹麦视为自己心中的太阳升起之地。麻省理工学院校长福斯特说，麻省理工学院首先是一所美国大学，我们已经并将继续为美国做好服务。

二是做人之道。科大人"要揭破自然界更深秘密"，认知真理，就要同真理一样朴实无华，有高尚的道德情操。要严谨务实，正直诚信，要敢为人先，不迷权威，还要包容大度，宽厚待人。

三是为事之本。为国家、社会服务，要"把红旗插上科学高峰"，没有过硬的专业本领不行。因此要掌握现代科学理念和必要的知识体系，要有追求卓越、创新进取的能力和精神。

四是成事之规。既要讲理性，有理论素质；又要重实际，善于实践，这是成就一项事业的基本规律。作为研究型大学，既要给学生基本的、有恒久价值的思想、原则、理论，又要让学生掌握创造性解决问题的思路、技术和方法。所有这些，又是在理论与实践结合、教学与科研同行的创新过程中，由学生自主、自觉地去完成。

五是学术之精。当代科学技术，既有分野，更多交叉。要顺应科技发展之势，在院系设置、学科布局以及在具体的教学、科研环节中，高度重视理科、工科结合，学术、技术衔通。

六是方术之美。从方法论上讲，对人要求德才“并进”，于事强调理实“交融”。选词精当，动静盎然。

总之，这短短两语八字，将为人、为师之要，治学、治教之道，尽含其中，寓意深广。不过，在调研访谈过程中，也听说对“红专”一词用于校训，少数师生持有不同看法，主要是觉得那个“跃进”年代的色彩太浓。这也是实情实话。不过，我的看法是，这并不妨碍继续用其作为校训。“红专”一词虽有时代印记，但其本意并无不妥，无异于“德术(艺)双馨”。钱三强曾留有精彩的“红专矢量论”，至今诲人极深。著名的英国教育学者阿什比讲过：“任何类型的大学都是遗传和环境的产物。”尊重历史，是一个组织自信、自强的表现。新中国成立之初讨论国歌歌词时，有人觉得“到了最危险的时候”一句已时过境迁，应该换掉，毛泽东、周恩来坚持不变。周总理说：“要嘛！就要旧歌词，这样才能激励激情。”

时代在前进，而且发展越来越快，变化越来越深刻。大学作为社会系统的一部分，不仅时刻在变，而且往往站立在时代变革的潮头，这也是大学作为先进生产力、先进文化代表的一份历史责任。一所著名大学，历经百年沧桑之后，回首初创时期，无论校园人事，还是建筑风物，多数已成昨日烟云。但是，如果再深入探寻，就会发现，总有一样东西，基本不变或变化极少，这就是她的理念和精神！她作为一个组织的文化基因，用以区别其他个体存在的依据；她作为大学这个活组织的灵魂，支持其生生不息，世代绵延。中国科大历史不长，我们更应珍视每一页历史。中国科大的使命很重，创建一流必须有精神财富作为支柱。中国科大的未来之路，很远、很远，我们要让校训所凝聚和承载的中国科大理念和精神，伴随我们走过60年，100年……

关于“科大现象”的文化思考[1]

郭传杰[2]

前一段，在“科大精神”的讨论过程中，我注意到有的老师使用了一个新词，叫“科大现象”。我认为，能称为“某某现象”，得具备一定的要素。譬如客观性，它必须是客观存在的事实，经得起实证；特异性，这件事不同于一般，确有与众不同之处，有自己的特色；深刻性，这些事实、现象的背后，有值得探究的深层规律在起作用，把这些挖掘、总结出来，是有意义、有价值的。根据这几点来判断，确确实实是存在一种“科大现象”！有许多事实可以给出实证。不过，今天我不是来求证这个结论的，而是想从文化的角度，探究一下深藏在这些现象背后的东西。

大学文化是一种组织文化，它是大文化概念中的一类。通常，组织文化包括三个层面的内涵。最外部层面称为器物层，它是文化的物化表现形式。中间层面就是制度层，有人把它又细分为两层：制度层和行为层。组织文化最核心层面的内涵是基本理念和价值观，也叫精神文化。它是这个组织的灵魂，渗透、浸润到一切方面。我要说的“文化思考”，着重讲的就是精神理念这个核心层面的文化。

为了分析探寻“科大现象”的文化背景，我专门借来了校刊。从建校开始的“创刊号”起，到最近印发的，一期期地浏览。校刊登载着当期的事件、人物、故事，客观地记录着学校发展的历史。这些故事像一颗颗珍

① 原载于2007年4月25日《中国科大报》。

② 郭传杰，时任中国科学院党组成员，中国科学技术大学党委书记。

珠，串起来，亮闪闪的。珍珠项链是要用线来串的，散布在中国科学技术大学（以下简称中国科大）历史上的颗颗珍珠，我试图从文化的角度，用五条线串起来。这五条线分别是：强国情结、创新精神、自强品格、民主传统和务实作风。

第一条线：强国情结

翻阅40多年的校刊，我得到一个强烈的概念：中国科大的事业与国家的发展，命运与共，息息相关。校刊创刊号是1958年9月27日出版的，当时叫《中大校刊》。这一期，有聂荣臻元帅和郭沫若老先生在首届开学典礼上的讲话。聂帅说：“在科学技术工作方面，必须大力培养新生力量，以满足国家建设的需要，创办一种新型的大学是十分必要的。这种大学和研究机构结合在一起，选拔优秀的高中毕业生……以便在短时期内使我国急需的、薄弱的、新兴的科学领域，迅速赶上先进国家水平。中国科大就是在这样的要求下筹办的。”

创建中国科大的创建者们不是开国元勋，就是科学大师！他们想建的不是一个普通大学，而是对强国使命的承诺，也是他们强国情结的寄托。中国科大的确诞生于国家重大而迫切的战略需求之中！没有国家那样的需求，可能就没有这样的中国科大。这在全国一两千所大学中，有这种创建背景的名牌大学，即使不是唯一的，也肯定为数不多。

1963年，中国科大有了第一届毕业生。兼任外交部长的陈毅副总理应邀到校讲话。陈毅元帅以自己特有的风格讲道：“我是搞外交的，你们搞科学。外交和科学这是两个行当，你们是我的后台。但是我的这个后台还不硬。我在跟西方打交道时，底气不硬。虽然我是外长，还是国务院副总理，可人家不把我当回事，人穷气短嘛！如果我们手上有了原子弹、卫星，那可就不一样了。如果你们为国家造出了这些东西，我就不怕他们了！”而中国科大的学子，听到如此急切的期盼和硬朗的要求，能不热血沸腾，忘我学习和工作吗？

严济慈老校长在20世纪80年代初已年高80时，才实现了他的夙愿，加入了中国共产党。当时，有人问他：为什么要入党？他认真回答了这个问题，并写成短文，题目叫《理想·信念·决心》，发表在第78期校刊上。他说："我们这些老知识分子，梦寐以求的追求就是国家和民族的强大，无论当年在法国，还是今天所干的，就是为这个。共产党的理想、信念也是这个，是一致的，所以志同道合。经过几十年的实践、研究、磨炼、比较……使我更加深了对中国共产党的信念。我虽是80岁的老人了，并没有迟暮之感。一个组织在发展过程中，总有高潮、低潮，有顺利、不顺利的时候。只要共产党为国家富强这个信念不变，我就有信心，就有参加的愿望。"这就是严老的襟怀、境界。其实，在中国科大的创办者、老教授中，有这种强国使命、爱国情结的人很多，就是他们，把这种精神浇铸到中国科大的筋骨中了，生生不息，成为文化的要素之一。

或许有人问：你说的是那个特殊年代。可后来，中国科大人出国多，还算有国家情结吗？其实，这个问题不难解释，答案也是肯定的。出国不等于不爱国，是否爱国与是否出国没有必然的逻辑关联。我看到邓中翰一次在电视中接受采访时说，他在美国那么些年，想的就是怎样为自己的国家更强些多做贡献。而这种想法，就源于在国内受教育时得到的精神文化熏陶。今天的青年学子，言谈话语中，可能较少听到有像老一辈科大人那样直白地、经常地流露出爱国激情，但是他们骨子里、血液中的强国情怀、民族精魂，在学习中、校园里、网络上，还是随时随地都能看到、听到、感觉得到的。

任何个人或组织，如果把其自身价值实现与国家、民族的目标连到一起，融入其中，毫无疑问，这种具有使命感的动力肯定是持久的、强大的。强国，这是中国科大和中国科大人自强不息的动力源。事实上，我们回顾一下中国科大发展的脉络，无论是哪个历史时期，很容易看到，凡是国运昌隆、需求旺盛的时候，中国科大就发展、就顺利。反之亦然。这就叫命运攸关、命运相系。

第二条线:创新精神

中国科大成立后的第二天,《人民日报》《光明日报》等均在显著位置给予报道,称赞创办中国科大是"我国教育史和科学史上的一项重大事件",对中国科大的创新办学思路给予了高度赞扬。创办初期,老校长郭沫若有个题词,意思是要在实事求是的基础上大胆创造,在大胆创造的同时实事求是。今天,科大人常说"我创新,故我在"。为什么呢?因为中国科大的目标是一流,是卓越。怎样才能做到一流、卓越?只有创新,不断地创新,全方位地创新。中国科大生来的使命、存在的价值就是创新。的确可以说,创新的精神,在中国科大的发展历史中,是从始至今,从大事到小情,从教授到学生,是全面渗透、一以贯之的。中国科大的创新精神体现在多个层面,包括理念、模式、教学思想、科研工作等。

中国科大在办学理念、模式上有哪些根本创新之处呢?这可从我们的两个办校方针看出来。一个是"全院办校、所系结合"。这在20世纪50年代中国科大创办时期就已明确提出来,我们不妨重温一下当年中国科大部分系主任的名单:赵忠尧、钱学森、郭永怀、吴仲华、施汝为、华罗庚、赵九章、贝时璋、杨承宗……他们当时都是中国科学院各研究所的所长。看看这批大师的名单,就可知当时中国科大的名望了!而且,他们都是实实在在教课、管事的。那个时候,所系关系达到了水乳交融的程度,分不清谁是所里的科研人员,谁是科大的教师。校刊上有篇短文说:"晚自习的时候,化学所的老师去技术物理系上辅导课。"中间休息时,同学说:"老师,你头发这么长了!""没时间理,没关系!""我们帮你理。"几个同学围上来,一会儿理完了,笑声一片,继续上课。

"所系结合"这个方针体现了人才培养与科学研究之间密切结合的思想,符合人才培养及研究型大学的内在发展规律。这在当时的国情条件下,是创新的反潮流之举。也正是因为有这样的结合,白手起家的中国科大,有了办学资源,获得超常规的发展。所以,时任安徽省委书记的张劲夫到中国科大视察时，谈起这个方针，曾不无感慨地幽默说道："这八个字值多少钱啰！"此外，在中国科大的办学模式中，一开始就强调科学与技术的结合，强调理与工的联系，中国科大是第一个叫"科学技术大学"的。

另一个办校方针是"质量优异，特色鲜明，规模适度，结构合理"的十六字方针。这个方针的正式文字表述形成有个过程，但是这个理念、思路在建校伊始就已有之。翻阅历年的校刊以及有关校史回忆材料，这个方针的形成过程有一个清晰的脉络。

1958年5月，中国科学院党组向中央请办科技大学的报告中，就有要建"新型的""有特色的""规模不大的"这些词语。当年在中宣部负责科学工作的于光远向中国科学院传达中央指示时说："科技大学人数不要多，水平要高；专业必须是世界科技前沿的，国内其他大学没有的。"学校的一些老领导、学长在回忆文章中也都提到这些情况，这充分体现了中国科大的缔造者们的远见卓识。的确，当时招生的对象就确定为优秀拔尖的高中毕业生，系的设置都是科学前沿的，如生物物理系、近代力学系等，就13个系，不多。刘达同志1963—1975年在中国科大任书记13年，调离中国科大后，去清华大学当了校长。1982年，他回中国科大时，即席讲话讲了四个"要注意"：一是强调中国科大要坚持特色，规模不能大；二是要求质量，不强调数量；三是要有高层次人才；四是要重视管理，要有好的管理。

1993年9月，中国科大新领导班子提出进行"第三次创业"，也注意到要"注重质量、控制规模"，在向中国科学院汇报时，周光召院长代表院党组强调指出，"第三次创业"不是创规模，而是要提升质量，"要按照院提出的结构性调整的要求，精干队伍，办出特色，不能扩大规模"。2000年4月，在中国科学院召开的第三次科大发展工作会议上，甬祥同志代表中国科学院党组再次强调："学校不在于大……人数不多，规模不大，同样可以办成高质量的学校，加州理工就是我们可以借鉴的一个例子。当然不止是它，还有……现在，全国普遍在追求规模的时候，中国科大要坚持追求质量，追求结构优化。”在那次工作会议上，上一届班子归纳出了十六个字，即“规模适度，质量优异，结构合理，特色鲜明”。2003年，在坚持基本精神情况下，我建议对四句话的表述顺序做点调整，改为“质量优异，特色鲜明；规模适度，结构合理”。这样，有利于突出“质量”“特色”这个办学的根本，又理顺“规模”“结构”的逻辑关系。得到了大家的赞同。对这个十六字方针，我之所以根据史实不厌其烦地讲这么多，是想说明：第一，一个大学定位、定性的重要性，这是办学的基本问题；第二，我们中国科大的这个办学方针形成虽然有个过程，但其基本理念、思想、精髓是创办时就有，且几十年来一以贯之的。

在教学方面，体现创新精神的事例更是不胜枚举。在全国大学都在推行理、工、农、医分家的20世纪50年代，中国科大校训中提出“理实交融”，加强学科交叉，如技术物理、物理热工、化学物理等，教学工作中则强调“基础宽厚实，专业精新活”等先进的教学思想。70年代后期，首创少年班并持之以恒。在全国率先成立了研究生院。首先打开校门，鼓励大批中青年教师走出国门深造。1981年，就开始了“大学生研究计划”，支持学生敢想敢干，敢于创新，敢于超越。1982年2月11日，丁肇中访问中国科大后回到北京，对会见他的胡耀邦讲：“我已六次回国访问。这次在科大是我六次来华中最高兴的一天！以前听杨振宁、李政道说过科大好，一看果然不错！在别处见的都是官员、老科学家，在科大见的多是年轻人，有锐气，有物理思想，创新精神强。这次我从科大选了四个学生。我决定每次回来都去那里，长期固定地跟科大合作。”1983年，《自然》发表文章，评述中国科大不拘一格，敢为人先，是棵“招风的大树”。

在科学研究中，鼓励原创，开拓新路，更是中国科大的特点和强项。当年，严济慈说，要搞就搞一流研究工作，就是说，选题要在茫茫科海中独树一帜，方法是别出心裁、不图现成的，工具强调自造、不图现买。1979年，天体物理的青年教师从理论上预言存在一种“反常契伦科夫辐射”。于是，核物理的教师就搞实验测证。但是，要测的辐射是单光子事件，其辐射和本底噪声比信号还强几个数量级。在那时的艰苦条件下，困难不堪想象。但他们密切合作,用智慧和汗水终于把实验搞成了。杨振宁当时对此十分赞赏,并推荐发《物理评论快报》杂志。近年来,原始性创新成果更是不断。量子通信工作连续几年入选全国十大科技进展。纳米科技、生命科学等领域,不时出现新突破。因此,最近出版的2006年第6期《新华文摘》有一篇文章称:"这所改革开放初期尤其引人注目、之后很长一段时期几乎声名沉寂的著名高等学府,近几年来基础研究成果和杰出研究人才忽如火山爆发,喷涌不止,源源不断……该校一流人才和一流成果显示出的群聚效应,值得认真总结、推广。"

为什么会有如此多的创新性观念、思想、人才、成果诞生在中国科大这个校园之内呢?我想,这里有文化的作用。科大人生来有股强烈的精英意识,"天生我材必有用",追求卓越,不为二流,拒绝平庸,基本的价值取向是真和新。这里在学术上有充分的自由度和多元性,不囿于一个模式,大家认同一个观点:模式化与创新是不兼容的。这里是大人物的天地,也给小人物、给新人有广阔的学术空间。这种土壤、气候正是创新所需要的环境。

第三条线:自强品格

人有人格,国有国格。一流的大学,一定有自己的校格。这是一种内禀的气节,一种骨气。应该说,中国科大在初创时期是幸运的,既有国家层面上的关爱,又有中国科学院的全力保护和支持。不过,即使在那个时候,物质上也是贫苦的。1958年开学典礼,是借用的解放军政治学院礼堂。许多学生,是从农村赤脚来到北京,走到玉泉路的。据说,我们都很尊敬的何多慧老师,就是赤着脚板从四川大巴山里走出来的,由一个穷苦的孩子成为一名院士。那个时代,各学校常组织学生去游行。在天安门前的众多大学队伍里,要找中国科大学生很容易:穿得最土,一停下来就看书的便是。大概是从那时起,中国科大就有了个"不要命的上科大"的英名!当时,凭着组织给予的关怀和精神财富,中国科大诞生之后，就获得了迅速的成长与发展。然而，刚入10岁少年时代，即遭坎坷。20世纪70年代的岁月，办学条件之艰辛，不堪回首。筒子楼的过道里，挤满了煤炉子，一旦熄火，就到处找旧报纸引燃，烟尘满屋。筒子楼外，道路泥泞，墙上还有不少牛粪印记。但是，就在这种恶劣环境下，科大人也从不言败，永不消沉，坚持搞教学、科研。待到科学的春天涌动之后，这只“不死鸟”立刻展翅起飞，以一系列创新之举，赢得国人的尊重和赞誉。

不向任何艰难困苦低头，挑战命运，自强自励，生生不息的文化，就是中国科大迁出北京后，不仅没沉沦衰落，而且还能跻身名校前列的奥秘核心所在。这种文化精神已经渗入科大人生命的深处，成为一种素质，一种活生生的生存与发展方式。那么，这种气节、性格，又是怎样形成的呢？我觉得根本的有两条：一是源于她自我有一种强烈的使命感，二是源于她自身的艰苦历练。

第四条线：民主传统

民主办学，这是中国科大的优良传统之一。中国科大的民主校风，一是不唯“上”。在中国科大文化中，官本位是没有市场的，当领导的也不会把自己当个“官”，领导和群众，人格平等。有意见直接提，当面批评，不必含含糊糊、客客气气。每年教代会，可算一道独特的风景线，尤其是质询时，更是亮点纷呈。几年来，我一直在学生食堂吃饭，在排队或同桌用餐时，同学们对学校有什么意见，无论大事小事，也是当面就提。我极喜欢这种气氛。三年前，从北京到学校履职当天，我就感到了中国科大民主校风的可贵。2003年5月28日上午，路甬祥院长以及中组部、安徽省负责同志到学校宣布这届班子的主要人选。会议之后，当天中午，我就从校园网的BBS上看到了意见。因为甬祥同志的全国人大常委会副委员长身份，省有关部门根据安全保卫规定派了警车引路。于是BBS上提出了强烈的批评。当然，这里对甬祥同志有个误解，他也是不愿警车跟着的，而安保部门又必须履行自己的职责。BBS上的意见也有道理，因为这里是校园。所以，我们后来跟有关部门做了沟通，达成共识：今后，凡有国家领导人来校视察时，警车在校园里不再鸣笛。

民主校风第二点表现在学术气氛上。有个时期，数学系的同学自办了一份学术交流刊物，取名《蛙鸣》。这个名字起得有意思，既体现了同学们的自谦，也表达了一种畅所欲言的学术自由。在中国科大，从学生到教授、到大师级人物，都平等地发表学术见解。你提的意见越直接、越尖锐，只要有真理的元素，就会受到重视。作为老师，就要像斯坦福大学荣誉校长G·卡斯帕尔说的那样："老师最愿听到、最感到激动人心的时刻是有学生对自己说：'老师，你错了！'。"还是三年前，2003年5月26日晚上，我们与甬祥院长同乘火车来合肥。路上，我们就探讨：中国科大的原创性为什么比较强？觉得在诸多因素中，有一个情况很重要，就是年轻人头顶上没有压人的学术权威。应该说，中国科大的创办者中不乏权威，如华罗庚、钱学森、严济慈等。但是，一则这些大师本来就很开明，提携后学，不压新人；二则他们主要在研究所，与年轻的中国科大较少直接师承关系。特别是70年代迁到合肥后，青壮年的教师就挑起了学术大梁。

第五条线：务实作风

中国科大的淳朴、求实作风，贯穿着不同时期，表现在各个方面，已成为中国科大的特色。在生活中，朴实无华；在学习上，勤奋刻苦；在工作上，务实稳健；在思维方式上，理性客观；校园风物方面，也是淡雅自然。

每个学校有每个学校的风格。网上有文章形容中国科大为一个长得不算俊俏、但颇具内涵的小姑娘。不够浪漫，不善打扮，但有气质，有种自然之美。有时候，我走在校园里或街道上，看着来来往往的行人，偶尔也会有意无意地把我们的学生与别的群体做比较。中国科大的学生穿戴很随意，没有人讲究打扮，追求时髦，花里胡哨的。多数背个大书包，走路急急匆匆。眼睛一般是直视前方，稍稍偏下一点，既不昂首朝天，也不左顾右盼，似乎边走边理性地思考事儿，独行的时候较多。即使两三个人一起边说边走，彼此间也保持着一定距离，不会交头接耳，勾肩搭背的，很少见大群人边走边闹的情形。与别的学校相比，确实有不同，这大概就是“行为文化”吧。中国科大的风格，则处处体现出一个“实”字。

中国科大的历史不足50年，怎么就能形成这样优秀深厚的文化积淀呢？

文化是有根的，有源头的。中国科大的文化源头来自于她的母体——中国科学院。

中国科学院的文化特质是什么呢？它的传统“科学、民主，爱国、奉献”和院风“唯实、求真，协力、创新”，是全院都认同的规范性表述，这八个词可以说代表了中国科学院这个组织的品格和共同价值追求。这个规范性的表述定型时间并不长，那是在1996年。这里，我只想讲讲两层意思。

第一层意思是这个传统和院风的形成也是有渊源的，并不完全始自中国科学院的诞生之日。在中国科学院创建之初，院、所两级的创建者们主要来自几个方面：其一是中央研究院和北平科学院。中央研究院创建于1928年，这是中国科学研究走向建制化的象征，首任院长是中国近代教育、科学史上的大家蔡元培先生。以他为代表的一批中国科学事业的奠基者把对科学、民主的追求，视为自己终生的事业和生命。其二是延安自然科学院及来自全国的一批有一定文化、科技背景的革命家。爱国、奉献的情怀和实事求是精神是这批革命知识分子的人生写照。其三是新中国的首批“海归”，他们的爱国、创新精神构成了中国科学院文化的重要元素。这三类人物是中国科学院诞生、成长、发展的领军者和中坚力量，他们的背景、理念，毫无疑问也为中国科学院文化的孕育形成发挥了本底性的基础作用。

第二层意思是这十六个字表征的传统和院风，几十年来已经深深地贯穿、渗透到中国科学院这个组织的各个层面，并且融进了中国科学院人的工作、生活以及精神境界。关于爱国、创新等的大量事例，举不胜举。这里，我说个关于唯实、唯真的小故事。1958年前后，毛泽东在全国发动除“四害”运动，就是要消灭老鼠、麻雀、蚊子和苍蝇。中国科学院一批生物学家认为，麻雀能吃害虫，不属四害，不该打。于是，中国科学院党组向毛主席直接打报告，力陈科学家的意见。毛主席对科学家的谏言还是重视的，接受了，说：“麻雀不再打了，代之以臭虫。”这个故事很经典，真切地反映了中国科学院唯实、求真、不唯上的精神风骨。中国科学院是搞科研的，科研就要创新，创新就要鼓励标新立异、挑战权威，就要讲宽松、包容、平等，不能搞得等级森严。这在日常生活中也体现出来。比如说，彼此称呼，一般是直呼其名，既平等，又亲切，不带“官衔”。又比如请客吃饭，在有些地方，只要有领导在，都得摆上个名卡，书记、市长、常委、局长什么的，而在中国科学院，就很少讲这些规矩，可以随便坐。

比较一下中国科大与中国科学院的文化，不难发现，本质特性是多么一样！这就叫同一种文化基因。形成这种现象的本源，就在于中国科学院是中国科大的母体，中国科大的创建者们也是中国科学院这个组织及中国科学院文化的创建者。

当然，即使是母体同源，共性很多，但毕竟组织的使命有差别，空间、时间、环境不同，因此也都各有自己的文化个性。正如中国科学院的近百个研究所，既体现着中国科学院总体的传统院风，又都呈现着自己的文化特点一样。今天，我们回望走过的历程，提炼中国科大精神，目的就是为了找出我们的文化精华，传承光大，使其源远流长！

科大精神是我们最大的财富[①]

王志珍[②]

我是1959年考入中国科学技术大学(以下简称中国科大)生物物理系,成为中国科大第二届的学生,自那以后,我的整个人生就与中国科学院紧紧地联系在一起了。

在中国科大5年的学习,造就了我们一生追求科学真理、献身科学事业的生活模式,中国科学院创办的中国科大为探索新兴教育体系经历了半个世纪的实践,经历坎坷,但是明确了方向,开辟了道路,那就是科教紧密结合、着力培育创新人才。

生物物理当时在中国是一门崭新的交叉学科,但是生物物理系是全校13个系当中编号12的一个小系,1959级12系当时只有50名学生,我的学号是591250,是最后一名报到的学生,对亲爱的母校我有这么几点美好的看法和回忆:

第一,与其他大学不同,中国科大是向科学进军的新时代的抗日军政大学,我们非常自豪,学校继承抗日军政大学优良传统,艰苦朴素是我们的特点,成为一名尖端科技人才是我们的目标,献身祖国科技事业是我们的追求。

第二,当时的教育界学习苏联,特别强调分系分专业培养专门化人

---

① 原载于2008年6月25日《中国科大报》。本文是作者在中国科学院"坚持科教结合,培育创新人才"50周年报告会上的讲话,有删改。

② 王志珍,中国科学院院士,中国科学技术大学1959级校友。

才，中国科大强调宽口径培养人才，五年学习当中，有三年半时间学习基础课程，各系对数学、物理、化学基础课程要求十分严格，与高能物理系学生一起学数学，我们的数理化基础比较扎实，我们班毕业的学生后来有成为结构生物学家的，成为细胞生物学家的，等等。学校课程安排得非常全面，当然，如果还有今天选修课的话就更好了。五年级时，我们到生物物理所做科研实践，撰写毕业论文，比较早地受到科学研究的正规训练。

第三，中国科大各系的主任都是学部委员，我们有比其他大学学生多得多的机会与科学大师对话。有一次听华罗庚先生讲课，他问我们：书是越读越厚还是越读越薄？他告诉大家，书应该越读越薄。这句话教会我一生如何读书、读文献，也教了我的学生如何读书、读文献，那就是要把书上和文献中前人的知识变成自己的知识，必须经过艰苦的反复地思考、比较，举一反三，提炼最重要的内容，还要质疑，而绝非死记硬背。

我的同班同学华林告诉我，他爸爸说，数学是最艰苦的脑力劳动，我真正体会脑力劳动的艰苦性是在我自己独立做研究之后。念书是很容易的，做一个研究助手也是不难的，但是要自己独立做研究不是一件很容易的事情，特别是你还要带领一个团队，只有苦思冥想到一定的深度或者一定的高度，才有可能去解决问题，就好像爬不到6000米大本营就免谈冲击珠穆朗玛峰。

第四，五年学习期间，每年要进行至少两次一个月的体力劳动，北京的郊区我们都去过了。中国科大继承抗日军政大学的传统，为了培养军事作风，聂荣臻元帅派了一批军人到我们学校担任政治指导员。现在想起来，这些对我们的全面发展不无好处，现在的学生可能正是欠缺了这一点。

第五，在执行知识分子政策和科研管理政策方面，中国科学院一贯高瞻远瞩，开放、宽容，积极地保护和鼓励知识分子进行创造性的劳动，执行政策扎实稳妥，政策水平高，中国科学院为适应国际交流的新形势，早在1975年到1976年就在中国科大办了外语口语班，我非常幸运，得到了李佩等先生教授的英语口语训练。

1978年，邓小平同志带领全党全国人民，掀起了伟大的具有历史意义的改革开放，3月18日全国科学大会吹响了号角，邓小平宣布了四个现代化关键是科学技术的现代化，科学技术是第一生产力，知识分子是工人阶级的一部分，科学的春天来到了，中国科学院已经做好了准备，迎接科学春天的到来。德国洪堡基金会多次向中国表示，希望接收中国学者在当时的西德做科学研究。在当时那样一个极"左"的思潮中，中国科学院最早开放，1979年2月派出第一批30位访问学者，开辟了与西方科学基金会合作的先例。

第六，郭沫若校长勉励我们，勤奋学习、红专并进、团结互助，我一辈子勤奋学习的习惯就是在中国科大形成的。我们当时有"一帮一""一对红"，团结互助，共同进步。郭校长提倡寓教于乐，主张"学校应当有适当的文艺活动和弦歌之声"，以陶冶情操。我每次都积极参加学校的田径比赛、篮球比赛。我们有幸观看郭校长编写的剧本《蔡文姬》，我同班同组同宿舍整整五年的同学郭庶英告诉我，中国的地方剧有极其高深的艺术价值，应该好好地挖掘保护和发展。当时我说那个地方剧咿咿呀呀好几分钟都不出来一个字，我没有耐心听。现在年纪越来越大了，回想郭老的这句话，我发现我对京剧、对我家乡的评弹越来越喜欢了。

我记得我在一场周末的篮球比赛以后，到隔壁的解放军政治学院看《青春之歌》的电影。我记得是跟05系即无线电系的一场比赛，对方个儿比我们高。比赛失败了，我很失落，但看了《青春之歌》的电影后，马上精神百倍。那时候的生活好阳光、好灿烂、好充实、好幸福啊！

相比之下，中国科大现在所处的环境虽然没有优势，但是中国科大的精神恰恰是我们最大的财富，路院长的题词"我创新，故我在"，是对中国科大最好的写照。我们科大人坚持科学发展观，坚持实事求是，不盲目随大流，不搞形而上学，所以能坚持我们自己办校的特色。

最近十几年来，中国科学院成功实施知识创新工程，使中国科学院的创新能力有了全面的大幅度的提升，为国家经济社会又好又快地发展作出了重大贡献，我们各个研究所以后应该更好地支持中国科大的教学，与中国科大相应的院系更好地合作，让中国科大学生更早到研究所接受科学研究的训练。如果说在美国有麻省理工学院(MIT)，有加州理工学院(CALTAC)，在中国就有中国科学技术大学(USTC)。在中国科学院的直接领导、支持和关怀下，中国人的中国科大今后一定会办得更好！

坚守“梅”与“牛”的文化精神

在2011年本科生毕业典礼暨学位授予仪式上的讲话[①]

胡伟武[②]

各位老师、各位同学：

非常荣幸代表中国科大校友祝贺学弟学妹完成大学本科学业！

我自从1986年到中国科学技术大学(以下简称中国科大)上大学开始，就成为了光荣的科大人。从此，“科大人”这个名字就深深地烙在我的心里，成为与我荣辱与共、休戚相关的标志。记得有一次，在北京中关村，有一个路人问我“到科大怎么走？”我很诧异地告诉他，中国科大在合肥。后来才搞明白，他问的是北京科大，我又很认真地纠正他，“科大”特指中国科大，其他科大不能简称科大。

现在，大家顺利完成了大学学业，站在了一个崭新的人生起点上，面对壮丽的人生画卷，描绘着宏伟的人生蓝图。作为毕业了20年的校友，跟大家谈谈自己毕业后的体会，与学弟学妹分享。

第一，坚守中国科大“梅”与“牛”的文化精神。梅花状的校徽和孺子牛的雕塑是中国科大的标志，也是中国科大文化精神的象征。牛的精神代表科大人脚踏实地、艰苦奋斗，不好高不骛远；梅的精神代表科大人志存高远、淡泊宁静，不盲从、不媚上。梅与牛的动态平衡和辩证运动，凸显了科大人既能脚踏实地追求成功又能坚守品格底线的文化精神。科

① 原载于2011年7月5日《中国科大报》。

② 胡伟武，中国科学技术大学1986级校友。

大人相信，要得到认可，只能靠比别人付出更多的努力，而不靠比别人运气好或比别人聪明；要赶超先进，除了艰苦奋斗还是艰苦奋斗，没有其他方法；要取得成就，必须有十年磨一剑的功夫，耐得住寂寞、挡得住诱惑。如果说清华、北大的学生把傲慢写在脸上，科大人则把傲气写在骨子里。科大人的埋头苦干和对人格底线的坚守，使科大人成为我们国家建设的中坚力量而不是名人高官。以1986级11系为例，在我的同学中没有位高权重的大官，但有很多人是重要研究所和企业的科室主任、科研骨干等。

第二，坚持科大人又红又专、理实交融的作风。又红又专做人，理实交融做事是中国科大的创办者对科大人的殷切期望。如果说大家在学校期间主要是学习专业知识，毕业后则更要重视全面人格的培养。人生就像爬山一样，当我们瞄着远处最高的山峰前进的时候，虽然在前进过程中有时是上坡有时下坡，但总体上是向上的。反之，如果我们只关注脚底下的是上坡还是下坡，极有可能转了一辈子才发现自己没有提高。所以人生选择不能只看眼前，追求局部优化，要追求全局优化。20年来，我看到很多聪明人，总是在寻找比目前更好的岗位，一辈子换来换去，白白浪费了栋梁之材。科大人不埋怨环境不好，相信没有不好的环境，只有不适应环境的人；科大人不怕吃亏，相信吃亏就是占便宜，吃小亏占大便宜；科大人不怕吃苦，相信对物质的要求越低会越快乐。科大人既坚持创新进取、不甘平庸的理想，又坚持勇于实践、从小事做起，使自己的事业通过理论和实践的融合得到不断进步。

第三，坚持科大人勤于学习的习惯。在我所见过的高校中，中国科大的学风是最好的，中国科大的同学是学习最用功的。同学们现在完成了本科学习，有些同学可能还要继续硕士、博士阶段的学习，有些同学可能直接走上工作岗位。实际上实践是最好的课堂，实践中学到的东西远比书本上学到的要多很多，人的一生中更多是从实践中学习、从生活中学习。除了学习知识，还要学一些哲学，学一些辩证法，学习做人、做事的态度和方法。通过学习掌握在复杂情况下抓住本质的能力，并善于在复杂情况下把握事物的简单性和规律性。要养成终身学习的习惯，不仅从书本中学习间接经验，而且从实践中学习直接经验，并互相检验、螺旋上升。

今天我以中国科大为骄傲，明天中国科大以我为自豪。我希望，每一个科大人不管走到哪里，官居何位，都要珍惜中国科大前辈们用无私奉献和辛勤汗水带给科大人的光荣，珍惜中国科大“梅”与“牛”的文化精神，珍惜科大人又红又专做人、理实交融做事的作风；记住中国科大校歌的每一个字，刻在骨头上，随时随地都能高歌“迎接着永恒的东风……”

谢谢大家！

我所理解的中国科大精神[1]

李尚志[2]

我今生最幸运的是在中国科学技术大学(以下简称中国科大)读书。有三件事让我感觉很幸福:一是1965年考上中国科大本科(好比美猴王拜了菩提祖师做师父);二是1978年重回中国科大读研(好比孙悟空被唐僧从五行山下救出来);三是1982年获中国科大博士学位(好比孙悟空取经成功)。

我1965年进中国科大,读了不到一年"文化大革命"开始。这一年读了什么?"数学分析"和"线性代数"都没读完,这既不是以后可以"当科学家"的课程,也不是可以"谋生糊口"的课程。我1970年从安徽铜陵毕业,分配到大巴山教公社小学附设初中班,数理化语文政治音乐都教过,但是绝对用不到数学分析和线性代数。中国科大学的知识可以说一点都没用到。我的身份与别人一样,只是公社小学教员。中国科大对我还有什么用?既不能当科学家,谋生糊口用的也是中学教的。但我在那里深受欢迎,不仅赢得了一个友好的环境,还收获了一批粉丝,不仅关心当下的谋生糊口,也相信国家总会结束读书无用的反常状态,而我一定可以等待这一天的到来,这就是中国科大教的。

"四人帮"一垮台我知道机会来了,这也是中国科大教的。我在中国

① 原载于2018年5月5日《中国科大报》。

② 李尚志,中国科学技术大学1965级校友,我国自主培养的首批18名博士之一。

科大根本没有听说过“抽象代数”这门课程的名称，考研时却要考，在深山里，我花了四个月啃完范德瓦尔登的《代数学》，在80多名报名者中考了第一名，这样的学习能力绝不是中学教，的而是中国科大教的。

当时，我们这些人感觉像是战乱时期逃难在外的孤儿一样，与中国科大久别重逢。一回中国科大，三天两头就要迎接新回归中国科大数学教师队伍的老友或新朋。老友是中国科大自己的老师，新朋则是北大、复旦、南开、浙大、川大这些数学强校的教师，他们都把这里当自己家，不分你我，有点像西南联大那样。为什么不分你我？好比在水里挣扎的人，哪里抛来一根救命稻草就赶快抓住，根本不管是自己家的还是邻居家的。当时，我对杜甫“剑外忽传收蓟北，初闻涕泪满衣裳”体会极深。就是有些人现在嘲笑的老朽情节，嘲笑就嘲笑吧。

曾肯成总结我在中国科大一年学了什么，既不是“数学分析”也不是“线性代数”，而是“怎样念大学”。我补充说是“怎样念科大”，因为“念科大”与念其他大学不一样。这一年我接受的是中国科大精神的熏陶，这一年支撑了我一辈子。虽然我后来念了研究生，时间有三年，学的知识更多，但并不是对那一年的颠覆，而是那一年的继续。

我在爱课程网上有一门慕课——“数学眼光看道家”，其中一个重要观点就是老子说的“有生于无”，举的一个重要例子是：我在中国科大本科这一年学的主要不是“有”而是“无”。“有”是具体知识，例如“数学分析”与“线性代数”等课程，到别的学校也能学，自己看书也可以学。“无”则是科大精神，包括奋斗精神，独立思考的习惯，从问题出发而不是从定义出发的学习方法与教学方法，让我在深山老林不但可以谋生糊口，还可以安身立命，更可以抓住机会自己拯救自己。不但教了我“穷则独善其身”，还教了我“达则兼济天下”；不但救了自己，还鼓舞了大巴山成百上千的学生奋斗成功。

所以我要说：中国科大的专业设置、课程设置可以讨论，这些都是“有”。但中国科大给学生的绝不只是这些。如果只有这些，我从中国科大所得其实是最少的，没有资格自称为中国科大的本科生。中国科大给的还有“无”，中国科大精神，看不见摸不着，却是中国科大的魂，千万不能丢。

50周年校庆，学校校史馆让我题词。我题了：敢为天下先，甘作孺子牛。做事狂，对人不狂。这就是我体会的中国科大精神，我理解的中国科大的魂。

中国科大，永远不要丢掉自己的魂！

红专并进　科教报国[①]

张　烁[②]

“又红又专，理实交融……”60年前，中国科学技术大学(以下简称中国科大)第一任校长郭沫若先生亲自起草了这首校歌，“红专并进”自此成为中国科大精神的深刻写照。

60年来，从为“两弹一星”培养尖端人才，到走出“墨子号”量子科学实验卫星、铁基高温超导材料、暗物质粒子探测的科教报国之路；从创造性“全院办校，所系结合”办学，到首创少年班、研究生院；从一流高校中“办学历史最短，办学规模最小”，到创造出“千生一院士、七百硕博士”的佳话……中国科大培养了14万多名“又红又专”的社会主义建设者和接班人，为党和国家事业发展作出了重要贡献。

“中国科大60年‘红专并进’的办学路，就是既讲专业又讲政治的社会主义人才培养之路，不仅为学生传授本领，更让学生懂得用本领为谁服务。”中国科大党委书记舒歌群强调。

“红”是底色，服务国家建设

岁月沧桑一甲子，“红”是中国科大的底色。

① 原载于2018年11月25日《中国科大报》、2018年11月13日《人民日报》。

② 张烁，《人民日报》记者。

1958年，从向国务院呈递办学报告，到当年9月20日开学典礼，中国科大建校只用了110天，办学目的很明晰：为研制“两弹一星”培养尖端科技人才。“‘红’伴随中国科大而生，代表着正确的方向，即为社会主义建设服务。”中国科大党委副书记蒋一说。

“矢量有长度，有方向，两者缺一不可。‘红’是方向，‘专’则是长度。一个人方向错了，做再大努力也是徒劳。”中国“两弹一星”元勋、中国科学院院士钱三强这样解读校训。1965年毕业于中国科大的量子光学领域领头人郭光灿院士则特别强调：“‘红’的概念是要有复兴中华民族的责任感，‘专’则是为了国家的复兴而有所作为。”

围绕“两弹一星”战略，建校初期的中国科大为新中国培养了一大批当时最急需的国防科技人才，大批毕业生服务国家战略和国防科技事业，许多人为此奋斗终生。改革开放后，中国科大始终将“德”贯穿人才培养全过程，不断赋予“红”字以新的时代内涵。“‘红’在刚建校时是为‘两弹一星’做贡献，现在则是为科技强国、中国梦而奋斗。”中国科大校长包信和说。

60年来，中国科大把立德树人融入每项工作、贯穿育人始终。三代中国科大爱国学者的“归国潮”正是其生动诠释：建校之初，钱学森、郭永怀、赵忠尧、杨承宗等一批归国学者，为新中国作出重要贡献；2000年前后，侯建国、潘建伟、谢毅等一批改革开放后的归国学者，成长为代表中国参与国际科技竞争的领军学者；党的十八大以来，陈宇翱、陆朝阳、熊宇杰等357名科大校友学成归国，占全国优秀人才总人数约10%，成为新的科研尖兵……

“一代代科大人前赴后继，自觉把爱国之情、报国之志融入国家建设和改革发展的伟大事业之中，把‘红专并进’的精神血脉代代延续。”舒歌群说。

"专"是能力，勇攀科技高峰

风雨兼程60年，"专"是勇攀高峰的能力。

"'专'是中国科大的特色，代表崇尚科学、追求卓越的创新精神与能力。60年来，中国科大创造性地把理科与工科即前沿科学与高新技术相结合，高起点、宽口径培养新兴、边缘、交叉学科的尖端科技人才，培养了一大批在各领域独领风骚的杰出人才。"中国科大副校长、研究生院常务副院长杨金龙说。

对数理化基础要求的严格，是中国科大一以贯之的坚持。在这里，全体学生都要学习大学数学、大学物理等基础课程，不仅学时比一般学校多4个，其难度和所占学分更常常让外校人"望而生畏"。这种严格确保了人才培养的高质量——中国科大平均每1000名本科毕业生中，就产生1名院士及700多名硕士、博士。

"中国科大要把学生教成一把锋利的刀子，科研领域见什么就能解决什么。"第二任校长严济慈提出这样的观点。走在校园，食堂门口的宣传栏里贴满学术海报，擦肩而过的不乏院士、专家，满耳所闻的常常是夹杂着公式、术语的讨论。深夜，图书馆、实验室仍灯火通明……

2014年1月，中国科大陈仙辉教授问鼎2013年度国家自然科学一等奖，并于次年当选中国科学院院士。人们不知道的是，他曾有10年没拿出重要成果，但学校从未苛责。"如果按发表论文数量考核，我可能早被淘汰了。"陈仙辉说。

为了提供一个"不受干扰"的学术环境，中国科大对高层次人才实施"柔性考核"，通过学术交流会议总结科研人员3～5年的阶段性工作，以"同行交流"代替"述职考评"，着力打造无行政化、无门派之分、无后顾之忧的科研环境。

刚刚公布的2018年度国家级青年科学基金建议资助项目申请人名单中，毕业或任教于中国科大的"80后"占比很高。据统计，中国科大目前拥有各类高层次人才427人，占教师总数的1/3；青年人才不重复统计226人，在高层次人才中占比超过半数。

科技英才的“井喷”，“秘诀”在于中国科大科学大家云集，在于“精品办学、英才教育”的人才培养特色和“基础宽厚实、专业精新活”的优良传统。目前，中国科大与中国科学院12个分院、20余个研究院所签署全面合作协议，20余位院士和所长受聘兼任中国科大院系领导，400多名来自各个院所的科学家被聘为兼职博导，每年有近1000名本科生赴中国科学院研究院所实践学习，形成“百所助一校”的盛况。60年来，中国科大为尖端科研输送大批栋梁之材，已有73名毕业生当选两院院士，32人成为科技将军，国家23位“两弹一星”元勋中有11位中国科大校友……

科教报国，使命薪火相传

“红专并进一甲子，科教报国六十年。”自建校之日起，中国科大就把扎根祖国大地、服务国家发展作为自己的职责和使命，始终面向国家重大战略需求，始终将科技创新与国家发展命运紧密相连，形成了以原始创新催生变革性技术、培育新兴科技产业的科技创新链条，聚焦创新引领，推动成果转化，全面提升学校服务国家战略需求和区域经济社会发展的能力。

今年以来，“墨子号”卫星实现洲际量子密钥分发、中国科大首次实现18个量子比特纠缠、首次在室温水溶液环境中探测到单个DNA分子的磁共振谱……中国科大郭光灿、杜江峰、潘建伟3个院士团队“轮番上阵”，在量子信息技术领域取得多项世界领先的科技成果。

量子科技世界前沿的突破，只是中国科大勇攀创新之巅的一个侧影。目前，中国科大每年科研经费达15亿元左右，在研项目达3000余项，一颗颗未来重大科学发现的“种子”正在生根发芽。

回首60年，中国科大始终与共和国同呼吸、共命运，抢占世界科技前沿，钱学森、郭永怀、严济慈、华罗庚等科学大师前赴后继，树起了一座座科学丰碑:从“两弹一星”到探月工程,从南北两极到地球深处,从大尺度的空间探测到微尺度的量子调控,从建设同步辐射加速器,到筹建量子信息科学国家实验室,从发现突破麦克米兰极限的铁基高温超导材料,到主导或参与研制世界首颗量子科学实验卫星“墨子号”、暗物质粒子探测卫星“悟空”,从开通国际上首条千公里级量子保密通信骨干网“京沪干线”,到研制出世界首台超越早期经典计算机的光量子计算原型机,从两度荣获国家自然科学一等奖,到多次入选中国乃至世界十大科技进展……一代代科大人矢志不渝,将科教报国的使命担当薪火相传。仅新世纪以来,中国科大就获得5次年度国际物理学重大进展、2次国际物理学十大突破、1次世界十大科技进展新闻,18次入选中国十大科技进展新闻、2次获得国家自然科学奖一等奖,居全国高校之首。

“我们要继续弘扬科教报国的优良传统,传承‘红专并进,理实交融’的校训精神,加快‘双一流’建设步伐,早日建成具有中国特色、科大风格的世界一流大学。”包信和信心满满。

寄 语 篇

读书·教书·写书·做研究工作[①]

严济慈[②]

（一）

读书主要靠自己。有好的老师当然很好，没有好的老师，一个人也能摸索出适合自己的读书方法把书读好。像任何事物一样，读书有一个从低级向高级发展的过程，这就是听（听课）—看（自学）—用（查书）的发展过程。

听课要抓住重点，弄清基本概念，下课以后光靠死记硬背，应付考试不行，我主张多做习题。做习题可以加深理解，融会贯通，锻炼思考问题和解决问题的能力。一个题目做不出来，说明你还没有懂；即使所有题目全都做出来，也不一定说明你全懂了，因为做习题有时只是在凑公式而已。如果知道自己懂在什么地方，不懂又在什么地方，还能设法去弄懂它，到了这种地步，习题就可以少做或不做。所以有的教科书就根本没有习题。所谓“知之为知之，不知为不知，是知也”，就是这个道理。

到了某种时候，课程都不一定去听，自己能看书，又掌握了工具，包括文字的和实验的工具，就完全可以自学。一本书从头到尾循序看下去

① 原载于1981年4月21日、5月30日、6月15日《科大校刊》。本文是作者在中国科学技术大学学生、教师座谈会上的讲话摘要，有删改。

② 严济慈，中国科学院院士，时任中国科学技术大学校长。

总可以看得懂。再进一步，你也可以不去多看书，因为世界上的书总是读不完的，一个人总不能当一个会走路的图书馆。这时就要学会查书，一旦要用的时候就可以去查。在工作中，在解决某个问题的过程中，需要某种知识，就到某一部书中去找，查到你要看的章节。遇到看不懂的地方，你再往前翻，而不必逐章逐节从头到尾去看完整部书。如果“闭上眼睛”能够“看到”某本书在某个部分都讲到什么，到要用的时候能够“信手拈来”，那就不必预先去看它、背它了。事实上，许多书只是被人查，而不值得供人读的。

这种由听到看再到用的读书的发展过程，用形象的话来说，就是把书“越读越薄”的过程，因为一本书中真正有用的东西就只有那些，你把它们掌握了，也就可以运用自如了。

我们所谓懂，也大有程度之不同。往往对某个问题理解得更透彻或更全面时就会承认自己对这个问题过去没有真懂。现在，真懂了吗？可能还会出现“后之视今亦犹今之视昔”。所以懂是一个不断深入的过程。懂与不懂，只是相对而言的。

每个人都要摸索适合自己的读书方法，要从读书中去发现自己的长处，进而发扬自己的长处。有的人是早上读书效果最好，有的人则是晚上读书最好；有的人敏捷，眼明口快，有的人却十分认真、严谨。总之，世上万物千姿百态，人与人之间也有千差万别，尽管同一个老师教，上同样的课，但培养出来的人总是各种各样的，绝不会是一个模子铸出来，像一个工厂的产品，完全一个模样。

归根结底，读书还是靠自己，要靠自己下苦功，要靠自己去摸索和创造。我这样说并不是说老师不要了，或不重要。

（二）

教好书是老师的天职。要教好书，除了有真学问外，一要大胆，二要少而精，三要善于启发学生，识别人才。教书首先要大胆，中青年教师尤其要注意这点。上了讲台，拘拘束束、吞吞吐吐、照本宣科，或者总是写黑板，那就非叫学生打盹不可。要像演员一样，不管是唱京戏，演话剧，上了台就要摆出“老子天下第一”那个样子，要“目中无人”，要用自己的话把书本上的东西讲出来，要发挥，要有声有色。这时，你才能手舞足蹈，眉飞色舞；同学们看你的眼色神情在变化，才能被吸引住。要做到这一点，诀窍就是讲课不要现准备、现讲。要做到需要准备才能讲的不要讲，不需要准备就能讲的才讲。要融会贯通，能从头讲到尾，也能从尾讲到头，能讲一年之久的课程，也能把它在一个月内讲完，能详能简，能长能短。总之，必须真正掌握了自己所要讲的课程的全部内容。怎样才算真正掌握呢？要像杂技艺人玩耍手中的球，抛上接着，得心应手，可以随便怎么玩都行，这才算真正掌握了。又如何才能做到真正掌握自己所教的课程呢？必须自己知道的、理解的东西比要讲的广得多、深得多。

认真掌握，大胆教书，用自己的话讲课，就像我现在讲话这个样，随口可以说出来，才能做到毛主席讲的“少而精”，深入浅出。老实说一句，如果你只会照书上讲，你讲一个小时，学生自己往往看半个小时就够了。好的老师，虽曾写过讲义，著过书，讲课时也不会完全照着自己的书和讲义去讲。这是什么道理呢？比如一本小说，改编成一出戏，不过是三五幕，七八场。从第一幕末到第二幕初，中间跳过了许多事情，第二幕开始，几句一交代，观众就知道跳过了什么情节，用不着都搬到舞台上来嘛！搬到舞台上的总是最精彩的段落，最能感动人而又最需要艺术表演的场面。看戏的人觉得这戏好，当场就会鼓掌，不会在看戏时打瞌睡，第二天一觉醒来，仍觉得昨天的戏真好。这和看小说不同。小说有时看看停停，停停看看，看了几遍之后，才觉这部小说写得真好。所以著书类似于写小说，教书类似于演戏。

好的老师还要善于启发学生，善于识别人才，因材施教，把他们引向攀登科学高峰的道路上去，你到讲台上讲一个基本概念，就要发挥，要举一反三，要引人入胜。这个问题是怎样提出来的，又是怎样巧妙地解决的，与它类似的有哪些问题，还有哪些没有解决？这样一步步地把学生引入胜景。现在的大学生素质好、肯努力，很有雄心壮志，男的要做爱因斯坦，女的要当居里夫人，做老师的要竭尽全力帮助他们成才。如果一个青年考进来后，一年、二年、三年，雄心壮志不是越来越大，而是越来越小，从蓬勃向上到畏缩不前，那就是误人子弟，对不起年轻人，对不起党和国家。这是我们当教师、办学校的人所应当十分警惕的！

（三）

一个老师把书教好了，到一定的时候，就要自己写书。可以说，写书是教书的总结。

写好一本书，意义十分重大，因为学生都将很认真去读它，何况还有社会上的广大读者。写书与教书一样，首先要大胆，这是我亲身的体会。1923年，我大学还没毕业，就写了两本书，一本是《初中算术》，一本是《几何证题法》，商务印书馆多次再版，销路很广，影响很大，直到现在，人民教育出版社还要我把后一本书译成白话文出版。去年3月22日《人民日报》登了一篇报道，其中说到一个年轻人经常去北京图书馆仔细阅读我写的《几何证题法》，原来他就是全国数学竞赛第二名，叫严勇，有的人还以为是我家里的人哩。抗战胜利后到新中国成立前夕，我又写了大学普通物理学以及高中、初中的物理教科书，其实这中间近30年，我只在1927年教过一年书。凭什么能写教科书呢？就是靠大胆。我看你们在座的都可以写书，可以写几十本、几百本，总比我23岁时高明嘛，看来还是你们思想不够解放。去年五届人大二次会议期间，大连工学院某位教授对我说：“我新近读了你著的人民出版社出版的《热力学第一和第二定律》，才知道自己过去并没有真懂这两大定律。”这虽是过誉之言，却也反映一个通常情况。

要写好书，应该写出自己的风格，就是要用自己的话去写，绝不能东抄西袭、剪剪贴贴。我写一本书之前，先翻一些参考书，但是动笔之前，就不再看书了，一口气写下去，可以说是“一气呵成”。这就好像是蜂酿蜜、蚕吐丝。蜜蜂采的花粉，经过自己酿制之后，就变成纯净的蜂蜜；桑蚕吃的是桑叶，经过自己消化之后，就成为透亮的蚕丝。采花酿蜜，可说是千辛万苦，吐丝结茧，真正是“一气呵成”。何谓写出“自己的风格”？就是“文如其人”。当别人看你写的书时，就好像听见是你在说话一样，而不会感到是别的什么人在说话。要做到这一点是不容易的，但我们要朝这个方向去努力。

（四）

什么叫做能做研究工作，能独立进行研究工作，或者能指导研究工作呢？我认为最主要的标志是看他能不能找到一个合适的研究题目，就是找到一个经过努力近期内能够解决的研究题目。初级研究人员就是要在别人给他指点的领域、选定的题目下完成一定的研究工作。中级研究人员应该自己能够找到一个合适的研究题目，并能独立地解决它。高级研究人员则应该能给别人指点一个合适的领域或题目，但这个题目也不能是经过10年、20年都没有希望解决的那类问题。因此，找一个好的导师是很重要的。找怎样的导师好呢？是年老的，还是年轻的？我说各有各的好处。年轻的导师自己正在紧张地做研究工作，到八点钟你去上班就行，该做些什么，导师早已为你安排好了。也许一年半载就出成果，他和你联名发表论文，但你可能莫名其妙，甚至还不知道这是怎么回事，也不明白它的意义。你的导师也许把你作为劳动力来使用了。你的工作要是在国外做的，回国后要想重复，可能也做不起来，因为仪器设备的建设也是你导师搞的。如果导师是位老先生，他名气很大，也很忙，你三个月不去实验室他也不管你，二年不出成果也不找你，那么遇到困难你只好自己克服。也许你作出了成果，请他看一下，他还可能没工夫，要等到第二天。倘使被他发觉你会弄虚作假，他一定下令鸣鼓而攻，把你一脚踢出实验室的大门。跟这样的老先生也有好处，因为与他打交道的大都是当代名家鸿儒，你工作在那里，他们来参观，握个手，点个头，问答几句，可以受到鼓舞启发，增强你克服困难的信心。

做工作的过程，就是克服困难的过程，有没有工作能力，就是看你能否克服困难，有没有克服困难的雄心。培养科研人员，重要的一环就是要培养克服困难的能力。做研究工作，搞发明创造，就要经过训练。所谓训练，就在于此。要能提出问题，又能解决问题。一个人能不能做研究工作，并不取决于他的书读得多少。书读得多的人往往认为天下事都已经解决了，老师似乎也讲得尽善尽美。其实一个人在做研究工作做得正起劲的时候，废寝忘食，连看书的兴趣都没有，真是除自己所从事的研究工作外，什么事也不管的。

怎样才称得上第一流的科学研究工作呢？首先，题目必须是在茫茫未知的科学领域里独树一帜的；其次是解决这个问题没有现成的方法，必须是别出心裁设想出来的；最后体现这个方法，用来解决问题的工具，即仪器或设备，必须是自己创造，而不是用钱可以从什么地方买来的。

做研究工作要与搞教学结合起来。我们现在需要搞好科研，更需要搞好教学。教学与科研两者是相辅相成的。一所大学应该成为以教学为主的教学与科研中心。教书的人必须同时做科研或曾经做过科研。搞科研的人应该教点书，多与青年人接触，可以帮助你多考虑一些问题。

要搞好科研，思想要活跃，可以互相听课；互相参观实验室，多参加一些学术讨论会，多成立一些研究小组，跨跨学科，受受启发。科研要有各种人的合作。有些科研小组也不一定要得校方批准，只要几个人志同道合，就可先搞起来，等搞出了成果，别人也就承认了。搞科研最重要的是基础，基础好了，可以边学边摸索，工作几十年，应对各种变化。

一个人要有成就，必须专心致志，刻苦耐劳，甚至要有所牺牲。法国小说家莫泊桑说过：“一个人以学术许身，便再没有权利同普通人一样的生活法。”

走历史必由之路

和要求入党的同学谈谈学习和修养①

杨海波②

青年人，应当走什么样的道路？这个问题是不是所有的同志都解决了？我看不见得。这个问题非常重要，因为青年是祖国的未来，是党的未来，他们走什么样的道路，直接关系到党和国家的未来。

在这个问题上，老一辈无产阶级革命家的青年时代为大家提供了学习的榜样。同学们从书本上或者交谈中知道战争年代的青年们，尤其是许多青年科技工作者，克服重重困难，奔赴延安或解放区，寻找中国共产党，为祖国为革命作出了贡献。为什么？因为他们懂得中华民族几十年来艰苦奋斗、自强不息，只有马列主义武装的中国共产党能够救中国。新中国成立了，人民当家作主了，有更多的青年向党靠拢，从心灵中追求着这崇高的目标。为什么？因为党是工人阶级的先进部队，是中国社会主义事业的领导核心，是中国各族人民利益的忠实代表。

我们中国科学技术大学的同学们是不是应该向他们学习呢？我认为是应该的。你们是这样认识的吗？虽然你们在不少方面在不断前进，主流是好的，但是从目前你们的现实情况来看，还存在一些问题，说明你们中有一些人并不是这样认识的。怎样解决这个认识问题呢？现在没有战争条件的考验和锻炼，解决的办法就是加强学习和修养。除了学习

① 原载于1981年6月30日《科人校刊》。

② 杨海波，时任中国科学技术大学党委书记。

专业之外,我们还应当学习历史和哲学。学习党的历史,特别是学习七一将要发表的《关于建国以来党内若干历史问题的决议》,我们会更加感到我们党的伟大。学习中国近代史、现代史、社会发展史,我们会更深刻地体会到确实是没有共产党就没有新中国,只有社会主义能够救中国;会更清楚地看到历史的长河是怎样经历了许多曲折最后汇入共产主义社会这个大海的。学习马克思主义哲学,会给我们科学的世界观和方法论,在今后的自然科学研究中也会受用一辈子的。

修养,主要是思想意识的修养。我们要有松树那种英勇顽强、不畏强暴、坚韧不拔的风格,又要有柳树那种插到哪里,就在哪里生根、发芽、开花、结果的精神。要和战争年代的青年们一样,"冲锋在前,退却在后";要像今天的先进青年一样,"吃苦在前,享受在后";要有共产党员那种特有的、带领千百万人民群众为共产主义事业而奋斗,不惜牺牲自己一切的革命精神。这些都是一个共产党员必备的革命品质。

总之,当前的青年一代,要学习马列主义的基本原理,懂得社会发展的规律。从原始社会到奴隶社会、封建社会、资本主义社会再到社会主义、共产主义社会,这是不以人们意志为转移的社会发展规律,按客观规律办事,这就是真理。

毛主席在42年前就专门对青年们说:要"走历史必由之路"。这就是结论。党早就给我们指明了方向,同学们可要认真选择啊!

望崦嵫而勿迫　恐鹈鴂之先鸣[①]

钱临照[②]

今年7月1日是中国共产党诞生60周年的日子。我这个新党员心情很激动。我是去年5月1日光荣地被吸收为中共预备党员的。今年5月11日预备期满,转为正式党员。

有位老朋友问我为什么在这个时候加入共产党。我的答复是:我和你都是从旧社会过来的老人。大半生都是在内忧外患的混乱局面里艰难度过的。总想在有生之年能看见一个安定团结强盛的中国。盼了60年,终于看见共产党、毛主席领导中国人民建立起社会主义的新中国。诚然,在建立和建设新中国的过程中,我们党都遇到过许多困难,走了一些弯路。但是,在党的领导下,几次拨乱反正,走上正确的道路,以至成功。我坚信,我们的党完全有能力领导全中国人民把我们国家建设成为繁荣强盛的新中国。民族、国家对于我们犹如父母之于子女。爹娘在遇到困难的时候,难道做子女的不应尽心竭力地使之转危为安、健康长寿吗?难道我们忍心袖手旁观,把父母视同陌路吗?中国共产党是中国工人阶级的先进部队,是中国社会主义事业的领导核心,是中国各族人民利益的忠实代表,集合着中华民族千百万优秀儿女。中国共产党的最终目标,是要建设共产主义社会。难道我们不应该全心全意地加入这个组织,为实现这一崇高目标而奋斗终生吗?

① 原载于1981年6月30日《科大校刊》。

② 钱临照,中国科学院院士,时任中国科学技术大学副校长。

诚然,我和你的年龄都很大了,也可以说是高龄了。虽然我们不一定能亲眼看见这些伟大的成就,但是我们有子孙。中华民族有悠久的历史,中国人民有10亿之众。一个人的生命固然短促,子孙可以无穷。只怕我们这一代丧失了信心,把一些糊涂的观念传给我们的下一代,如此代代相传,终致民族消沉,国家危亡,这才可悲了。

一个人终要年老,以至死亡,这是自然规律,不足多虑。惟其年老,有生之年无多,更应勤奋工作,为国分忧,为民分劳。听说鲁迅的书房里有集《离骚》中两句自书的对联:"望崦嵫而勿迫,恐鹈鴂之先鸣。"我们不正应当朝夕勤奋,多做工作?何必自叹"夕阳无限好,只是近黄昏"呢!

在1982级毕业典礼上的讲话[①]

彭珮云[②]

同学们：

刚才，校长、老师、在校生代表都讲了语重心长的临别赠言，毕业同学的代表也表达了你们的决心。我虽然也有许多话想对你们说，但时间有限，我只讲一点，就是希望你们永远记住田汉作词、聂耳作曲的《毕业歌》的歌词："同学们，大家起来，担负起天下的兴亡。我们今天是桃李芬芳，明天是社会的栋梁；我们今天弦歌在一堂，明天要掀起民族自救的巨浪。巨浪，巨浪，不断地增涨；同学们，同学们，快拿出力量，担负起天下的兴亡。"

我非常喜欢这首歌。这首歌写于抗战时期。当时的青年学生毕业时想的不是个人的青云直上，而是要做主人去拼死在疆场，是要掀起民族自救的巨浪。现在时代变了，任务变了。但这首歌能激励一代又一代中国青年为着我们伟大祖国的繁荣富强去英勇拼搏。

在今天，你们就要投入建设社会主义现代化和全面改革的洪流。比起破坏旧世界来，建设新世界是更为艰巨复杂的任务。你们生活在今天，应该感到很幸福。因为，经过老一辈前仆后继的艰苦奋斗，曾经遭受过深重灾难的我们的祖国，已经进入了社会主义现代化建设的新时期。

党的十一届三中全会以来，我们党坚持四项基本原则和坚持改革开

① 原载于1987年7月9日《中国科大》。

② 彭珮云，时任中国科学技术大学党委书记。

放的总方针总政策，与全国人民紧密团结，依靠大家的积极性建设社会主义，正在使我们的国家发生着日新月异的变化。虽然在前进的道路上还有种种艰难险阻，但毕竟是坚冰已经打破，航道已经开通。要在今后的几十年把我国建设成为高度文明、高度民主的社会主义现代化强国，这个重任要靠你们来承担！

怎样才能胜利完成你们所承担的光荣历史任务呢？除了要有丰富的现代科学文化知识和健壮的体魄以外，还必须有崇高的理想和科学的信念。你们首先应该是一个矢志救国、始终不渝的忠诚的爱国主义者。正因为我们的祖国是一个发展中的大国，还有许多地方不尽如人意，所以需要我们为改变它的面貌而奋不顾身。

你们还应当进一步努力，使自己成为一个共产主义者，树立远大的共产主义理想和共产主义道德。这样才能在任何环境中都能以天下为己任，奋发有为，不怕困难，开拓前进；才能在形形色色的资产阶级思潮面前拒腐蚀永不沾。

未来属于青年，青年创造未来，我们热忱地希望你们继承与发扬我国人民和我国青年的光荣革命传统，继承与发扬郭沫若老校长倡导的“勤奋学习，红专并进，理实交融”的优良校风。在新的岗位上，脚踏实地干事业，努力攀登科学技术高峰，为祖国作出贡献。母校期待着你们的捷报。

在建校29周年校庆大会上的讲话[①]

滕　藤[②]

同志们，同学们：

今天我们欢聚一堂，召开庆祝中国科学技术大学（以下简称中国科大）建校29周年暨郭沫若奖学金、教书育人、管理育人、服务育人先进工作者表彰大会。首先我要向在德智体诸方面取得优异成绩的获奖者表示热烈的祝贺，向为我校的建设和发展作出无私奉献的广大教职工表示诚挚的敬意。参加大会的还有来自祖国四面八方的校友，对他们的到来，我们表示热烈的欢迎和衷心的感谢。

中国科大是在党中央的亲切关怀下于1958年创办的一所新型理工科大学。29来，她已经为国家培养了15000多名优秀的大学生和研究生。这些毕业生中，许多同志已成为各条战线的业务骨干，也有不少同志走上了领导岗位，他们为我国的"四化"建设作出了积极的贡献。同时，中国科大在教学实践中，也为建设具有中国特色的社会主义大学积累了一些办学经验。

中国科大还很年轻，今年只有29岁，还不到"而立"之年，但她已逐步形成了自己的特色，成为全国著名的大学之一，并以其业务优秀的学生和较好的科研成果越来越受到国内外教育界和学术界的注目，已经建立了培养学士、硕士、博士、博士后的完整的教学体系。这些年来，由于

① 原载于1987年10月15日《中国科大》。

② 滕藤，时任中国科学技术大学校长。

中国科学院的关心和支持，已经建设了一批有相当水平的实验室，为进行高水平的教学和科研工作提供了条件。新校区的扩建工程和国家同步辐射实验室正在加紧建设之中。我们相信，中国科大一定可以做到在教育改革和各方面的工作中更上一层楼，为提高全民族的素质，为多出人才、出好人才贡献自己的力量。

中国科大之所以能有今天这样一个可喜的局面，其中一个很重要的因素，就是我们有郭沫若和其他老一辈的科学家倡导、培养下形成的"勤奋学习，理实交融，艰苦朴素，红专并进"的优良校风。今天我们隆重集会，纪念中国科大建校29周年，就是要总结我们的办学经验，发扬科大的优良校风和传统，不断创新，不断提高，努力培养出一代又一代思想素质和科学文化素质都很优秀的年轻人才，为建设具有中国特色的社会主义现代化强国作出我们应有的贡献。为此，在新的学年里我们希望做到以下几点。

第一，进一步明确办学的指导思想，坚持高等教育的社会主义方向，深化教育改革。

高等学校培养出来的大学生、研究生，应当具有坚定正确的政治方向，爱祖国，爱社会主义，拥护共产党的领导，努力学习马列主义；应当热心于改革和开放，有艰苦奋斗的精神，努力为人民服务，为建设具有中国特色的社会主义现代化事业而献身；应当自觉地遵纪守法，有良好的道德品质；应当勤奋学习，努力掌握现代科学文化知识。还要培养一批具有共产主义觉悟的先进分子。高等学校培养出来的人是否具备这样的素质，是否德才兼备，是否能满足社会主义建设的实际需要，是衡量我校办学成效的基本标志，也是教育改革必须遵循的方向。

在改革开放的条件下，思想政治教育出现了许多新的特点。因此我们要认真总结历史的经验教训，进一步明确办学指导思想，克服和防止只重视智育而轻视德育的倾向，充分认识加强思想政治工作的极端重要性，从招生、培养到毕业分配的各个教育环节都要深化改革，以保证培养出社会需要的合格人才。经过上学期的广泛讨论，本学期教学改革采取了一系列措施，步子不小，而这些改革措施的实施，需要广大教师和同学们的共同努力。

第二，整顿校风校纪，加强精神文明建设。

在20世纪80年代的今天，我们还要不要继承、发扬郭老倡导的校风校纪呢？我认为，这是每个科大的教师、同学需要严肃思考、认真重视的一个重要问题。

校风，是一种无形的力量。优良的校风会催人奋发，促进人成长，潜移默化地对学校的每个成员起着教育和鼓舞作用。相反，坏的校风一旦形成，就如同一种腐蚀剂，使人心涣散、关系松懈，甚至会使集体瓦解，使一些人堕落腐败。

最近几年，由于忽视了校风校纪的教育，在我校同学中出现了一些不好的倾向：极少数同学，或者个人主义严重，毫不尊重别人；或者放任自流，酗酒、赌博；或者学习不用功，考试作弊等。这些人，虽然为数不多，但腐蚀性大，影响恶劣，甚至危及大多数人的正常学习和生活。所以，对少数人所存在的问题，我们必须足够重视。而加强校风校纪的建设正是解决这一问题的好办法。

校风和校纪是互为补充、相辅相成的。一所学校，一旦优良的校风占主导地位，则必然呈现出高度的纪律性，也就有了良好的校纪；相应的，优良的校风在形成、发展的过程中，又要依靠严明的校纪做保证。所以，要发扬我校的优良校风，必须加强校风校纪的建设。全校师生员工都应树立正确的世界观和人生观，加强个人道德修养，争当精神文明、遵纪守法的模范。

第三，加强教职工队伍的思想建设，大力提倡教书育人，服务育人。

办好社会主义的高等学校，培养德才兼备的学生，教师起着决定性的作用。教师思想品德对学生有潜移默化的影响。教师把思想政治教育与教学工作结合起来，更容易为学生所接受。我校的教师队伍，经过长期的考验，证明是一支具有献身精神、朝气蓬勃、年富力强、值得大家尊敬的好队伍。为了更好地担负起培养人才的光荣任务，就要求我们的教师坚持正确的政治方向，忠诚于人民的教育事业，全面关心学生的成长，努力做到教书育人，为人师表。学校要在继续努力改善广大教师工作和生活条件的同时，热情关心和帮助大家不断提高思想政治水平。学校要向教师介绍国家的形势，组织学习党的方针政策，积极提供参加社会实践、了解社会、接触群众的机会，以正确认识和对待改革中出现的问题。

做好教师思想政治工作的关键是发挥党组织的核心作用和党员教师的先锋模范作用。每个党员教师、专家、教授，必须认真履行党员义务，努力做好教书育人的工作。为了使广大教师真正做到教书育人，需要有相应的政策、制度做保证。学校要对教师进行全面的考核，既包括教学的质量，也包括教书育人的情况。要继续表彰教学效果好，教书育人成绩优秀的教师，使教书育人蔚然成风。3系正在试行导师制，各系新生中有条件的可以推广。研究生的导师要负起责任，言传身教，既教如何做学问，又教如何做人。

我相信，在党中央的领导和关怀下，在安徽省委的领导和支持下，在全校师生员工的共同努力和海内外校友的热情支持下，一定能把中国科大办成一个具有中国特色和第一流水平的教学科研基地，为祖国的“四化”建设作出更大的贡献。

发扬科大优良传统　努力攀登科学高峰

在1990级新生开学典礼上的讲话[①]

谷超豪[②]

同学们,同志们:

首先我代表校领导和广大师生员工向新同学们表示热烈欢迎!你们以优异的成绩进入中国科学技术大学,成为我们学校的新鲜血液,为我们学校增添了新的活力,我向你们表示衷心的祝贺!

中国科学技术大学是一所具有优良传统的社会主义大学。她从1958年创办至今虽然只有32年历史,但已为社会主义建设事业输送了2万名优秀人才,他们已成为教学、科研、开发、管理等岗位的骨干力量,有不少人还取得了突出的成绩。改革开放以来,我校在教学科研中又取得了许多令人瞩目的成果,已经成为国内外享有一定声誉的著名高等学府。

在你们进校的时候,应该了解到中国科大是怎样发展起来的。1958年创办中国科大,是党中央和许多老一辈无产阶级革命家所做的决策。从创办到现在,中国科大凝聚着我国老一辈科学家们的心血,郭沫若老校长为学校的创办尽了很大的力气,他所倡导的校风"勤奋学习,红专并进,理实交融",为我们学校确定了社会主义的办学方向。许多老一辈科学家,如名誉校长严济慈教授、著名力学家钱学森教授、已故著名数学家

① 原载于1990年9月25日《中国科大》。

② 谷超豪,中国科学院院士,时任中国科学技术大学校长。

华罗庚教授等都为中国科大制定了学科和专业发展计划，并且多次亲自授课。中国科学院所确定的“全院办校，所系结合”的方针，使中国科大一开始就达到了很高的质量。

1970年中国科大南迁合肥，条件极为艰苦，广大师生员工以极其顽强的意志，不屈不挠的创业精神进行艰苦的奋斗，不但使学校恢复了元气，而且还得到了重大的发展。特别是十一届三中全会以来，学校有许多创新和发展，形成了本科、硕士、博士的完整的办学体系，许多学科都有着坚强的活跃的师资队伍和重要的科研成果，全国最早创建的少年班到现在已有13年办学的历史，在建设中的同步辐射实验室是国家重点建设的工程，我们学校本身也是全国十所重点建设学校之一。

32年来，整个学校的发展都是在党和国家领导人的亲切关怀下，中国科学院、国家教委、安徽省各级党政机构的直接领导和大力支持下，通过全校师生员工艰苦奋斗而取得的，我们的目标是要努力把中国科大办成世界上第一流的理工科大学，全校师生员工都要为这一目标而努力奋斗。

我趁这个机会，向同学们提几点希望：

一是要有坚定正确的政治方向，坚持四项基本原则，坚持改革开放。

同学们在学习期间要努力提高自己的政治思想水平，积极参加社会实践，了解国情，大家要充分认识到社会主义中国的必由之路，只有社会主义才能救中国，这是我国人民经过长期奋斗而得出的结论，希望大家有坚定的信念。本科生入学后有五周的军训，这是一次很好受教育的机会，希望大家充分重视并做好准备。本学期中我们还要系统地进行关于社会主义的教育，请大家予以重视。安定团结的局面是进行各种建设和改革开放的必要条件，大家要努力维护。

二是要树立远大的志向，立志献身祖国，献身科技事业。

我们国家经历了相当长的封建统治，后来又受到帝国主义100多年的侵略和欺侮。新中国成立以后，有了很大的进步，但和发达国家相比，在经济上、科技水平上都还有相当大的差距，目前也还有许多困难。中华民族历史上创造了光辉灿烂的文化，我国人民有许多优秀传统。同时智力资源也非常丰富，几门学科的青少年奥林匹克竞赛，就已证明这一点。人们预言，21世纪的世界各国国力竞争，将主要在科技水平上。我们国家的振兴，依赖于青年一代的努力，希望你们经常记住这个历史赋予的重任，把它作为巨大动力，将来好为振兴中华作出重大贡献。

三是发扬优良校风，德、智、体、劳要全面发展。

我们一定要谦虚，不要以为就读于名牌大学就可以高人一等。尊敬师长、尊敬管理人员、尊敬同学，尊重他人劳动，特别是平凡的劳动。待人要讲文明礼貌。我们大家要勤奋学习。你要想在事业上有所成就，要想攀登世界科技高峰，就得勤奋学习，特别要珍惜时间，有效地利用时间是事业上获得成功的重要保证。过去有的同学中学里是尖子，班上数一数二，到了中国科大，大家一比，感到有点不如他人，就放松努力，成绩直线下降，这是应该引以为教训的。其实，只要他们认真努力，也可能会继续成为优秀生的，至少也能有良好成绩的。

大家要注意遵守校纪和法律法规，过去有一度学校纪律太松弛，极少数人的违纪事件没有严肃处理，影响了学校的秩序和学风，许多同学也有意见。一年多来，我们努力整顿，对违纪行为做严肃处理，大家反映很好，学校今后还继续这样做，以保证学校正常教学和工作秩序。对于课程不及格的情况，也将严格依规定办理。我们在学校里还要有团结友爱，关心集体的优良风气，要有丰富、活跃、健康的文化生活和体育活动，大家要和老同学们一起努力把我们学校建设成有高尚精神文明的单位。

四是学习上要精益求精。

大家要重视基础训练，中国科大的基础课分量重，面也比较宽，这是特色，有了比较好的数理化、计算机和外语基础，无论你将来搞基础科学或应用科学，都是极为有利的，一定要把基础打扎实。我们要加强实验动手能力的训练，现代科学离不开实验，更不用说工程技术了。我们毕业生到工作岗位去，有人反映这方面的训练不够，要从一年级开始就注意。我们还要开阔学习视野，要培养自学能力。中国科大历来学术氛围浓厚,学术作风民主,不少国内外专家向我们反映,他们在中国科大讲学感到特别有味,因为当场或会后有人和他们讨论问题,这种风气应该提倡。

同学们,从现在开始,你们有三年或五年或更多的时间在中国科大度过。我相信,你们一定会珍惜这个宝贵的学习时期,不会虚度年华,一定能够在"勤奋学习、红专并进、理实交融"的校风熏陶下取得优异的成绩。

我的话讲完了,谢谢大家!

在1993级新生开学典礼上的讲话[①]

汤洪高[②]

同学们：

在举国上下加快改革开放和社会主义现代化建设步伐的今天，你们勤奋学习，努力拼搏，终于以优异的成绩，跨入了中国科学技术大学，成为我们这个大家庭中的一员。在此，我谨代表学校和广大师生员工，对你们所取得的成绩表示衷心的祝贺；对你们的到来，表示热烈的欢迎！

今年9月20日，就是中国科学技术大学35周岁的生日了。35年来，学校经历了创办初建和南迁重建两次艰难而又辉煌的创业过程，发展成为今天在国内外享有较高声誉的著名高等学府。目前，学校设有研究生院、管理学院、高技术学院、科技开发院，有18个系、少年班，47个本科专业、42个硕士点、21个博士点，并在5个学科13个专业中设置了博士后流动站，具有培养学士、硕士、博士的完整教育体系。学校师资力量雄厚，基础教学水平高，1850名教师中有教授180人，副教授（含相应职务）520人；杨振宁、李政道、丁肇中等一些世界知名学者也被聘为学校的名誉教授，多次来校讲学；一批学术思想活跃、年轻有为的中青年学术带头人正在健康成长。学校每年发表的学术论文数跃居国内高校"四强"之列，数学、力学和物理学三个专业被国家教委批准为理科基础科学研究和教学人才培养基地，每年英语四、六级考试成绩都居全国高校前列。

---

① 原载于1993年9月15日《中国科大报》。

② 汤洪高，时任中国科学技术大学校长。

学校被国家教委列为“七五”和“八五”期间国家重点建设的高校之一，建成了国内大学中独有的国家同步辐射实验室和国内唯一的火灾科学国家重点实验室以及一大批院、校级开放实验室。学校还设立了“郭沫若奖学金”等多种奖学金，并为同学们创造良好、优美、方便的校园环境。

最近，学校领导班子的换届和调整工作刚刚结束，中国科学院院长周光召和国家教委主任朱开轩都就学校工作发表了重要讲话。目前，学校正在制定规划，结合国家“211工程”的实施，进行中国科学技术大学历史上的第三次创业，进一步解放思想，创造条件，调整结构，深化改革，提高教育教学质量和整体办学水平，促进国家教育、科技和经济的进步与发展，力争经过跨世纪的努力，把学校建设成为国内外公认的质量优异、青年向往、社会信任、国家倚重的著名大学，向世界第一流大学迈进，实现“创寰宇学府，育天下英才”的宏伟目标。

建校以来，中国科学技术大学吸引了数以万计的优秀学子进来学习、深造，共为国家培养了24000余名德才兼备的优秀人才，他们当中有许多已经成为教学、科研、工业、经济和管理等部门的骨干力量，取得了很多令人瞩目的成就。

今年，我们学校共招收新生近2300人。其中，博士生38人、硕士生300人、代培研究生79人；本科生946人，委培、自费本科生82人；专科生841人。此外，各类成人高等教育招生2100人左右。从德、智、体等各方面全面衡量，本届新生质量继续保持全国高校领先地位。以本科生为例，新生高考平均成绩为556.1分；地市级三好学生、优秀学生干部173人，占新生总数的18.3%；有七个省、自治区的理工科高考总分第一名进入我校学习。今年学校新生总数，是建校以来最多的。可以相信，你们的到来必将为学校增添新的生机与活力。学校为你们感到自豪，我们对你们充满了信心！

借此机会，我还要向同学们提几点希望：

第一，坚定正确的政治方向，树立献身祖国科学事业的远大志向。

党的十四大提出在全国人民特别是青少年中，进一步加强党的基本路线教育、爱国主义、集体主义和社会主义思想教育，近、现代史和国情教育。希望你们在校期间，通过接受这些方面的教育，进一步坚定对社会主义事业的信念，坚持四项基本原则，自觉抵御资本主义和封建主义腐败思想的侵蚀；热爱祖国，增强民族自尊、自信和自强精神，做有理想、有道德、有文化、有纪律的社会主义新人。同学们，祖国科学事业的振兴，中华民族的强盛，将有赖于你们这一代跨世纪青年的努力，你们要承担起历史赋予的重任。

第二，继承优秀传统，弘扬优良校风，德智体全面发展。

同学们都是以优异成绩进入中国科学技术大学的，在中学阶段都是出类拔萃的尖子，来到这里，大家都站在同一条新的起跑线上，从零开始，不进则退。中国科学技术大学有优秀的传统和良好的校风。希望你们谦虚谨慎，戒骄戒躁，勤奋学习，锐意进取，尊敬师长，团结同学，热爱劳动，关心集体，积极参加健康活泼的文体活动，尊重他人的劳动，树立远大的理想、正确的价值观和自立自强、艰苦创业的人生信念，培养良好的生活习惯和优秀的精神品质。这样，你们将从大学生活中获得一种极其宝贵的精神财富和取之不尽的人生力量。

第三，要重视基础训练，在学习上精益求精，主动迎接社会人才需求对自身的挑战。

中国科学技术大学一贯注重基础知识的教学，学生具有宽厚坚实的理论基础及较高的计算机使用和外语水平，这是学校的优势与特色。但是，社会也越来越多地需要具有综合、边缘、新兴学科专业知识和较强的现代科学实验技能的应用型人才。因此，希望同学们在较好地掌握基础理论知识的同时，从一开始就要注意拓宽视野，扩大知识面，加强动手能力的训练，增强创新和创造意识，把自己培养成为能够从事科学研究、技术开发和现代管理等工作的社会主义建设者和接班人。

同学们，从现在起，大家将有三五年甚至更长一些时间在学校度过。我相信，你们一定会珍惜这宝贵的大学时代，在郭沫若老校长倡导的“勤奋学习，红专并进，理实交融”的优良学风的熏陶与激励下，继续取得优异的成绩，谱写新的人生篇章！

在校庆35周年大会上的讲话[①]

严济慈[②]

尊敬的同志们、亲爱的同学们:

今天我很高兴又回到了中国科学技术大学,从1988年校庆30周年到今天,整整五年时间了,五年的时间里我是第三次来中国科大,每次来都看到很多变化、很大进步,感到十分欣慰。这次来,看到了汤洪高校长、余翔林书记等新一届更年轻的班子,他们有活力、有朝气,既踏实能干,又有创新精神,提出了第三次创业的奋斗目标,我感到很高兴,也很喜欢他们。看到他们,我自己也觉得年轻了许多,好像不是93岁,而是63岁,就像回到了1963年的情景,那时中国科大有了首届毕业生,全校师生欢欣鼓舞,喜气洋洋。我还知道,新领导班子和他们提出的第三次创业,得到了全校师生的拥护和支持,也得到了中国科学院、安徽省的支持和肯定,我感到很高兴,我相信他们一定能带领师生员工取得成功。这里,我也期望中国科大的校友们,并通过你们争取社会各界,一起来关心中国科大、支持中国科大。

中国科学技术大学是中国科学院创办的,中国科学院办教育是中外教育史上的创举,也是中国科学院对国家的很大贡献,中国科学技术大学当然更没有辜负中国科学院和国家的希望,在人才培养、科学研究、师资建设、校风学风养成以及校园建设等方面都作出了很好的成绩。建校

① 原载于1993年9月25日《中国科大报》。

② 严济慈,中国科学院院士,时任中国科学技术大学名誉校长。

35年了，我一直看着她成长，像自己的孩子一样，一天一天长大，一点一点成熟起来，越来越有出息，成为我的掌上明珠，我心里有说不出的高兴。

现在，我们国家正在进一步改革、开放，中国的教育事业也处在发展的新时期，竞争很激烈。学校要发展，就必须创业。我很高兴科大人没有骄傲自满，没有故步自封，而是在成绩面前看到不足，在前进中看到困难，以创新的精神提出了第三次创业。这种精神就是中国科大传统的精神，也是中国科大虽然历尽磨难又能迅速发展起来的根本保证。今天，我和大家一起庆祝建校35周年，一方面是总结过去的经验和教训，另一方面是进一步展望未来。中国科大下一步发展已经有了一个规划，明确了发展总目标、发展方针和措施。我看了，是个很好的方案。几年前我提出过，中国科大要"创寰宇学府，育天下英才"，这与第三次创业的总目标是一致的。要实现我的这个愿望，就要靠新领导班子领导大家进行第三次创业，要靠全体教职员工勤奋教学、努力科研，更要靠同学们刻苦学习、早成大器和报效母校、报效祖国。我相信经过第三次创业，这个愿望一定能很快变成现实。

今天，我的心情很愉快，我在这里也祝愿大家节日愉快，事业成功！

谢谢大家！

送给新同学的五句话[①]

朱清时[②]

各位新同学能进入中国科大，既是你们的光荣，也是中国科大的光荣。

大学是人这一生中系统接受教育的最后一次机会，所以，怎样使大学时光不会虚度，怎样在中国科大这个独特的校园里获得全面成长，为未来奠定成功的基础，就变得十分的关键。作为一名老学长，我很愿意送给大家五句话，和同学们共勉：

第一句话：我们必须又红又专，红透专深，两条腿走路，走到底。

这是郭沫若老校长在1959年9月8日的开学典礼上说的。道理很简单，一个合格的优秀的人才，必须是德才兼备，缺一不可。宋代学者司马光将人分成四种：德才兼备谓之"圣人"，才德兼亡谓之"愚人"，德胜才谓之"君子"，才胜德谓之"小人"。在他的心目中，选才当首推"圣人""君子"，等而下之，与其得"小人"，不若得"愚人"。因为，"小人"若恃才作恶，更有破坏性。所以，作为一流大学的学生，大家不仅要在学业上精益求精，还应该注意陶冶情操，不断增强爱国报国的责任心和使命感。

第二句话：科学就是前沿，科学就是尖端，科学就是创新。

这是中国科大的创办者之一杨承宗先生的话。中国科大从创办之日起，老一辈科学家就为她注入了"围绕国家目标和国际前沿，不断开拓

① 原载于2008年8月10日《中国科大报》。

② 朱清时，中国科学院院士，时任中国科学技术大学校长。

创新,勇攀科学高峰”的核心价值观。当时学校的所有系科专业都是国内急需、空白或薄弱的领域。50年来,这样的追求持之以恒,并熏陶了一代代科大青年学子,他们在国内外科技、经济等各个领域都作出了杰出的贡献。2006年第六期《新华文摘》载文称:中国科大“近几年来基础研究成果和杰出研究人才忽如火山爆发,喷涌不止,源源不断。科研俊杰可谓群星璀璨,研究成果更是丰硕喜人。该校一流人才和一流成果显示出的群聚效应,值得认真总结、推广”。

各位新同学来到中国科大,将会很快融入各个学科领域的创新实践中去,希望大家在学习、实践过程中,尽快体会到科大人的一贯追求,对自己未来从事的领域有一个更高的追求,弘扬科大人勇于创新、在前沿领域奋力拼搏的好传统。

第三句话:去闻闻科学的味也好。

这是建校初期物理系副主任黄有莘在动员学生去研究所的实验室“拜师”时说的话。大家都知道,中国科大最为独特的办学特色是“全院办校,所系结合”,我们和中国科学院近百家国立研究机构建立了全方位、实质性、多层次的战略合作关系。我们不但“请进来”,让中国科学院的著名学者专家走上讲堂,还要“走出去”,尽可能地让大家有机会深入研究所进行科研实践训练,在科学家的言传身教下全面成才。希望各位新同学在不久的将来,很好地把握这样的机会。

第四句话:聪明在于学习,天才在于积累。

这是华罗庚先生在1981年4月26日应《科大校刊》之邀给中国科大同学的题词。大家在中学阶段都是“尖子”,自我认识应该比较积极乐观,这是好事。但同时,进入中国科大以后,要意识到,自己已经站在了一个更高的平台上,和同样优秀的同学同台竞技,竞争会更加激烈。所以华罗庚先生曾一再讲“我对年轻人一贯是泼冷水的”,就是希望大家在新的环境下,要对自己进行重新认识,不要有任何不通过刻苦勤奋就可以一路高歌的幻想。中国科大的学风一直是高校中最为淳厚的,这一点希望你们能够传承下去。

第五句话：年轻人的生活就要多种多样，不要培养小“书呆子”。

这是中国科大首任党委书记郁文说的话。紧张学习、刻苦钻研当然是大学生活的主色调，但大学毕竟是人生中全面锻炼、全面成才的关键时期。因此，学习显然不是大学生活的全部。希望大家在刻苦学习的同时，还要注意陶冶情操，充分享受大学生活，多和老师同学交朋友，多做一些有益于身心健康的事。老校长郭沫若就曾说过：“我们的学校应该有适当的文娱活动和弦歌之声。”他还说：“我们搞尖端科学技术的人尤其应该懂些文学艺术和各种体育活动。在红透专深的保障之下，同学们不妨同时成为诗人、画家、音乐家、戏剧演员、运动员或者其他。”

从根本上讲，我们期待各位大学生活得丰富多彩，并不是要大家非得要学会一样或几样艺术才能，而是立足于人文精神的滋养。这方面，大科学家爱因斯坦的话很值得我们深思，他说：“用专业知识教育人是不够的。通过专业教育，他可以成为一种有用的机器，但是无法成为一个和谐发展的人。”而学校的目标始终应当是：“青年人在离开学校时，是作为一个和谐的人，而不是作为一个专家。”

在中国科大50周年校庆纪念大会上的讲话[①]

路甬祥[②]

今天，我们在此欢聚一堂，共同庆祝中国科学技术大学建校50周年。首先，我谨代表中国科学院，向中国科大全体师生员工和海内外校友表示热烈的祝贺！向长期以来关心、支持中国科大建设和发展的各有关部门和省市政府，以及社会各界人士，表示衷心的感谢！

50年来，中国科大在党中央、国务院和老一辈革命家、科学家的亲切关怀下，依托中国经济社会发展和改革开放，依托中国科学院的优势，围绕国家发展需求，面向世界科技前沿，在人才培养、科学研究、社会服务、师资队伍建设、党建、德育和思想政治工作、基础设施和校园文化建设等方面，都取得了显著成就，迅速发展成为特色鲜明、国内一流、国际知名的研究型大学，受到党和国家历代中央领导集体的高度重视和充分肯定，受到国内外社会各界的广泛好评。

中国科大的50年，是科教报国的50年。中国科大的事业与新中国的建设和发展，命运与共，息息相关。自创办伊始，中国科大就承担为国家培养高层次科技人才和创造高水平科技成果的历史使命。特别是成立之初，一大批知名科学家云集于此，创业兴校，教书育人。他们中许多

① 原载于2008年9月25日《中国科大报》。

② 路甬祥，中国科学院院士，中国工程院院士，时任全国人大常委会副委员长、中国科学院院长。

人已学有所成，放弃了国外优厚待遇和优越的工作条件，毅然回到祖国，为中华民族的崛起贡献力量。他们是我们心中永远的楷模。在此，请允许我代表中国科学院并以我个人的名义，向他们致以崇高的敬意！

中国科大的50年，是不断创新的50年。50年来，中国科大秉承“创新立校，科教报国”的办学理念，坚持“全院办校，所系结合”的办学方针，弘扬“红专并进，理实交融”的优良校风，勤奋学习，艰苦奋斗，改革创新，成功实践了教育与科研相结合的办学模式，形成了完整的高水平创新人才培养体系，走出了一条独具特色的办学道路，为我国现代高等教育的改革和发展积累了宝贵经验。中国科大的办学成就是中国科学院教育创新的重要成果，也是新中国自主创办和发展高等教育的成功典范。

中国科大50年来的快速发展和取得的辉煌成就，离不开党中央、国务院的关心和支持，离不开老一辈科学家的精心耕耘，离不开社会各界人士的鼎力支持，更离不开全体科大人的共同努力和无私奉献！

当今世界正发生广泛而深刻的变化，当代中国正发生广泛而深刻的变革，我们面临的机遇和挑战前所未有。党的十七大从发展中国特色社会主义的全局和战略高度，对今后一个时期国家建设的各个方面进行了全面部署，提出了建设创新型国家和人力资源强国两大战略目标。要实现这两大战略目标，高等教育特别是高水平、研究型大学，肩负着重要使命。面对新形势新任务，我想对中国科大的老师和同学们提出以下三点希望：

第一，继承和发扬艰苦创业、自强不息的优良传统。

艰苦奋斗是我们党的优良传统，是党团结和带领人民实现国家富强、民族振兴的强大精神力量。在短短50年的办学历程中，中国科大经历了创办初建和迁址重建两次艰难的创业历程，在办学条件比较困难的条件下，科大人从不言败，永不消沉，坚持自强不息，顽强奋斗，不断解放思想，改革创新，始终不渝地致力于改善教学科研条件，提高教学科研水平，取得了丰硕的办学成果。今天，中国科大的奋斗目标是创建一流大学，这是一项艰巨的任务，既需要多方提供更大的支持，更需要广大师生员工的长期努力和不懈奋斗。因此,必须继续坚持正确的办学方向,继承优良传统,弘扬艰苦创业和自强不息的奋斗精神,不断创造新的业绩和辉煌。

第二,进一步解放思想,继续大力弘扬改革创新精神。

改革创新是中国科大与生俱来的特色,是立校之基、强校之本。我很赞同"我创新,故我在"这句话。在新中国教育和科技事业的历史进程中,中国科大在很多方面都是改革创新的先锋;中国科大50年的辉煌成就,更离不开广大师生员工的改革和创新。今天,中国科大建设一流大学,与其他大学一样,也将面临许多新的挑战。实现这个目标,必须始终坚持"面向现代化,面向世界,面向未来",始终坚持解放思想和改革创新,始终坚持以国家民族的繁荣振兴为己任。胡锦涛总书记在党的十七大报告中指出,"努力造就世界一流科学家和科技领导人才,注意培养一线的创新人才"。希望中国科大进一步发挥自身优势,紧密联系改革开放和社会主义现代化建设的伟大实践,以更加广阔的视野、更加开放的姿态、更加执着的努力,继续改革创新,培育出更多优秀的创新人才,创造出更多卓越的科技成果,积极服务社会,为国家、民族和人类作出更大的贡献。

第三,深入落实科学发展观,坚持科教结合,培育创新人才。

坚持教育与科技相结合,实施"全院办校,所系结合",是我院教育创新、科学发展的重要指导方针。50年来,中国科大始终坚持这个指导方针,创造了我国高等教育改革的一个成功范例。它充分证明,科技与教育相结合的人才培养模式,符合教育和科技发展的规律,符合创新型人才培养的规律,有利于教育与科研相互促进、共同发展。这一经验十分宝贵,具有强大的生命力,值得认真总结、坚持和发展。希望中国科大深入贯彻落实科学发展观,继续坚持"质量优异、特色鲜明、规模适度、结构合理"的方针,进一步丰富和发展"全院办校,所系结合"的内涵,同时要积极引导师生立足国情、参与社会实践、工程实践、创新实践,探索新机制、新模式、新经验,实现大学与研究所、人才培养与科技创新紧密结合、优势互补、相互促进、持续发展。

老师们，同学们，中国科大50年的成就值得我们为之自豪，但成就已是昨天的业绩，创新开拓是永恒的主题。未来15年至20年，是我国发展的重要战略机遇期。在新的发展时期，走中国特色自主创新道路，建设创新型国家，全面建设社会主义小康社会，高等教育不仅机遇难得，而且责任重大，使命光荣，任重道远。中国科大要倍加珍惜宝贵的发展机遇，为我国高等教育和科技事业的改革发展作出新的更大贡献。

今后，中国科学院将继续深入推进教育创新，集全院力量办好"一校一院"，支持中国科大建设成为一流研究型大学。全院各有关部门、各研究院所要一如既往加强与中国科大的合作，支持中国科大的建设与发展，也希望国家各有关部门和安徽省、合肥市的领导能给予中国科大更多的指导、支持和帮助；希望海内外社会各界人士继续关注和支持中国科大的建设和发展。

精彩尽在未来　成功源于梦想

在2010届本科生毕业典礼暨学位着装授予仪式上的讲话[①]

侯建国[②]

亲爱的同学们、老师们、家长们、朋友们：

大家上午好！

今天，我们欢聚一堂，隆重举行中国科学技术大学2010届本科生毕业典礼，授予1807名同学本科学士学位，这是一个收获的时刻，也是一个值得我们珍藏和记忆的日子！在此，请允许我代表全校师生员工，向通过四年学习顺利毕业的各位同学表示衷心的祝贺！向为同学们的成长付出心血和汗水的各位老师表示诚挚的感谢！向养育和全力支持同学们的各位家长和亲属们说一声：你们辛苦了！

一年一度，初夏时节，身穿学位服的毕业生们就成为我们美丽校园中的骄子。四年的努力、付出与汗水终有所获，精彩的人生又将翻开新的一页，这些都让我们对今天的典礼充满期待。

在今天的毕业典礼之前，我曾仔细地看了校园BBS，想看看大家面临毕业有何感想，对毕业典礼有什么期待。总的来说，我的感觉是很平静。有一个同学发帖这样问道："为什么我们的毕业季节一点也不疯狂……"而回复很简单也很精彩："这些喧闹的方式，不属于科大。"我们的同学在毕业这段时间里表现得"很淡定""很科大"。在从容与淡定的背

① 原载于2010年7月10日《中国科大报》。

② 侯建国，中国科学院院士，时任中国科学技术大学校长。

后，是中国科大四年坚实的学识积累和严谨校风的传承。四年的学习和历练已经使你们褪去了稚气，即将结束大学生活的你们也已经变得理性和睿智。你们的精彩，不在于典礼现场的隆重豪华；你们的庆祝，不在于方式的别具一格；你们的成功，此刻还无法限量；你们的激情，还要留待未来更大的成功。四年很短，八个学期，1460天，学校和你们共同走过了一段难忘的旅程。可是这短短四年里，你们经历了收获的喜悦，也有过挫折的迷茫，这些都将留给你们一生中最难忘的记忆。你们一定忘不了同学和师生间的珍贵情谊，忘不了运动场上的酣畅淋漓，忘不了自习室和图书馆里的孜孜不倦，忘不了社团活动的五彩缤纷。

但是，四年的时间又很长。在这难忘的四年里，我们每个人都共同分享和承担了国家与民族的光荣和梦想、泪水与悲伤。"一方有难，八方支援。"汶川大地震让我们看到了中华民族生生不息的凝聚力与不屈的脊梁，更使我们看到了人性伟大与崇高的光辉；1932年，贫弱而多难的中国在洛杉矶奥运会上仅有一名运动员参加了一项比赛，76年后的2008年，中华民族向全世界呈现了一届无与伦比的精彩奥运盛会，并取得金牌榜第一的位置，昭示了一个古老民族复兴的脚步与决心；60周年国庆庆典让我们体会到国家强盛的自豪，更让我们想到祖国的未来应由我们担当，进一步增强报效祖国、服务人民的责任心和使命感；"让生活更美好"的上海世博会，让我们与全世界共同思考与实践人与自然更和谐相处的城市生活，科学技术的迅猛发展造福人类，造福世界，让我们更加感受到科技创新的力量。让我感到骄傲的是，这些事件发生的时候，身处校园中的你们并没有置身事外，郭沫若广场上的地震祈福、奥运志愿者的辛勤汗水、世博会上的科大元素，这些无一不在表明：中国科大心系天下、科教报国的传统在你们身上得到了更好的延续和升华。

同学们，在你们即将踏上新的征程之际，作为你们的学长、师长和朋友，我想送给大家三句话：

第一，希望你们在今后的工作、学习中，坚持理想、保持信心。

请记住，你们来到中国科大求学到学成离去，母校始终因为你们而自豪。创校初期,“不要命的上科大”这句话开始广为流传,50年后,中国科大依然是中国校风最淳朴的大学。有一种说法:“1860”是中国科大每年本科招生的常数,这个常数的由来是因为中国科大每年举行毕业典礼的礼堂只能坐这么多人。我没有数过礼堂的座位数,这个说法当然也只是笑谈。然而,多年以来,中国科大始终坚持理想,坚持质量重于数量的办学理念,不盲目跟风,始终对学术保持足够的尊重,这种传统也许让你们觉得大学生活很枯燥、很辛苦。四年里,也许你的师长对你多有批评,也许你的同学GPA比你高,也许你觉得在许多方面还可以做得更完美而留有许多遗憾。但是,最重要的不是你与别人比较高低,而是不断发挥自己的才能与活力,你做到了最好。

第二,希望你们继续保持追求卓越、进取不止的中国科大精神。

两年前,我们共同庆祝了母校50岁生日,今年也是中国科大南迁40年,因为追求卓越,中国科大创建一年便成为全国重点大学;因为追求卓越,“不放弃、不低头”,在江淮再次创业,重新崛起于名校行列;因为追求卓越,科大人始终拒绝平庸,勇争第一,取得了一个又一个辉煌业绩。从某种意义上说,今天的毕业典礼,和你们四年前的入学典礼,在本质上是一样的,都只是意味着又一段必将引人注目的经历的开始,都只是见证辉煌的起点。虽然你们今后的路程,可能不会一帆风顺,也还要遇到各种困难。但是,从这里离开的每一个人,都将带着深深的科大烙印,继续书写科大人追求卓越、勇于创新的篇章。

第三,希望你们牢记责任、心怀感恩。

责任高于一切、责任使人进步,作为中国科大的毕业生,我们与生俱来便承载着振兴国家、民族的使命。目前,中国的经济社会发展正处于深刻的战略转型期,科技将成为引领中国可持续发展的火车头,这正是你们发挥自身特长、建功立业的大好时机。感恩是中华民族的传统美德,当前社会正处在转型期,新的价值观和生活方式在不断挑战传统思想,但是不论怎样,都请同学们时刻心怀感恩之心,感恩母校、感恩师长、感恩每一个帮助过我们的人。

最后,我用一位同学在BBS上发的一篇文章中的一段话来结束今天的讲话:"SeeYou2010毕业晚会上,当整个礼堂近两千名年轻人自发地起立高唱《永恒的东风》时,我突然感到,中国科大于我来说,曾经的向往已然不知不觉中变为一种信仰。明天也许我们将飞赴全球各地,继续绘制我们的未来,然而命运将我们在科大聚在了一起,我们便从此结缘。"

所以,请记住:离开母校之后,母校依然与你同行,中国科大精神始终与你同在,你们的精彩,尽在未来;你们的成功,源于梦想。

谢谢大家!

我们因科大而与众不同 世界因我们而更加精彩

在2012届本科生毕业典礼暨学位授予仪式上的讲话[①]

侯建国[②]

各位同学,老师们、家长们、朋友们:

大家上午好!这是一年一度最难忘的时刻!首先,请允许我代表学校全体师生员工,向顺利毕业的2008级本科毕业生表示最热烈的祝贺!同时,向为同学们的成长付出心血和汗水的老师们表示衷心的感谢!向养育和关爱同学们的家长及亲友们表示衷心的祝贺和诚挚的问候!

时间过得真快!同学们2008年入学时,正值学校50周年校庆,大家作为新生,与全体科大人共同分享了学校半个世纪的光荣与梦想。同学们也许还记得,也是在这里,一年级同学和我这个一年级的校长,有一次面对面的交流,我给大家讲了中国科大的历史、传统和一代又一代科大人的故事,并谈了我对科大人和中国科大精神的理解。我们共同相约,今后四年为了更好的中国科大而共同努力。约定仿佛就在昨天,而毕业典礼已经开启,再一次坐在这里,我们说的已经是分别的话题。

四年前,同学们满怀憧憬和希望,从全国各地来到中国科大,在这里度过了人生中最美好的一段时光,几多磨砺,更有几多收获、几多感悟。

① 原载于2012年6月20日《中国科大报》。

② 侯建国,中国科学院院士,时任中国科学技术大学校长。

今天,你们已经烙上了中国科大印记,传承了中国科大精神。在座的诸位同学,有超过70%的人将继续在国内外深造,还有一批同学将到祖国最需要的地方——西部、基层和国家重点建设单位工作。同学们不仅学业优异,而且在丰富多彩的学生社团活动和社会实践中,在充满创新与挑战的科研与科技竞赛中,展示了你们这一代新科大人的个性与风采。在毕业前夕,有一位勇敢的同学,历时23天,行程2000多公里,单车骑行川藏线;还有一位勇敢的女生,参加了世界小姐中国赛区的比赛,我不敢说后无来者,但肯定是中国科大女生中的第一位;昨晚,同学们还在东区校园,举行了盛装毕业舞会。同学们在中国科大严格要求的环境下,既能刻苦学习,又能创造出精彩的生活,作为老师和学长,我为你们感到高兴,也感到骄傲!希望同学们能永远铭记在中国科大的这段岁月,永远记住:我们因中国科大而与众不同!

毕业典礼过后,同学们将迎来人生新的一个起点。在此,我想以一位学长的身份,谈两点希望,与大家共勉,算是临别赠言。

一是志存高远,脚踏实地。

同学们顺利毕业,获得了第一个象征知识和水平的学士学位,但知识与学位只是今后事业成功的起点,而不是业已成功的标志。有一位企业老总,曾跟我讲了他公司里给他印象最深的两位中国科大毕业生的故事。因为这两个毕业生是他们公司招聘的第一批中国科大学生,而且两个人来自同一个系、同一个年级,一个是他认为的公司里较好的员工之一,一个是他认为较差的员工之一。这两个毕业生到了公司以后,一个为人非常朴实、做事踏实,同时由于在中国科大打下的坚实学识基础,工作能力非常强,无论安排什么工作都乐于去完成,并善于与人合作,很短时间内就成了公司的骨干,并赢得了公司上下的广泛认可,取得了出色的成绩。另外一位总觉得自己是名校毕业,天之骄子,更多的时间不是认真地完成本职工作,而是总在那里议论、批评和埋怨,分派的工作不是嫌太累就是嫌太简单,最后由于不适应和工作业绩不佳,自行离开了公司。这两位毕业生的经历告诉我们,从中国科大毕业,只是给大家提供了获得高起点的机会，但并不意味着你们会轻易成功。并且，因为毕业于中国科大，社会将对你们提出更高的期望和要求。因此，未来要想取得成功，同学们既要志存高远，又要脚踏实地，认认真真将自己的工作做到最好。

二是继承传统，科教报国。

半个多世纪以前，“两弹一星”为中国成为有影响力的大国奠定了基础。中国科大也因“两弹一星”工程应运而生，学校的创建者和早期的毕业生为“两弹一星”工程作出了卓越的贡献。今天，中国已经成为世界上的经济大国，但还远不是一个经济强国，中国要转变以低廉人力、资源消耗和环境污染为代价的发展方式，科学与技术的进步是唯一的选择。历史上从来没有像今天这样，科学技术对中国的发展、对人类的进步发挥了如此重大的作用。我们是“中国科学技术大学”，科大人应该承担起“科教强国”“知识强国”的历史使命。同学们在目前这样一个多元化的时代，未来的发展一定有诸多的选择，但是我希望有更多的中国科大毕业生，能够选择用科学技术、用知识、用专业能力报效国家，这样的选择可能意味着更多付出和努力，甚至是寂寞。马克思曾说：“在科学上没有平坦的大道，只有不畏辛苦沿着陡峭山路攀登的人，才有希望到达光辉的顶点。”生在这样一个伟大的时代，同学们身上承担了更多的使命与责任，希望同学们传承和发扬中国科大“科教报国”的传统，在科学的道路上奋勇攀登，成为中华民族复兴与强国之路上的中坚与栋梁！

同学们在中国科大学习的四年，也是学校大建设、大发展的四年。为了给师生提供一个更好的学习、生活和工作环境，学校新建、扩建、改建了数十万平方米的教学科研设施与生活设施。诸多的工地和不时开工的各种工程，确实给大家带来了不便和影响，在这里，我要感谢同学们四年来对学校的包容和理解。同学们对学校工作的批评与建议、愿望和需求，都将成为我们继续改进工作和努力的方向与动力。

每年7月，学校都会组织一些校友活动，毕业10年、20年、30年的校友将再次相聚母校。2008年我和同学们有一个四年之约，在今天你们即将离开母校的时刻，我想代表学校跟大家再做一个约定，时间长一点——20年。为什么是20年呢？因为根据目前我国的人均寿命，我有把握在20年后，参加你们毕业20周年的返校聚会。20年后，同学们人到中年，将成为我们国家、民族和你们各自家庭的中坚与支柱。希望20年后再相见，大家都能够找到可为之奋斗一生的事业，实现自己人生的梦想；我们的学校——中国科大也成为一所真正的世界一流大学！

同学们，你们即将告别母校，像长大的小鸟，离开"天使路"，迎着朝阳，飞向蓝天，去追寻各自梦想。未来的人生，也许充满了未知，许多事情都可能改变，但唯一不变的是——我们都是科大人！

最后，再一次与大家共勉：我们因中国科大而与众不同，世界因我们而更加精彩！

谢谢大家！

中国科大是真正的大学[①]

在2013届本科生毕业典礼上的讲话

王志珍[②]

尊敬的老师们，亲爱的同学们：

首先我要衷心感谢建国校长给我这个机会让我又回到母校参加这庄重而热烈的毕业典礼，为我创造了与我的小师弟与小师妹们见面谈话的机会，尽管我们的年龄相差整整50岁，我们都是中国科大的儿子和女儿，所以我是你们的师姐，不过不是杰出的师姐，我们中国科大杰出的人物实在是太多了，台上各位、台下各位都是杰出者。不过我也许还算是一个热爱科学、刻苦用功、认真生活的老科大人。49年前的今天，中国科大送走了她的第二届毕业生，我是其中的一员。前两天，我想着要来合肥参加母校的毕业典礼，情不自禁地取出珍藏的中国科学技术大学毕业文凭，那是一本红色硬皮的小本，也就20厘米长、15厘米宽，很简单的一个本子。打开后左页是学生的毕业照片，我那时候梳着两条小辫儿，我认为这是女孩子非常好的发型，右边是毕业文凭词。这两页我影印在我的讲稿上，刚才窦贤康副校长给大家念了颁发毕业证书的决定，我也念给大家听听50年前中国科大的毕业文凭词，你们可以对比你们的毕业文凭看看有什么差别？我觉得这也是文化，是历史。

“毕业文凭：学生王志珍，系江苏苏州人，现年22岁，于1959年9月

① 原载于2013年6月25日《中国科大报》。

② 王志珍，中国科学院院士，中国科学技术大学1959级校友。

入本校生物物理系生物物理专业，学习五年。按教学计划完成全部学业，成绩及格，准予毕业。校长郭沫若，1964年7月30日，文凭登记第0339号。"这就是我的毕业证书。我突然有一个疑点，如果我们中国科大有研究校史的部门，是不是可以帮助我解决今天的这个疑问？我的学号是5912050，"59"是1959年入学，"12"就是我学习的生物物理系的系号，当时的中国科大只有13个系，这13个系的设置都是非常有讲究的。我的学号050，当年我们生物物理系一共才招50位学生，我是最后一个报到的学生，所以排在第50位，但是我怎么也想不到我毕业文凭上的"339"号是怎么编出来的。这是个大疑问，我想请研究中国科大历史的同志以后能不能给我一个解答。

咱们的中国科大从1958年成立就与众不同。新中国成立不到10年，"向科学进军"的集结号吹响，《十二年全国科学技术发展远景规划》颁布，中国科学技术大学，这所培养新兴、边缘交叉学科的尖端科技人才的大学，新型的科学与技术相结合、理实交融的大学横空出世。在那个年代，这绝对是个了不起的大胆创新，因为那时中国的教育完全照搬苏联的模式，划分很细。这个时候能够有一所理工结合的大学出现，绝对是一种创新。之后中国科大所处的地理位置和拥有的资源条件，在国内顶尖名校中一直没有任何优势可言。可是即便如此，中国科大在国内外的大学中一直享有极高的声誉。科大人从来不甘平庸，不舍远志，在任何艰难困苦前，永远追求卓越、勇争第一。中国科大是真正的大学，拥有大学自己的独立性，保持着"圣洁"与"宁静"。在中国科大，官本位没有市场，学术优先是中国科大文化的基本色。也正因为如此，科大人不跟风、不盲从、不左顾右盼，表现出难得的对科学原则和科学精神的执着和坚守，从而让她拥有了与众不同的气质和魅力。最近《人民日报》有一篇文章《为什么是中国科技大学?》说道，如果说西南联大在中国的教育史上占有非常特殊的地位(有人称为"西南联大现象")，我认为"科大现象"也值得深入研究，历史会证明中国科大是一所以创新而存在的大学，她在中国的教育史上，她对中国的近代发展起到了什么推动作用，历史会作出正确的评价。

中国科大对我们每个人未来的发展，从某种意义上说，是一个摇篮，她不仅传授知识，而且培养学习能力，启发思维，激发创造力。我们都是在这只温暖的摇篮中成长起来的，这是我们每个科大人人生经历中的重要阶段，她为我们铺设了毕生追求科学真理、为人类进步事业献身的生命轨道。

作为中国科大的一名毕业生，我除了热爱、赞赏她，更多的是感谢和对她无穷的祝福，是中国科大的每一位老师、每一位同学和所有员工们半个多世纪的奉献造就了今天的中国科大。此时此刻，又一批师弟、师妹要奔向远方，我最衷心地祝愿年轻的科大人，坚定信念，追求理想，不畏劳苦沿着崎岖、陡峭的山路攀登，一定有希望、也一定能够达到光辉的顶点，创造出自己钟爱的事业。

最后，让我们大家互相祝福吧！

以清零的心态开始新的学习

在2014级本科新生开学典礼上的讲话[①]

侯建国[②]

亲爱的2014级新同学、各位老师：

大家上午好！

又是一年激动人心的开学季，将近2000名来自祖国各地的2014级同学，成为中国科大新的成长力量。在这里，我首先代表学校的全体师生员工，衷心祝贺同学们成功经历高考这一重要挑战，成为一名光荣的科大人！同时，也请同学们把感谢的掌声献给在身后关爱和支持你们的父母、老师和朋友！

就在刚才，当巨幅的校旗掠过同学们头顶的时候，想必大家的心情都难以平静，因为从这一刻起，你们将开始步入人生中最重要、最丰富多彩的一段时光。从同学们期待的目光中，我也看到了大家对大学生活的憧憬和向往。大学是一个人生的熔炉，每一所著名的大学都以其独一无二的文化品格和精神特质，熔铸着学生的世界观、人生观、品德修养和行为方式。这种文化品格和精神特质是一所大学区别于其他大学、其他组织的本质所在，也是大学最需要坚持和坚守的本源。大家都知道，中国科大的校训是"红专并进，理实交融"，在这朴素、平实、带有时代特征的文字后面，是几代科大人对学校核心价值与信念的坚守。无论是在学校

---

① 原载于2014年9月5日《中国科大报》。

② 侯建国，中国科学院院士，时任中国科学技术大学校长。

南迁时面临濒临解体的困境中，还是在市场经济的大潮中面对大学教育功利化的诱惑时，中国科大始终脚踏实地，以科教报国为使命，不断进取、追求卓越。我相信，经过四年的修学、修身，当校旗再次掠过同学们头顶，也就是大家毕业典礼的时候，每一位在座的同学都会对校训有更深的理解，对中国科大的精神、文化与传统有更深的体会。

同时，大学又是自由和开放的，以孕育"独立之人格、自由之精神"为理想。因此，对在座的每位同学来说，"科大的生活是什么样的"这个问题没有唯一的答案。正如"一千个观众眼中有一千个哈姆雷特"，一千个科大学生可以演绎一千种大学生活。所以，我也相信你们每个人都会在中国科大的图书馆、教室、实验室、社团甚至宿舍中演绎出属于你们自己的精彩大学生活。

在大学生活开始之际，作为老师和学长，我想对大家提几点希望：

一是以清零的心态开始新的学习阶段，不要迷信分数，只要喜欢就坚持下去。

大学和高中的教育有很大的不同，比起高中以成绩为导向的应试教育，大学更注重以兴趣为导向的素质教育。不管你是通过哪种招生方式进入中国科大的，也不管你过去的成绩如何，现在你们都站在了新的同一起跑线上。英国生物学家约翰·格登中学时的生物课成绩和其他理科成绩都不好，甚至被同学讥笑为"科学蠢材"，但他还是被生物学深深吸引，申请了牛津大学的生物专业，由于成绩不佳，被古典文学研究系录取。但他仍然对生物学情有独钟，学习一年的古典文学后，申请转入生物系，结果再次被生物系的老师拒绝，他只能自己开展动物学研究。然而，正是因为兴趣而不是成绩的指引，让他顶住了所有压力，经过不懈努力，最终以细胞核移植与克隆方面的先驱性研究荣获2012年诺贝尔生理学或医学奖。我讲这个故事，是想告诉大家，成绩不是唯一的衡量标准，成绩与是否成才也没有直接关系。再举几个就在我们身边的例子：2010年的时候，我们曾经做过一个统计，当时获得中国科大最高奖郭沫若奖学金的25位同学中，有15人的高考成绩低于我们当年录取的高考平均分。汤森路透2011年发布的全球顶尖100名化学家榜单中，有12位华人科学家入选，其中有6位是中国科大校友，而在这6位校友中，有4人的高考成绩在录取平均线之下。因此，同学们不要迷信高考分数，在未来的学习中，要忘掉过去、从头开始，发现自己的兴趣所在，并坚持不懈。

二是夯实基础，肯下笨功夫。

“两弹一星”元勋、我校化学物理系首任系主任郭永怀先生曾经说过，“学问是无止境的，只有下苦功夫才能占领科学堡垒”。中国科大历史上也有个故事引人深思：1960级学生陈颙的毕业论文是著名地球物理学家傅承义先生亲自指导的，傅先生推荐他阅读该领域的一篇经典德文文献。陈颙说自己只学过英语，没学过德语，当时，傅先生没有说话。过了几天，他交给陈颙一个厚厚的本子，上面整整齐齐写满了英文，原来他把那篇72页的德文文献完整地翻译了出来。这件事影响了陈颙一辈子，此后他做任何事情都像傅先生一样脚踏实地，后来他成为中国科学院院士、中国地震局地球物理研究所所长。这种脚踏实地的学风经过一代代中国科大老师的言传身教，造就了一批批享誉国内外的中国科大毕业生。长江后浪推前浪，同学们现在拥有更好的学习环境，但要取得超越前人的成就，你们也要敢于吃苦、肯下笨功夫。

三是在张扬个性的同时，学会包容与合作。

当今世界，国家之间谋求合作共赢，多元文化日益交融，科学研究倡导协同创新，这是因为人类面临的政治、经济、科技、文化、环境等各方面的问题比过去更加复杂，仅凭一人之力、一国之力都难以解决。如果没有各国科学家的紧密合作，许多大科学研究都不可能顺利开展、取得突破。具体到我们的校园生活，包容与合作同样无处不在。比如在刚刚结束的巴西机器人世界杯上，中国科大蓝鹰队过关斩将，保持了连续10年摘金夺银的骄人战绩，这也是团队的10多位本科生和研究生密切合作的最佳范例。我知道，你们这一代人比较有主见，也更有自信、更富个性，希望你们在张扬个性、学会独立自主的同时，也要在集体生活、学习实践、社团活动和学业研修中，学会换位思考，学会团结协作，做一个虚怀若谷、心胸宽广的科大人。

从1977年恢复高考到现在，我国的高等教育已从“精英教育”步入了“大众教育”时代，但是大学对民族振兴和社会进步依然负有不可替代的责任，大学生依然被国家和社会视为精英而寄予厚望。最后，希望同学们在中国科大这片自由星空，尽情放飞梦想、施展才华，相信同学们来到中国科大，将不虚此行，这所寰宇学府的光荣与梦想，必将照耀你们的成才之路！

谢谢大家！

回归常识　开启人生的新篇章

在2015级本科新生开学典礼上的讲话[①]

万立骏[②]

亲爱的同学们,各位来宾,老师们:

大家上午好!

金风送爽,丹桂飘香,在这丰收的季节里,喜气洋洋的中国科学技术大学正张开双臂,热情迎接从祖国四面八方汇聚而来的新同学。今天,我们隆重举行2015级本科新生开学典礼,首先,请允许我代表中国科学技术大学全体教师、职工和在校学生热烈欢迎2015级新同学!

同时,也向为同学们成长付出心血和汗水的各位家长、老师和亲友们表示衷心的感谢!

同学们步入大学,即将开始人生中一段最重要、最丰富多彩的旅程。对未来的大学生活,你们可能有着无限的憧憬和向往,也或许有着点点的困惑与迷茫。“如何才能不辜负大学的美好时光和青春年华”,一定是大家思考得最多的问题。

众所周知,我们国家正处在一个伟大的时代,这是一个全面深化改革的时代,是一个中兴的时代,也是一个创新的时代。近30多年来,中国经济社会迅速发展,高等教育也逐渐实现了从精英教育到大众教育的转变。与此同时,中国的高水平大学建设也开始向注重办学质量的内涵

① 原载于2015年9月5日《中国科大报》。

② 万立骏,中国科学院院士,时任中国科学技术大学校长。

式发展转变，尤其是近年来，要求中国高等教育回归大学使命和责任的呼声愈来愈高。“大学之道，在明明德，在亲民，在止于至善。”中国古代先贤把立德树人、传承先进文化、服务社会，作为读书做学问的根本目的。西方在20世纪中叶也形成了主流共识，认为大学教育重在培养具有社会公德和责任感、知识广博、全面发展的社会公民。习近平总书记教导大学生要“勤学、修德、明辨、笃实”，对青年一代提出了殷切期望。

中国科大是应研制“两弹一星”的急需，1958年诞生于北京，首任校长郭沫若，著名科学家马大猷、贝时璋、严济慈、华罗庚、钱学森、吴有训、柳大纲、赵九章、赵忠尧等都是当年中国科大的教授。今日中国科大是一所具有光荣历史和传统，以前沿科学和高新技术为主、兼有特色管理和人文学科的综合性全国重点大学，是一所科教实力享誉海内外的著名高等学府。在中国科大，同学们将会结交良师益友，探索科学前沿，追求远大理想。大学生活不同于初中、高中学习生活，在这里，你们将开启人生的新篇章，塑造一个全新的自我，为一生的发展奠定基础。此刻，探讨如何度过大学生活，意义重大。开学之际，我最想对同学们提出的希望就是发扬传统，回归常识，正本清源。这是个看似寻常的话题，但是在当前社会浮躁，过分追求物质占有和享受，有时又个人主义膨胀，功利主义盛行，常识和传统常常遭到遗忘和扭曲的情况之下，显得尤为必要。

首先，希望同学们回归“做人立德”的常识。

教育以育人为本，育人以立德为第一要务。对立德修身的要求，是儒家经典《大学》最重要的精神。品德、修养、诚信、孝道、担当是对为人处世的基本要求，是齐家治国平天下的基础。当代大学生应该是有知识、有文化的有德之士。人无德不立，人无德寸步难行。勤劳勇敢、尊老爱幼、见义勇为、勤俭节约等本是中华民族的传统美德，可是近年来出现了种种道德扭曲和丧失的现象，令人痛心，有时会使人无所适从。但是，这些不正常的现象不能代表中国社会道德的主流，只是经济社会发展中的非正常现象，中国主流社会正在召唤和推进中华传统美德的归来。我希望中国科大的学生们，不忘做人立德，要谨记弘扬“红专并进、理实交融"的校训，把修身立德放在第一位，坚持"勿以恶小而为之，勿以善小而不为"，常怀友爱和仁爱之心，尊师敬友，助人为乐，爱人爱国爱科学，培养高尚的道德情操，做到德才兼备。

第二，希望同学们回归"读书科研"的常识。

读书是享受和增长知识的过程，科研亦是人生的高尚事业之一。回归"读书科研"的常识，就是在大学生活中不要太过功利，单纯地认为大学就是考试通关、刷学分刷GPA，最后拿一纸文凭作敲门砖，接着考托福、雅思，出国留学，最后成"土豪"、当"大款"，开豪车、住豪宅。创造和传播文明，忧国忧民，不谋私利，胸怀天下，历来是中国知识分子的传统美德和光荣传统，期待你们能发扬光大。回归"读书科研"的常识，就是要把发现科学和社会问题、解决科学和社会问题当成自己的矢志追求。在大学，我们学习知识，明辨事理，学会分析和思考，增强造福人类社会的责任感；我们参加科学研究，提高实验技术，培养科研能力，增长才干，探索自然奥秘，早日找到自己感兴趣的研究方向，是为了"有所发明，有所创造"，为造福人类社会做贡献。回归"读书科研"的常识，就是树立真正的创新观念和高远的人生志向。不要被社会上急功近利的观念和现象所误导和裹挟，不要把简单的改头换面、换汤不换药的研究当成创新，不要把常见的勤工俭学、摆摊卖串儿、走街串巷送快递件儿当成创业，不要把滥竽充数、写灌水论文当成科学研究的目标。同时，读书科研一定要认真，不能马马虎虎，切忌一知半解，似懂非懂；要实事求是，来不得半点虚伪和骄傲，也不能急于求成；要学会找准问题，锲而不舍，究其本质；要平心静气，融会贯通，培养全新的挑战和进取精神，以及面对严峻现实问题时乐观自信的心态。回归"读书科研"的常识，我们就能：于自身，是开阔视野，增长才干，提升自我；于社会，是"为天地立心，为生民立命，为往圣继绝学，为万世开太平"。

第三，希望同学们回归"自理和自立"的常识。

各位同学都是父母的"掌上明珠"，从小到大很多事情可能是父母帮助或代劳得多，家人照顾得多。进入大学，成为一名光荣的大学生，应该告别之前可能的依赖，要学会自理、自立和承担责任。学会自己管理自己，自己照顾自己，自己规划自己，提高独立生活的能力，让家长放心，让亲友放心，让老师和学校放心，让社会放心。看到一些同学勇敢地第一次独自出远门坐火车到学校报到，我感到很高兴，为你们自立的第一步点赞。在学校集体生活中，大家要养成良好的生活习惯，饮食有节，起居有常，既有利于自己，又不影响他人。要劳逸结合，坚持锻炼身体，做到学习好、身体棒。要重视仪容仪表，养成讲究卫生的好习惯。记住“一室之不治，何以天下家国为”的古训，自己动手洗衣晒被，打扫房间，使得环境整齐整洁，人人都成为“帅哥、靓女”。要养成艰苦朴素的生活作风，消费量力而行，生活水平上不盲目攀比，常记“历览前贤国与家，成由勤俭破由奢”。要反对浪费，勤俭节约，不忘“一粥一饭，当思来之不易；半丝半缕，恒念物力维艰”。还要积极参加学校社团活动和各种社会公益活动，从中发现自身潜力，体会自立、责任和感恩的内涵，自己成长，也有益社会，为将来跨出校门、贡献社会做好准备。

最后，我希望同学们回归“独立思考”的常识。

大学旨在培养“独立之人格，自由之精神”。要形成独立之人格，独立生活是物质基础，独立思考是精神内核。独立思考具有改变人生、改变社会的力量，独立思考会产生牛顿，产生爱因斯坦，产生一个个推动人类文明进步的科学发现和发明。在全球化和信息化的时代，价值观取向多元化，如何从碎片化的海量信息中去伪存真，如何从泥沙俱下的公众舆论中明辨是非，是在大学时代要练就的基本功之一。你们要保持头脑清醒，不冲动、不跟风，不“人云亦云”，不断提高分析问题和解决问题的能力。要保持批判和质疑精神，不读死书，不迷信书本，努力通过独立思考，不断取得创新性成果。要学习历史，了解社会，明辨是非，捍卫真理，做中华文明回归和社会发展的先锋。同时，行胜于言。在独立思考，坚持真理的同时，还要把理想付诸行动，将你们的聪明才智贡献于祖国发展之中。

同学们，大学时代是重新发现自我、释放潜能的时代，只要努力，一切皆有可能！来到中国科大，不论地域、出身，也不论高考分数高低，大家都是在同样的起跑线上，要以仁爱之心对待老师同学，保持事业上的进取心，激发对科学的好奇心，积极对待即将开始的大学生活，尽快适应大学生活，尽快融入中国科大这个大家庭之中，在中国科大开启人生的新篇章。以中国科学技术大学的名义，肩负起你们这一代人的责任和使命，成为德才兼备的社会主义事业接班人。

同时，我和中国科大的所有教师职工、你们的师兄师姐们，一定会为你们进入幸福愉快充实的大学生活、顺利完成学业、早日成才提供尽可能的条件和帮助，并和你们一道，把中国科学技术大学建设得更好。

世界是你们的，中国的未来是你们的，淳朴智慧的中国科大2015级新生同学们，我对你们充满信心，相信你们一定会无愧于伟大的时代，无愧于大学时光，无愧于未来！

以实干创实绩　以实干谋发展

在全校教师干部大会上的讲话[①]

舒歌群[②]

各位领导，老师们、同志们、同学们：

刚才中组部刘后盛副局长宣布了中央关于我的任职决定并作重要讲话，中国科学院白春礼院长、安徽省委信长星副书记作了重要讲话，对学校的建设与发展、对许武书记的工作给予了充分肯定和高度评价，对我本人提出了明确要求和殷切期望，我坚决服从中央的决定，衷心感谢中央的信任和重托，感谢中组部、中国科学院、安徽省委的肯定和关心，感谢全校师生的接纳和支持。今天，是我上任的第一课，使我受益无穷。

一直以来，我对中国科大充满敬仰。中国科大是新中国成立后我们党为“两弹一星”事业亲手创办的大学。60年前，她的创办被称为“我国教育史和科学史上的一项重大事件”。经历一个甲子，科大人怀揣“红专并进，科教报国”的远大志向，三次创业，扎根祖国大地，服务国家发展，取得了一系列具有世界领先水平的原创性成果。全校师生员工在许武书记和包信和校长的带领下，精诚团结，改革创新，学校各项事业都取得了长足的发展。许武书记坚定的理想信念、开拓创新的改革精神、夙夜在公的工作态度，是我学习的榜样。今天，从许武同志手中接过接力棒，到这样一所重要的大学担任党委书记，我深知使命光荣、责任重大。虽

① 原载于2018年5月15日《中国科大报》。

② 舒歌群，中国科学技术大学党委书记。

然个人学识能力有限，但必定全心投入、鞠躬尽瘁、不辱使命，为把中国科大建设成为中国特色世界一流大学而不懈奋斗。

中国科大是一所有精神的大学。一代代科大人在“红专并进，理实交融”校训精神指引下，在新中国建设和科技事业中前赴后继，为国家富强和民族进步作出了重要贡献。近年来，科大人以实际行动落实创新驱动发展的国家战略，“墨子”升空、“悟空”探秘以及科大讯飞的人工智能技术等，创造了一系列具有自主知识产权的创新成果，为中国知识创新在国际上逐步从跟跑转向并跑、领跑作出了重要贡献。中国科大的发展始终与国家目标和未来方向紧密结合在一起，为人民服务，为党治国理政服务，为巩固和发展中国特色社会主义制度服务，为改革开放和社会主义现代化建设服务。科大人求实唯真的创新精神、艰苦创业的奋斗精神、科教报国的传统、沉静扎实的学风，一代代薪火相传，已经成为所有科大人的鲜明基因和文化血脉。

从今天开始，我很荣幸地成为中国科大的一员。作为一名新科大人，要认真学习贯彻2016年4月26日习近平总书记考察中国科大时的重要指示精神，按照“勇于创新、敢于超越、力争一流”的要求，与校领导班子和全校师生一道，抓住新时代的新机遇，开拓创新、乘势而上。同时，向同学们学习，向老师们学习，向班子成员学习，向老同志学习，好好学习学校的历史和传统，自觉接受学校文化的熏陶，不断传承和发扬学校的优良传统。尊重学校自身的特点和发展规律，尊重她的文化传统，尊重广大师生员工的共同选择，在继承中发展，在发展中创新，坚持“全院办校，所系结合”的方针，坚持“精品办学、英才教育”的教学理念，让“科教报国、追求卓越”始终成为学校最鲜亮的底色，成为中国科大事业发展的不竭动力。

作为党委书记，我将认真学习贯彻习近平新时代中国特色社会主义思想，贯彻落实党的十九大精神，带领全校师生增强“四个意识”、坚定“四个自信”、做到“两个维护”，在政治上、思想上、行动上始终同党中央保持高度一致。按照习近平总书记在北京大学考察时讲话中提出的“办出中国特色世界一流大学、培养社会主义合格建设者和接班人,要抓好三项基础性工作"的要求,坚持办学正确政治方向,建设高素质教师队伍,形成高水平人才培养体系,努力建设中国特色世界一流大学。按照"社会主义政治家、教育家"的标准严格要求自己,严守党的政治纪律和政治规矩,始终做到忠诚、干净、担当。认真履行好党委书记的职责,带领党委一班人,严格履行管党治党、办学治校的主体责任,坚持和完善党委领导下的校长负责制,与包信和校长紧密配合,把深化综合改革,推动内涵发展作为第一要务。围绕立德树人这一根本任务,聚精会神抓好党的建设,把抓好党建工作作为自己的第一责任,把全面从严治党的要求落到实处。与学校党政班子成员一道,真抓实干、认真履职,以实干创实绩,以实干谋发展,向党和人民交出一份满意的答卷。

从今天起,我将努力工作,尽快完成自己的角色转换。希望各位给我更多的指导和帮助,我愿意和全校师生员工、广大校友齐心协力,共同肩负起我们这一代人应该承担的历史使命,共同建设中国特色、科大风格、世界一流大学,创造中国科大新甲子的辉煌!

谢谢大家!

十五载风雨路　道不尽科大情

在全校教师干部大会上的讲话[①]

许　武[②]

各位领导，老师们、同志们、同学们：

大家下午好！

刚才，刘后盛副局长宣布了中共中央关于中国科大党委书记职务任免的决定，三位领导作了重要讲话，对中国科大未来提出更明确的要求和希望。今天，中央任命舒歌群同志担任中国科大党委书记，充分体现了以习近平同志为核心的党中央对中国科大的高度重视和厚爱。我衷心拥护，坚决支持。

舒歌群同志长期在高等学校担任领导职务，具有非常丰富的高等教育、党务、科研以及管理工作经验，政治站位高、战略视野宽广，也具有相当的学术影响力。刚才，刘后盛副局长代表中央对舒歌群同志给予了高度评价，我完全同意。相信舒歌群同志的到来，会为中国科大全面加强党的建设和全方位的发展注入强大的动力。我衷心感谢党中央为中国科大选派了优秀的班长，我一定会全力支持配合，做好工作交接，确保学校各项工作平稳有序。

刚才，白春礼院长、刘后盛副局长、信长星副书记对我在中国科大的工作给予了肯定。卸任之际，我愉快接受中央关于我的免职决定，衷心

---

① 原载于2018年5月15日《中国科大报》。

② 许武，曾任中国科学技术大学党委书记。

感谢中组部、中国科学院、安徽省长期以来对我个人和中国科大工作的指导支持、关心帮助。

2003年11月27日，我来到中国科大担任常务副书记、副校长，2008年9月担任党委书记。15年弹指一挥间，不知不觉中，我深深融入了中国科大，度过了人生最重要的时光。我有幸三次全程参与了习近平总书记视察中国科大的全过程，深深感受到党中央对中国科大的关怀与期许。在此，我衷心感谢历届班子成员以及全校师生、广大校友对我的接纳、支持和包容。

15年来，我们坚持听党话、跟党走，坚持党的教育方针，坚持弘扬“红专并进，科教报国”和“全院办校，所系结合”的办学传统，走精品办学、精英教育之路，中国科大师生和校友始终是科技界最活跃的精英力量。2017年全国第四次学科评估结果证明，我们每一位教师都是高水平的，他们卓越的学术表现赢得了学科建设的全面进步。

15年来，我们坚持依靠全体教职工的辛勤与智慧，脚踏实地办学，努力吸引留住好老师、招到好学生、传承好校风。中国科大的每一点成绩与进步，都源于大家实实在在的付出与积累。我们踏踏实实做事，坚持“办一件、成一件、师生满意一件”，聚沙成塔，保持了中国科大各项事业平稳上升的态势。

15年来，我和历届班子成员团结一心，毫无保留地相互支持、相互补台。团结是中国科大班子最显著的标签，是我们每一位班子成员全力维护的传统，是班子凝聚力和战斗力的源泉。

15年来，我始终深入学习中国科大精神，弘扬中国科大传统。我们坚持尊重老师、爱护学生、勤俭办学、宽厚待人，努力让校园更加开放包容、更加质朴简单、更加风清气正。

15年来，我与中国科大结缘，“以校为家”是我一生最重要的记忆，难以忘记每天在教工餐厅与大家开怀交流。我深爱这片校园，更爱朴实率真、艰苦奋斗的中国科大师生，我们共同用勤劳的汗水浇灌这片土地，让美丽安静的科大校园枝繁叶茂、硕果累累。今天我也借此机会感谢一下我的家人,一直对我默默地支持和付出。

作为党委书记,我也有很多缺点和不足,往往感到能力有限,有些工作还达不到大家的期望,有些工作做得不够理想。大家从学校事业出发,给予我很多帮助和谅解。在此,我也向历届班子成员、全校师生员工和广大校友表达深深的歉意和诚挚的感谢!

今年正值中国科大建校60周年。60年来,中国科大的发展始终与新中国的科教事业紧密相连,是一部伟大的爱国史、创业史和奋斗史。我们要认真总结办学经验和中国科大传统,不断弘扬“红专并进,科教报国”和“追求卓越、艰苦奋斗”的中国科大精神。

同志们,党的十九大宣示了中国特色社会主义进入了一个伟大的新时代。我相信,在习近平新时代中国特色社会主义思想的指引下,在以习近平同志为核心的党中央集中统一领导下,从今天起,中国科大的发展也揭开了新的一页,歌群书记和信和校长一定能带领中国科大迈上新台阶,我对学校的未来充满信心。我会继续毫无保留地支持歌群书记、信和校长的工作,为大家加油鼓劲,祝福大家!

十五载风雨路,道不尽科大情。让我们共同祝愿中国科大的明天更加灿烂、辉煌!

谢谢大家!

做永不褪色的中国科大人

在2018届本科生毕业典礼暨学位着装授予仪式上的讲话[①]

包信和[②]

亲爱的同学们、老师们、家长们、朋友们:

大家上午好!

今天,我们欢聚在焕然一新的大礼堂,隆重举行中国科学技术大学2018届本科生毕业典礼暨学位着装授予仪式。首先,我谨代表学校全体教职员工衷心祝贺同学们顺利完成学业、获得学位!在此,我也向辛勤培育你们成才的老师、含辛茹苦抚养和陪伴你们成长的父母和亲友们表示深深的感谢!

四载时光,弹指一挥。四年前,同学们伴随着巴西世界杯的喝彩声,从高考的胜利喜悦中走出来,以清零的心态开始在中国科大的学习和生活。四年来,你们不满足于在象牙塔里修身立德、学成文武艺,更渴望从更大的课堂了解世情国情社情,你们在教学相长、对话大师的过程中醉心于思想碰撞,在严格的学术训练和理实交融的创新实践中浸润科学精神,在丰富多彩的社团活动中释放青春激情,在服务社会的实践中增长才干。你们在中国科大的熔炉里锻造,深深地打上了中国科大的烙印,成为名副其实的科大人,我为大家感到骄傲!

---

① 原载于2018年6月5日《中国科大报》。

② 包信和,中国科学院院士,中国科学技术大学校长。

今天,同学们即将告别母校,踏上人生新的征途。无论你们走到哪里、身处什么环境,无论你们未来从事什么样的工作,希望你们做永不褪色的科大人,肩负科大人的使命与责任,永葆科大人的情怀与品格。

做永不褪色的科大人,就是要永葆科大人的底色,家国情怀始终如一。中国科大是老一辈革命家和科学家亲手创办的红色大学,建校的目标非常明确,就是为新中国"两弹一星"事业培养尖端科技人才。建校元老中既有钱学森、郭永怀等"两弹一星"元勋,也有赵忠尧、杨承宗等"没有勋章的功臣",他们把红色基因注入科大人的文化血脉,"又红又专"的"红"就是科大人的底色。今天,我想和大家分享新中国放射化学奠基人、我校放射化学和辐射化学系首任系主任杨承宗先生的故事。

1951年,杨承宗在顺利通过约里奥·居里夫人主持的论文答辩、获得巴黎大学博士学位以后,垫上个人积蓄购买了国内紧缺实验器材与资料,带着极为珍贵的碳酸钡镭标准源,归心似箭回到百废待兴的祖国。为了突破铀材料制备这个原子弹研制的关键瓶颈,他带领团队亲手建成一座铀冶炼生产实验厂,经过三年多的日夜苦战,生产出符合原子弹原材料要求的足量纯铀化合物,为我国原子弹的成功研制作出了不可磨灭的贡献。在杨老的同事、学生中,有的当选院士,有的荣获"两弹一星"功勋奖章,但杨老既不是院士,也没有佩戴上共和国的勋章。很多人为他鸣不平,对于荣誉得失,杨老平静地说:"事情做出来就好,别的什么都不要去想。"这位百岁老人一生所持的是宽容大度、默默奉献的君子风范,他谦虚地说:"我一生只做了两件事,一是为原子弹炼出了所需要的铀,还有就是在中国科大办了一个专业。"杨承宗先生体现了老一辈科学家浓厚的家国情怀和"干惊天动地事,做隐姓埋名人"的风骨。

20世纪,我校创校先贤们怀揣一颗"科学报国"的红心,学成后毅然回国效力,他们是真正让中国"站起来"的民族脊梁。如今,我国正形成最大规模留学人才"归国潮",近年来我国引进的青年人才中,中国科大校友占10%,体现了科大人心系祖国、强国兴邦的情怀。同学们,我们面临的新时代，是实现中华民族伟大复兴的关键时代，你们是同新时代共同前进的一代，既拥有广阔发展空间，也承载着伟大时代使命。希望大家永葆科大人的底色，又红又专，把爱国之情、强国之志、报国之行统一起来，把个人的梦想融入实现中国梦的壮阔奋斗之中，将科教报国的使命薪火相传，成为让中国"强起来"的中流砥柱。

做永不褪色的科大人，就是要永葆科大人的本色，科学精神始终如一。刚才，蔚蓝色校旗从你们的头顶掠过，令大家激动不已。蓝色代表科学精神，正是科大人的本色。什么是科学精神？马克思说："在科学上没有平坦的大道，只有不畏劳苦沿着陡峭山路攀登的人，才有希望达到光辉的顶点。"华罗庚说："科学是实事求是的学问，来不得半点虚假。"科学精神是像赵忠贤、陈仙辉院士那样把超导事业作为毕生追求，"板凳要坐十年冷，文章不写一句空"，持之以恒寻找新型超导材料，带领中国高温超导研究跻身国际前列；科学精神是像暗物质粒子探测卫星"悟空"首席科学家常进校友那样勇于探索未知，带领团队攻克一个又一个难关，努力解开远在星辰之外的宇宙密码；科学精神是像谢毅院士那样不怕啃硬骨头，在"卡脖子"的地方下功夫，致力于寻找更有效的能源转换材料，推动清洁能源发展……同学们还可以从很多科大人的故事中体会科学精神的丰富内涵。

四年前，同学们怀揣着成为科学家的梦想，选择了中国科大。今后，还会有很多同学坚守初心，继续攀登科学高峰。习近平总书记在今年两院院士大会上强调："中国要强盛、要复兴，就一定要大力发展科学技术，努力成为世界主要科学中心和创新高地""关键核心技术是要不来、买不来、讨不来的。"科技创新大潮澎湃，千帆竞发勇进者胜。作为中国科学技术大学的毕业生，理应肩负起历史赋予的重任，勇做新时代科技创新的排头兵。

四年来，同学们在中国科大耳濡目染的科学精神，是未来人生道路上一笔宝贵的精神财富。不管同学们将来是否继续在科学的长空搏击，都要永葆科大人的本色，弘扬科学精神。"纷繁世事多元应，击鼓催征稳驭舟",要始终保持独立思考和清醒的头脑,敢于质疑,追求真理;干事创业时,既要敢于好高骛远,也要善于实事求是,遵循科学规律,发扬团队合作精神,做新时代的奋斗者,成为各行各业的创新引领者。

做永不褪色的科大人,就是要永葆科大人的特色,追求卓越始终如一。世界就像一个色彩斑斓的万花筒,每个人都是独一无二的,在新时代都有出彩的机会。"不是杰出者才做梦,而是善梦者才杰出",那些胸怀梦想、心无旁骛地坚持做自己事情的人,把平凡事情做到伟大,把简单事情做到极致,就是出彩的科大人。比如,我们的校友植物学家钟扬秉持"一个基因可以拯救一个国家,一粒种子可以造福万千苍生"的信念,坚持16年援藏,在青藏高原跋山涉水50多万公里,收集了4000多万颗种子,像守护生命一样守护祖国植物基因库。他把有限的生命融入了那片他爱得深沉的土地,谱写了一首传唱千古的生命之歌。希望同学们不管将来投身哪个领域,都要扎下根来,干一行爱一行,追求卓越,做出彩的科大人,用你们的智慧和汗水,在中华民族伟大复兴的宏伟画卷中绘上自己绚丽的一笔。

在俄罗斯世界杯的热潮中,同学们将奔赴新的人生赛场。人生好比一场又一场创造奇迹的世界杯,你们是赛场的主角,只要心中有阳光,脚下就有力量！母校永远是你们坚强的后盾,会在看台上为你们加油、喝彩！

红专并进一甲子,科教报国六十年。今年恰逢学校建校60周年,同学们的四年求学生涯在此画上一个恋恋不舍的句号,你们和母校无限可能的未来也在此开启。每个科大人都是一颗闪亮的星,共同组成中国科大的星云璀璨。希望同学们弘扬"红专并进,理实交融"的校训精神,永葆科大人的家国情怀和科学精神,做永不褪色的科大人,乘新时代春风,肩负起社会主义建设者和接班人的使命担当,在奋斗中放飞青春梦想、成就人生精彩,开创中国科大新甲子的壮丽新篇章！

祝同学们承瀚海之辽阔,比星云之光华！

谢谢大家！

让自信成为科大人的最美风采

在2019级本科生开学典礼上的讲话①

包信和②

亲爱的同学们、老师们、家长们、朋友们：

大家上午好！

在这金秋九月，我们怀着丰收的喜悦心情，相聚在美丽的中国科大校园，共同迎接来自五湖四海的2019级1830多名新同学。首先，我谨代表中国科学技术大学全校师生员工，向通过自己的努力拼搏，圆梦中国科大的每一位新科大人表示最热烈的欢迎和祝贺！并借此机会，向悉心呵护你们的父母、辛勤培育你们的老师表示衷心的感谢！

今年是新中国成立70周年，从争取民族独立的革命之路，到改革开放的富强之路，再到走向复兴的圆梦之路，更加开放自信的中国屹立于世界东方。2016年4月26日，习近平总书记考察我校时指出："现在的中国大学，要培养出什么样的学生，我们要有自信。我们对中国建设国际一流大学、培养国际一流人才充满自信。"

"祖国有我，我有祖国"，中国科大作为一所为"两弹一星"事业而创办的大学，以"创寰宇学府，育天下英才"的恢宏自信，为党和国家培养了大批德才兼备的优秀人才。无论是深入大漠基地隐姓埋名，还是活跃在人工智能应用最前沿，无论是坚守在大洋深处的科考船上，还是冲锋在

① 原载于2019年9月5日《中国科大报》。

② 包信和，中国科学院院士，中国科学技术大学校长。

量子争雄最前线，无论是执教三尺讲台，还是遥控卫星驰骋万里苍穹……一代代科大人以热血青春谱芳华，投身祖国最需要的地方，为党和人民奉献力量，中国科大由此被誉为“英才之摇篮、创新之重镇”。

同学们进校已经一周，大家可能参观了校史馆，对中国科大的历史有了更深的理解和体会。抚今追昔，中国科大60多年来取得的办学成就充分证明，我们有立足中国大地建设世界一流大学的文化自信、教育自信，而中国科大的美好未来需要你们去书写，科大人的自信需要你们去传承。此时此刻，我更想把“自信”送给在座的同学们，愿你们成为自信的科大人，让自信成为科大人的最美风采！

科大人的自信，源自流淌在血液里的科教报国的坚定信念

“梁园虽好，非久居之乡。为了国家民族，我们应当回去！”1950年3月16日，我校应用数学和计算技术系首任系主任华罗庚回到祖国，他在回国途中写下长达万言的《致中国全体留美学生的公开信》，呼吁爱国知识分子放弃国外优越的物质生活，为伟大祖国的建设和发展而奋斗。

“回想自己的一生，经历许多坎坷，唯一希望的就是祖国繁荣昌盛、科学发达。”1950年11月28日，我校原子核物理和原子核工程系首任系主任赵忠尧历经生死回到祖国，主持建造了中国第一台质子静电加速器，为新中国原子能事业发展作出重大贡献。

“外国人能造出来的，我们中国同样能造出来。”1955年10月8日，我校力学和力学工程系首任系主任钱学森冲破重重阻挠回国，仅用5年时间就研制出中国第一枚导弹，此后，更是为新中国“两弹一星”事业建立了不朽功勋。

“家穷国贫，只能说明当儿子的无能！作为中国人，我有责任回到祖国。”1956年9月30日，我校化学物理系首任系主任郭永怀以烧毁积累十几年的讲义手稿明志，毅然回国。他是“两弹一星”元勋中唯一一位在核弹、导弹、人造卫星三个领域均作出巨大贡献的科学家。

正因为有科教报国的理想信念支撑，这些爱国科学家在家穷国贫之时，始终对国家和民族的未来充满自信和希望。1958年9月20日，华罗庚、钱学森、郭永怀、赵忠尧等老一辈科学家为了新中国“两弹一星”事业创办中国科大，从此把科教报国的坚定信念注入这所红色大学的文化血脉，代代相传。

科大人的自信，源自铭刻在骨子里的自强不息的奋斗精神

山以险峻成其巍峨，海以奔涌成其壮阔。中国科大南迁安徽办学时，几经辗转，历经磨难，仪器设备损失2/3，教师流失1/2以上，学校濒临解体。科大人于筚路蓝缕中自强不息，扎根江淮大地艰苦奋斗。师资匮乏，学校就招回往届毕业生办“回炉班”；校舍不足，师生就自己烧砖建校舍。就这样，中国科大挫而不败、愈磨愈坚，在科学的春天，如涅槃之凤凰，浴火重生，重新崛起为“招风的大树”。

艰难困苦，玉汝于成。自信都是在攻坚克难中奋斗出来的，因为奋斗，才有自信的底气。每个科大人的不懈奋斗，汇聚成了中国科大今日的成就，也必将铸就中国科大明日的辉煌。

科大人的自信，源自熔铸在灵魂里的敢为人先的创新禀赋

中国科大初建北京时，就以创新立校，创造性“所系结合”办学，及至迁址合肥后，更是乘改革东风，领风气之先：从首创少年班、研究生院，到建成我国高校中第一个大科学工程——同步辐射加速器；从研究出突破麦克米兰极限的铁基高温超导材料，到发射暗物质粒子探测卫星“悟空号”、世界首颗量子科学实验卫星“墨子号”……创新无处不在，熔铸在科大人的灵魂里，已成为科大人开拓进取的一种本能和内驱力。

科大人的自信，蕴含了在任何时刻始终把国家和民族的事业放在心上的报国信念，在任何困难条件下永不服输的自强精神，以及敢为人先、

勇攀高峰的创新禀赋，经过时间的沉淀，已经内化为科大文化的重要精髓，60多年来深深镌刻在一代代科大人的心中，并外化为科大人最独特最亮丽的风采，体现在一代代科大人的一言一行中。

同学们，科大人的自信并不只是建立在对光辉的历史的回忆中，更是建立在对未来的希望和信心上！你们是在新世纪曙光中成长起来的目标远大、朝气蓬勃的新一代，你们肩负着民族复兴的光荣使命，是中华民族当仁不让的“圆梦一代”！你们，正是科大人未来自信的重要源泉！在新中国成立70周年之际，你们跨入大学校门，未来30年正好是中国实现“两个一百年”奋斗目标的关键时期，也是你们年富力强、干事创业的黄金时期，在中国科大求学的未来4年，将在很大程度上决定你们未来30年的坐标。

“海阔从鱼跃，天空任鸟飞。”今年是我校“一流本科教育质量提升年”，学校将总结建校60多年来的人才培养理念、传统和特色，完善大类教育、专业培养，加快推动在新工科、新医科、新文科等领域的部署与创新，为每个学生的个性化和全面发展创造条件。希望同学们在丰富广博的通识教育中，广泛涉猎，发现自己的志趣和潜能，增强学习自信；在接触世界科技前沿和了解中国科技进展中，看到领跑优势，发现“卡脖子”差距，增强科技自信；在海外游学项目和文化交流互鉴活动中，开阔视野，博采众长，增强文化自信。

崭新的大学生活已经开启，愿你们心无旁骛，学成文武艺，报效祖国和人民，用科大人的自信创造未来，成就民族复兴的大业！科教报国，圆梦科大！

谢谢大家！

瀚海星云万里路　红专并进启新程

在2020级新生开学典礼上的讲话[①]

白春礼[②]

亲爱的同学们、老师们、朋友们：

大家下午好！

秋风送爽，金桂飘香。今天，我们齐聚一堂，共同欢迎2020级新同学的到来！风雨洗礼才不枉青春，梦寐以求的方为梦想。今年是非比寻常的一年，同学们经历了疫情、洪水等多重考验，仍坚定探索科学真理的理想追求，满载父母师长的殷切期望，奋勇拼搏，圆梦中国科大。在这里，我代表中国科学院、代表中国科学技术大学，向同学们表示热烈的祝贺，向悉心培养你们的父母师长表示诚挚的感谢！

老师们、同学们！创新是时代的最强音，党的十八大以来，习近平总书记始终强调“坚持把创新作为引领发展的第一动力”。2013年7月17日，习近平总书记视察中国科学院，提出“三个面向”“四个率先”的要求，为我院实施“率先行动”计划吹响了号角。今年是“率先行动”计划第一阶段的收官之年。六年来，中国科学院恪守国家战略科技力量的使命定位，高质量完成了国家重大科技任务，产出了一大批重大原创成果，引领带动我国若干领域方向跻身世界前列，突破了一大批关键核心技术，有

① 原载于2020年9月25日《中国科大报》。

② 白春礼，中国科学院院士，时任中国科学院院长，中国科学技术大学名誉校长。

力支撑和解决了国家的重大需求。在习近平总书记新年贺词中提到的22项重大科技成果中，有14项由我院牵头或作出重要贡献。在自然指数国际排名中连续8年位居全球科教机构首位。在我院凝练总结的59项“率先行动”计划第一阶段重大科技成果及标志性进展中，中国科大的光量子计算、大尺度光量子信息处理和亚纳米分辨的单分子光谱成像以及“托珠单抗＋常规治疗”的新冠肺炎诊疗方案等7项研究成果入选，是全院入选最多的单位。

无论是前段时间考察安徽，还是近日主持召开科学家座谈会，习近平总书记都对科技创新提出了新要求，为中国科学院谋划新一轮改革创新发展提供了根本遵循。从“三个面向”到“四个面向”，中国科学院始终是“党、国家、人民可以依靠、可以信赖的国家战略科技力量”。特别是抗疫期间，我们有400个团队、近3000名科研人员日夜奋战在科技攻关战场，在9月8日全国抗击新冠肺炎疫情表彰大会上，中国科学院获得2项集体、5名个人表彰，其中就包括我们中国科大的魏海明、徐晓玲教授以及附属第一医院党委，“科大新医学”贡献了科技抗疫的硬核力量。

国有所需，我有所应。中国科学院要肩负起国家战略科技力量的历史使命，坚持面向世界科技前沿、面向经济主战场、面向国家重大需求、面向人民生命健康，发挥多学科的综合和建制化优势，执着攻关创新，在基础性、战略性工作上多下功夫，把“卡脖子”清单变成科研任务清单，立下军令状，不破楼兰终不还。

今年是中国科大南迁合肥第50个年头，从北京到合肥，变化的是办学地点，不变的是科大精神。中国科大是一所为“两弹一星”事业而创办的大学，一代代科大人秉承“红专并进，理实交融”的校训，坚定“科教报国、追求卓越”的远大志向，自觉把爱国之情、报国之志融入国家建设和改革发展的伟大事业中，也把红专并进的精神血脉代代延续。今天的开学典礼也是同学们成为科大人的一次“成人礼”，科大精神将在你们身上发扬光大。在此，我向大家提三点希望：

希望你们在历史中立志，做有理想、有追求的大学生

今年7月23日，中国科大研制的火星磁强计随我国首个火星探测器“天问一号”成功发射，书写了我国行星探测的开篇力作。“天问”源于屈原的长诗《天问》，2000多年前，爱国诗人屈原写下《天问》长诗，提出170多个问题，从天地初分、日月星辰，一路问到历史兴衰、苍生社稷。自古以来，中华民族对自然和宇宙空间上下求索，对真理的追求坚韧而执着。习近平总书记在科学家座谈会上指出：“科学研究特别是基础研究的出发点往往是科学家探究自然奥秘的好奇心。从实践看，凡是取得突出成就的科学家都是凭借执着的好奇心、事业心，终身探索成就事业的。”今天，我们以“冲之”“守敬”“时珍”“光启”赋名本科生书院，就是希望你们像祖冲之、郭守敬、徐光启、李时珍等中国古代著名科学家那样，保持一颗好奇心，志在天地宇宙，勇于探索未知，破解“李约瑟难题”，让中国的科学技术领跑世界。

希望你们在时代中立行，做有担当、有作为的大学生

一代人有一代人的际遇，一代人有一代人的责任。“梁园虽好，非久居之乡。为了国家民族，我们应当回去！”新中国成立之初，华罗庚、钱学森、郭永怀、赵忠尧等一批科学家怀揣赤子之心毅然回国，投身国家建设。从老一辈的科学家到新一代的创新者，科大人用自己的行动践行科教报国的铿锵誓言。比如，吴伟仁带领“嫦娥四号”团队实现人类首次月球背面软着陆，在月球与深空领域作出突出贡献，从此浩瀚星空多了一颗“吴伟仁星”；潘建伟立志“在中国建一个世界一流的量子物理实验室”，带领量子“梦之队”完成量子通信从跟跑到领跑世界前沿；陈云霁、陈天石兄弟致力于“让机器更好地服务人类”，创立全球首家人工智能芯片独角兽公司寒武纪……科大人始终与祖国同行，与时代共进，希望同

学们倾听时代声音，找准人生方向，把爱国之情转化为报国之行，投身强国伟业，绽放青春芳华。

希望你们在人生中立德，做有品质、有修养的大学生

中国科大校史馆中，陈列着曾在我校任教的11位"两弹一星"元勋的光辉事迹，他们身上闪耀着"爱国、创新、求实、奉献、协同、育人"的科学家精神，滋养着一代代科大人。在中校区本科生书院旁边，敬立着郭永怀、李佩伉俪的雕像，他们"永怀初心、以身许国"的情怀，至今感动着我们。中国科大之所以是一所"值得敬重的大学"，正是因为有这样一批闪耀着人格光芒、受人景仰的"大先生"，以自己的言传身教春风化雨、立德树人。"桃李不言，下自成蹊。"希望你们以老一辈科学家为榜样，大力弘扬科学家精神，涵养"先天下之忧而忧"的家国情怀，激扬"敢为天下先"的创造豪情，以"功成不必在我"的精神境界和"功成必定有我"的历史担当，书写无愧于时代的人生华章。

回想1958年9月20日，中国科大的首届开学典礼，聂荣臻元帅作了《把红旗插上科学的高峰》的讲话，郭沫若老校长以诗一般的语言说："我们不仅要攀登科学的高峰，还要不断创造科学的高峰。"今天，我们在专属于科大人的校庆日举办开学典礼，以此感悟创校先贤的信念与追求，读懂一代代科大人的执着与坚守。

瀚海星云万里路，红专并进启新程。愿同学们牢记习近平总书记的嘱托，努力成为"有理想、有追求，有担当、有作为，有品质、有修养"的"六有"大学生，用闪亮的梦想点亮瀚海的星辰，用坚毅的脚步勇攀科学的高峰，不断创造新的科学高峰！

谢谢大家！

创　新　篇

坚持生产劳动　为培养新型的科学研究人才而斗争

纪念校庆一周年[①]

包忠谋[②]

我校担负着培养新型的科学研究人才的任务。建校初期，党委就紧紧地遵循着党的“教育为无产阶级政治服务，教育与生产劳动相结合”的方针。一方面，抓紧对同学们的政治思想教育和自然科学的理论基础教育；另一方面，又以极大的精力，抓紧组织同学们参加生产劳动，以培养和锻炼同学们的无产阶级思想意识，提高同学们的实践能力，并且使之与课堂教学紧密地结合起来。一年来，全校学生共做了153109个劳动日，每人平均劳动101天。仅从这两个简单的数字，就可以显示出，我校正坚定地按照党中央和毛主席所指引的方向进行着教育革命。

一、以英勇的劳动，与工人农民一道，投入伟大的社会主义建设

我校在贯彻党的教育方针时，首先就注意了组织同学们与全国人民

① 原载于1959年9月25日《中大校刊》。

② 包忠谋，时任中国科学技术大学生产劳动处副处长。

一道，投入轰轰烈烈的社会主义建设事业。一年来，全校同学先后参加了密云县红旗人民公社的秋收、石景山人民公社的夏收夏种以及四季青人民公社的抗涝抢种等劳动。一共投入了24611个劳动日，每人平均16天多。在校党委领导之下，全校同学都以极大的热情和干劲，与广大工农群众一起，肩并肩地英勇劳动着。在劳动中，他们锻炼了思想意识，加强了劳动观点，培养了工农感情。从而进一步改变了轻视体力劳动的观点，脏活、重活、积肥、挖粪都抢着干，劳动效率都很高，几乎全部都是按照公社的定额超额完成任务。例如，最近一次参加四季青人民公社抗涝抢种运动，两天之内就完成了社里计划七天完成的活，并且和当地群众建立了阶级感情。我校和石景山人民公社八宝山大队在劳动中已建立了密切的联系，为了共同的社会主义建设事业，不断地相互帮助，相互支援。

二、以巨大的热情建校、建厂，为自己创造学习和劳动的条件

我校同学们生产劳动的另一个重要内容，就是在校党委领导之下，本着勤俭办校的方针，参与建校、建厂的劳动。这样，一方面可以锻炼思想，培养技能；另一方面，通过自己动脑动手，在工人同志们的带领下建校、建厂，可以为自己创造学习和劳动的条件。一年来，同学们参与建校、建厂，在校内工厂进行生产以及校内农副业等劳动，一共付出了128000多个劳动日。我校在中国科学院的领导和许多研究所大力支持之下建立起来的或正在建设的机械、半导体、无线电和化工等厂，都渗透着同学们热情的劳动。运砂石砖木、搬器材设备，以至安装机器设备、建造厂房等方面的粗活，大都是由同学们动手干的。因而，除了由于经验不足，在具体组织领导工作中的缺陷造成的一些浪费之外，我校建厂的费用是比较低廉的，基本贯彻了党所提出来的勤俭办校办厂的方针。这样，通过白手起家的劳动过程，培养同学的勤俭创业的习惯，丰富了知

识。今后我们还要进一步贯彻勤俭节约的方针,通过自己的双手,不断地扩大劳动基地。

三、搞生产、搞科学研究,推动教学工作

整体来说,我校一年来的生产劳动,还属于创造劳动条件,打基础的过程。但同时也或多或少地结合了一些专业,开展了生产和科学研究工作,从而与教学相结合,在一定程度上提高了教学质量。力学和力学工程系的同学们,经过刻苦的试验研究,已经试制成功了一种能为人工降雨、消雹服务的火箭,并已根据中央军委气象局的要求,进行了一小批生产,准备开展较大规模的人工降雨试验。他们在试制火箭的过程中,逐步认识和掌握了相关的力学知识和其他方面的知识,从而大大地推动了教学工作。无线电等系的同学在生产劳动中学习安装收音机或其他电子学仪器,丰富了有关电子学知识。技术物理等系的同学在半导体工厂逐步学了一些制造简单的半导体组件的能力,对将来进入专业学习会有很大帮助。一年来,我校各系同学除结合专业进行劳动和研究之外,还搞出了一些初级的产品,如互感器、收音机、钡铁氧体、酒精、虎钳以及某些教学设备模型等,为国家创造了一定的价值。今后,我们将在已有的基础上,更进一步结合教学,搞生产,搞科学研究,推动教学工作。

四、把教学、生产劳动和科学研究更紧密地结合起来,制定长远的规划

一年来,我校在贯彻党的教育方针,认真组织同学进行生产劳动的工作上,是坚定的、积极的,也是有成绩的。目前,生产劳动教育工作已经作为正式的课程,列入我们的教育计划之中。但是由于我们缺乏经验,我们的劳动基地还比较薄弱,因此在工作中还存在着许多问题和缺点。例如,工作的质量比较差,还存在浪费现象,生产劳动教育中的计划

性和系统性还不够，从而或多或少地影响了劳动教育的效果。这种状况，在当前已经有了初步的扭转。从本学期起，我校大致有了这样一个规划：一、二年级，以学习基础技能为主；三、四年级，主要为结合专业进行劳动；四、五年级，当同学们具备了一定的科学理论基础和一定的技术基础之后，除参加一定的公益劳动外，要大力地进行科学研究活动。根据当前的条件，我校已经把金工、无线电焊接技能作为技术基础课的重要内容，开始在生产劳动教育中贯彻下去，并也在摸索经验，制定劳动教育大纲，编写讲义，结合生产劳动进行讲授，从而更好地提高教学效果。我们相信，只要坚定不移地在校党委的领导之下彻底地贯彻党的教育方针，认真组织好生产劳动教育，那么生产劳动在教学工作中的作用，必将日益显示出来，使我校更好地完成培养新型的科学研究人才的任务。

教学辅导工作中的一些体会[①]

史济怀[②]

我参加了一年的数学辅导工作,从工作中摸索了一些经验,提出来供同志们参考,有些看法很不成熟,也可能是不正确的,请同志们指正。

一、如何引导同学掌握正确的学习方法

在一年工作中,经常遇到这种情况:有些同学学习很努力,学习目的亦很明确,但就是学习效果没有其他同学好。当然基础较差是发生这种情况的原因之一,但更重要的是学习方法的问题。学习方法对头与否对学习效果有直接的影响。这个问题对于刚入大学的一年级学生来说显得特别重要。记得去年一年级同学刚接触到高等数学时,较普遍的问题是:(1) 没有钻研书本的习惯。他们说在中学念数学时,只要上课听懂了,用不着花多少时间复习,就会做题。他们把这种学习方法用到高等数学上来就碰壁了。不少同学不耐心看书,教材内容还没有搞懂,就急于做习题,结果常常是事倍功半。(2) 不知道怎么钻研课本。有一些同学知道要好好读书,但就是念不透,念不深入,懂得极为表面,经不起人家一问。在一次习题课上,我问一位同学:数列的极限 $\lim a_n = \alpha, n\to\infty$ 是

① 原载于1959年11月9日《科大校刊》。

② 史济怀,时任中国科学技术大学数学教研室教员。

怎么定义的？他很快地用($\varepsilon - N$)的语言讲出了极限的定义。我再问：为什么要这样定义？他默然了。有些同学把讲义上的重要定理都用红线勾起来，似乎至少看过不止一次，但当你问他这定理究竟讲些什么时，他就张口结舌，不知所云了。上述两个问题对刚进大学的学生来说是比较普遍的。当然对一部分同学来说，经过一定时期的学习，就会逐步掌握正确的学习方法，而对另一些同学而言，这个转变的过程却较长。我们的责任就在于使这个转变的过程尽可能地缩短。

为了引导同学能深入地思考问题，深刻理解教材内容，我们在习题课上应该多讲一些问题的思考过程。譬如，在讲定积分时，我们可以提出下列问题：为什么要引入定积分的概念？定积分能解决些什么问题？从定义来计算定积分是否能行？我们用什么方法来计算定积分的？牛顿-莱布尼茨公式在微积分学中的地位如何？通过这些问题的讲解，能启发同学们如何去思考问题，如何深入地钻研教材内容。

让同学自己做学习小结，亦是提高同学学习能力的一个有效方法。当然在做小结以前我们应给出若干启示，教同学沿着什么样的线索去思考。通过小结，一方面使同学对整个教材有一个系统地了解，另一方面亦培养了同学如何从很多材料中抽出一条线来把整个教材贯串起来的能力。

二、如何上习题课

我们认为上习题课的目的是：通过习题课帮助同学深刻理解主讲教员讲授的概念和主要内容，并且培养同学用所学的知识去解决问题的能力。这是一个总的原则。在具体做的时候，首先必须有的放矢。在上习题课以前，应该对同学的情况有充分的了解：是否对讲课老师讲的还有不明白的地方？他们希望怎么上课？同时我们亦可把自己准备怎么上课告诉同学，让同学来提意见。能符合同学们要求的习题课，他们是比较欢迎的。记得我们刚在数学系电子计算机专业和工程逻辑专业搞教学试验田时，同学们要求我们对一学期来所讲的内容进行一个系统的总结。当时我们了解到的情况是，他们对数列极限的很多基本概念了解得很肤浅、不深入。针对这种情况，我们决定在大班的辅导课上不做系统的总结，而提出一系列有关数列极限的进一步的问题，在课堂上用提问和讲解结合的方式进行讲解，目的是想使同学对数列极限这最基本的内容有较深刻的了解。课后同学们对这种复习方式普遍表示欢迎，而且在一定程度上亦达到了我们的目的。这个例子说明从实际情况出发来上辅导课和习题课是何等重要。

上好习题课的必要条件是备好课。首先对要辅导的内容很熟悉，了解得比较深刻，这样讲授起来才不致很死板。同时，如何选一些既能结合教材内容，又能联系生活实际，既能培养运算技巧，又能启发同学思考的例题和习题是特别重要的。当然要选出这种面面俱到的例题是有一定困难的，但这应该是我们努力的方向。

在上习题课时，必须抓住同学的注意力，当然这和你讲的内容是否切合同学的实际有关。我们认为，上习题课不能像上大课那样，应该在课堂上提问，提出那些容易让同学发生误解和产生错误的问题。这一方面能暴露同学们的问题所在，对症下药；另一方面亦能引起同学们对这些问题的注意，积极思考。例如，在讲极限的定义时，有些同学把定义已经背得烂熟了，就是理解不了它的意义。这时我们若能提出一些反面的问题、一些容易理解错误的想法来讲解，说明它们为什么是错的，错在什么地方，这样就能使他们的理解深入一步。我们认为，有些问题若从反面或侧面来讲授，比单是从正面讲授能收到更好的效果。

科学技术的研究工作和外文①

钱学森②

搞研究工作一定要从前人的已有成果出发,并且参考现在其他工作者的意见,这样才能掌握文献,才能集思广益。而在科学技术的研究工作中,因为我国现在还是一个科学技术非常落后的国家,所谓前人成果,所谓其他工作者的意见,其中大多数都是外国的,也是用外文写的,所以要掌握文献,就得懂外文,能看外文。

也许有人会说:“学外文不容易,要花费一定的时间,能不能让少数搞专业的人去学,让他们把外文的文献先翻译好,然后我们再看翻译好了的材料?”这自然是办法之一,而且我们现在也正在这样做。但是我们也必须认识到科学技术在今天是门类分得很细的,每一个专业有那一个专业的“行话”,不懂行话的人,就是懂得字的一般意义,也是不能翻译得通达的;而不通达的译文,看起来也还是很难懂得的,也不能起介绍文献的作用。那么谁能懂行话呢?那还得是科学技术研究工作者自己。所以如果要译科学技术文献,还是要研究工作者自己来干。这就说明科学技术研究工作者应该学习外文。

也许还会有人说:“好了,我同意科学技术文献要科学技术专业人员自己去翻译,但能不能让一部分研究人员学好外文,做好翻译工作,其他

① 原载于1959年12月3日《科大校刊》和《俄语教学与研究》(第二期),有改动。

② 钱学森,中国科学院院士,时任中国科学技术大学近代力学系主任。

的人就可以不必学外文,只看译好了的文献呢?”当然,现在科学技术工作者是在翻译自己专业里的外文文献。新中国成立以来,大量的专业书籍的翻译出版,就是这样的,现在的中国科学院还设立了专门的科学情报研究所,主要工作是整理、翻译和出版外文的科学技术文献。将来这一类工作还要加强和扩大。但是这样的科学技术专业人员做的翻译工作也还不能完全满足研究人员的需要,缘故在于科学技术文献浩如烟海,专业翻译能做的,只是一小部分,还有大部分的外文文献,来不及翻译。再说翻译所有外文文献也是不必要的,因为其中有不少是重复的,不少一般的东西,但这不是说专业翻译工作者不翻译的外文文献就没有什么可取的东西了。一篇论文可以是基本上平常的,但是很有可能其中有一小段,或者是其中一句话,却大有意义;能给研究工作者很大的启发。科学技术研究工作中,绝不能忽略这种点滴的东西,忽略了就会大走弯路,吃大亏!可是这样的发现,当然非研究工作者自己不能做,今天科学技术分工那么细,隔行如隔山,他人绝不能代劳。所以在专业外文翻译工作者之外,科学技术工作者自己还是有必要学习外文的,这样才能真正掌握文献。

自然,外文很多,是英文、是德文、是法文、是日文?都学是不可能的。在今天,对科学技术来讲,最主要的外文是俄文,因为苏联是现在世界上科学技术先进的国家,因为苏联是社会主义的国家,因此科学技术的出版工作是有组织、有计划的;苏联的科学技术书籍和期刊质量高、面广,是科学技术文献最重要的部分。不但如此,而且苏联还很重视其他国家的科学技术工作,出版一整套整理了的外国文献资料,如文摘、快报、专业外国文献期刊,所以懂得俄文不仅能好好地向苏联的先进科学技术学习,而且还可以间接得到其他国家的科学技术资料。

我们说今天我国科学技术还很落后,所以做科学技术研究必须学外文,将来在十几年后我国科学技术水平大大地提高,可入世界先进的行列,到那时我们自己写的文献自然会成为世界科学技术文献里一个重要部分。但是就是到那时候，我们自己写的文献也不过是一部分的文献，还是有其他很重要的外文文献。外文文献还得看，不看还是要吃亏的。所以就是我国科学技术不再落后了，搞科学技术研究的人还是需要懂外文的。外文是今天需要，明天也需要，将来还需要的科学技术研究工作中的重要工具。

认真调查研究搞好学分制[①]

龚 昇[②]

校党委常委会决定，下学期开始试行学分制，这当然是件好事。如果搞得好的话，必将进一步调动师生的教学积极性，让学生学得主动、生动活泼。要搞好学分制，关键之一在于坚持唯物论的反映论，做好调查研究，实事求是，一切从实际出发。让学生从学分制中真正得到好处，而不要徒有虚名、实际益处不多。

看看目前中国科大学生的学习情况究竟如何？与试行学分制直接有关的是：学生的负担到底重不重？在11月30日《科大校刊》上，校学生会有位同学写了一篇文章，反映他们的情况。其中有一段说到"要改进教学方法，照本宣科的'填鸭式'教学是令人厌烦的，大量的课外作业和考试，使学生加班加点，负担过重，学生没有学习主动权，没有时间灵活地考虑问题"。事实上，学生的课内周学时大多为22、24学时，甚至更多，也就是说几乎天天上午都上四节课，上完课后做大量课外作业，加班加点也难免发生。这样，哪里有精力与时间来读选修课？学生学习没有主动权，实行学分制的现实意义有多大？因此，要搞好学分制，认真改变学生没有学习主动权的现象，而使之能生动活泼地学习，首先要解决当前学生负担重的问题。这样，就必须做好认真调查研究，学生负担到底重不重？负担重的占多少百分比，不重的占多少百分比？重到怎样的程度？应该怎样安排学习的分量最合适，既有利

① 原载于1980年12月30日《科大校刊》。

② 龚昇，时任中国科学技术大学数学系副主任。

于学习优秀的同学能更快地发展，也有利于其他同学的茁壮成长？要实事求是，听取各种不同类型学生、教师与干部的意见，做到心中有数。

制定学分制的计划要实事求是。学生得到多少学分能毕业，选修应占多少，要从实际出发。计划的制定要有利于调动师生教学的积极性。我认为目前拟定的学分制的计划与现实情况有一定的距离，如要求学生修满500学分才能毕业，我认为要求太高，不切实际。以数学系为例，即使学习优秀的同学，学完了全部基础课、专业课，再把毕业论文加在一起也超不过450学分，毕不了业，还得选六门课才能凑满500学分。这样的计划到底能否调动教学积极性？是减轻学生负担，还是进一步加重学生负担？是让学生学得主动，还是更被动？还有，我想400分左右即可毕业，对毕业论文也可不必要求，优秀的学生可以作出较好的毕业论文，或得到500学分甚至更多的学分毕业，但作为一般要求目前是不切实际的。

目前，学生思想很活跃，这是好现象。学生的思想状态，总的来讲是积极的，向上的，他们中间有很多可贵的想法。因此，应该认真做好调查研究，实事求是，对一些正确的想法与意见应予鼓励和发扬，对一些虽属正确的意见但目前条件不具备、做不到的应予解释，对一些不很正确的想法和意见应予积极引导。学校是个教育单位，教育的内容不仅是数理化，也应包括十分重要的思想教育，而且方法要得当，能收到实效。在教学上也有很多思想工作要做，例如有个别学生不重视基础课程的学习，而在搞别的事。他们不了解，在当代科学技术工作中，没有基础是不可能做任何工作的，而把应该打基础的大学时代耽误了，将会遗憾终身。选课要做到活而不乱，应该有教师参加，做一些必要的指导工作。要根据每人的具体情况，从实际出发，选择一个最优方案，这本身既是业务工作也是思想工作。对于品德教育看来也应抓一抓。这些工作老师要做，政工干部要做，而关键在于党的领导。

对待学分制，不能要求一开始十全十美，只能依靠广大师生，在实际中不断总结经验，逐步完善。但重要的一条是要坚持唯物论的反映论，改进领导作风，不断调查研究，实事求是，从实际出发，使学生真正逐步学得主动、生动活泼！

《大学语文》序①

钱临照②

孩子学习母亲的语言，觉得母亲的语言最美好，最动人。

我们是中国人。我们说祖国的文字最美好，最动人。幼而习，长而诵，其味无穷。

用文字记载的形式是多种多样的：诗、词、歌、赋、小说、散文；以这些篇章，或抒发情感，或描写景物，或记叙史实，或表达见解，是谓文学。我国文学，历史悠久，遗产丰富，其中许多都是珍品。从《诗经》到唐诗、宋词，汇聚古典诗歌的条条巨流；从先秦散文到唐宋八大家之作，架起古代散文的道道彩虹；从《三国演义》到《红楼梦》，形成长篇小说的座座高峰；从《窦娥冤》到《桃花扇》，铺就传统剧目的块块基石。鸿篇巨制，美不胜收，几千年历史画卷，展现眼前。试问世界上哪一种文字能传之如此久远，尚能为今人所诵读、吟咏、赞赏的？中国古代文学是世界文学的瑰宝，足以雄视世界。

理工科大学开设文史课程，让学生读点中国文学，很有意义。古代名篇，尤其精练，学而时习之，即可潜移默化。这不但能调节兴味，陶冶性情，开阔胸襟，启发思路，提高文化素养，探索文化宝藏，更重要的是能了解我们的祖先如何创造我们伟大的文化，激发出爱国家、爱民族之心。

---

① 原载于1983年12月29日《中国科大》。本文是钱临照应约为《大学语文》写的序，曾以《学习母亲的语言》为题在《光明日报》发表。

② 钱临照，中国科学院院士，时任中国科学技术大学副校长。

理工科的学生，在学习科学技术知识的同时，同样有责任要把文学流传下去，和科学技术一起汇集起来，奔流到浩瀚的知识海洋中去，供全人类享用。

两所科技大学共同有此心愿，合作编选了这个册子。在这里就有我们母亲的最优美的语言。让我们大家来学习它，孜孜不倦；研究它，精益求精；爱护它，发扬中华民族的优良传统；赞美它，建设我们新时代的精神文明。

科技英才的摇篮[①]

汤洪高[②]

人生的紧要处常常只有几步，青年人如果能够在这种紧要处选择一个最适合他、最能使他与时代一同前进的方向，无疑会对他的整个人生产生深刻而重要的影响。我相信，每一个对生活抱有严肃态度的青年，特别是即将跨入21世纪的有为青年，都会认真地考虑和作出这种选择。

高中毕业正是这样一个确定人生奋斗目标的紧要关头，如果你们有志于献身人类的科学技术事业，有志于攀登21世纪的科学技术高峰，那么，科技英才的摇篮——中国科学技术大学无疑是你理想的选择。

中国科学技术大学是新中国成立后由中国科学院创办的一所理工科综合性重点大学，它的创办被称为“我国教育史和科学史上的重大事件”。作为我国自然科学的最高学术机构和综合研究中心的中国科学院，贯彻“全院办校、所系结合”的办学方针，使中国科大得到迅速发展，很快跻身于国内高质量人才培养和高水平科学研究的重要基地，成为国内外有良好影响和发展前景的著名高等学府。

中国科大有一支高水平的教师队伍，这里荟萃了一批国际国内著名的专家学者和大批优秀的年轻科技人才，他们基础扎实，进取心强，教学风格严谨，学术思想活跃，富有朝气和活力。此外，中国科学院各分院和研究所的许多著名专家和研究人员被聘为学校的兼职教授，带来了浓厚

① 原载于1994年4月10日《中国科大报》。

② 汤洪高，时任中国科学技术大学校长。

的科技前沿气息。中国科大坚持科学与技术、教学与科研相结合，重视基础课教学，培养学生宽厚扎实的理论基础、较强的实验技能和科研能力，基础教学水平居全国高校前列。学生历年大学英语四、六级考试成绩一直名列全国前茅，在“挑战杯”、数学模型赛等国际国内各类大学生学术科技竞赛中也屡创佳绩，捷报频传。30多年来，中国科大共为国家培养了24000多名能够从事基础研究和教学以及高新技术应用的优秀人才，毕业生具有基础理论扎实、外语和计算机应用水平高、消化吸收国内外先进技术能力强、后劲足等优势，他们大多都成为各自岗位上的骨干力量，不少已成为优秀的学术带头人，有的还走上重要领导岗位，受到社会的普遍欢迎和好评。

作为社会主义的新型大学，中国科大始终贯彻郭沫若老校长倡导的“勤奋学习，理实交融，红专并进”的优良校风，以培养又红又专的社会主义事业接班人和建设者为总目标，坚持把德育放在首位，重视学生的思想政治工作、注意培养学生优秀的道德品质和良好的生活习惯，源源不断地向社会输送一代又一代有理想、有道德、有文化、有纪律的社会主义“四有”新人。

人才培养是全方位系统工程，除了富有特色的高水平教学、强大的科研背景优势和红专并进的办学方针外，中国科大还拥有大批教学、科研所需的现代化先进仪器设备和丰富的图书信息资料，拥有以许多世界著名科学家为桥梁的高层次学术交流频繁的优势和特色，有丰富多彩、健康活泼的校园文化生活，有设施齐全、功能配套的学习和生活环境。总之，中国科大会以其第一流的教学水平、雄厚的科研实力和全方位优越的育人环境，给你的人生理想插上腾飞的翅膀，使你在科学技术的王国中尽情翱翔，从而打开通向进步、自由和美的门扉，帮你步入成功的殿堂。

21世纪的国际竞争实质上是经济和综合实力的竞争，归根结底是科学技术和人才的竞争，邓小平同志高瞻远瞩，提出了“科学技术是第一生产力”的英明论断，科技的发展正呈现出前所未有的广阔前景。可以预言,科学技术将是响彻21世纪的主旋律。作为科技英才的摇篮,我们中国科学技术大学既感到欣慰与自豪,也深知任重而道远,我们热情欢迎、也真诚相信会有更多的优秀青年,汇聚到科学技术的大旗之下,在我们这所国内一流、国际著名的高等学府里得到精心的培育,能够茁壮地成长,向着21世纪的世界科技高峰奋勇攀登!

关于加强大学人文教育的几点思考①

汪克强②

高校人文素质教育的任务和内容

“人文”是一个见仁见智的概念，是具有丰厚思想内容的观念集合体。根据我国当代社会发展的要求和大学生的特点，高校人文素质教育的主要任务应该是：进行生动形象的中国历史和民族优秀文化传统教育，进行社会主义的人生观、价值观和道德观教育，开展丰富多彩的文学、艺术和劳动教育。这三项任务对于当代大学生人文素质的提高，都具有不可或缺的重要意义。其具体内容既要包括从中国古代和近现代文化传统中挖掘出来的精神财富，如爱国主义、正道直行、见利思义、仁民爱物、贵和尚中、修己安人、刚健有为等；又应包括西方文化中的一些进步思想，如人本思想、平等观念、民主法制、契约精神、效益观念等；更应当根据新中国成立以后，特别是改革开放以来的实践，把已经产生并有强大生命力的我国新人文精神，加以提炼和升华，作为大学人文教育的主要内容，如面向世界、改革开放、务实创新、竞争协同、忧患意识、进取精神、义利并重等。在这三个方面的基础上，构建新时期高校人文素

① 原载于1995年11月20日《中国科大报》。

② 汪克强，时为中国科学技术大学校长办公室工作人员。

质教育的基本体系。

高校人文素质教育的实施途径

一要把人文学科教学内容与课程体系的建设和改革，纳入高等教育面向21世纪改革与发展的整体框架，予以加强和保证。目前，西方高等教育在这方面的课程改革方兴未艾，如设立综合课程、核心课程和基础课程等；一些著名大学都规定理、工、商等非文科学生每年必须完成一定数量的人文和社会科学课程，计入学分，在很大程度上促进了人文教育对专业教育的全方位渗透。这种改革方向值得我们借鉴。

二要大力加强校园文化建设，按照人文素质教育的要求，精心设计和构建校园文化系统，建设丰富多彩、朝气蓬勃、健康向上，并有一定深度和高度的校园文化，这对大学生文化素质的养成与提高，有着潜移默化却不可忽视的作用。

三是要把人文素质教育作为培养学生基本素质必不可少的重要组成部分，渗透到高等教育的各个方面，贯穿于整个教育过程的始终，在组织和实施各种专业教育时，都要注意结合人文教育的内容。特别是在理工科院校和专业中，要坚决扭转轻视人文教育、认为人文教育可有可无的状态。

人文教育与科技教育的紧密结合和相互促进

西方当代大学人文教育一个重要特点，是人文素质教育与科学技术教育的紧密结合。在西方教育学家们看来，人文教育与科技教育应被视为当代教育共同目标的两个方面，如同李政道教授所说的“一个硬币的两面”，脱离人文教育的科技教育和没有科技教育的人文教育，都是不完全的。在我国，长期存在的文、理分家的专业和课程设置，使高等教育中的人文教育和科技教育基本处于分离状态；新中国成立后的几次院校调整又进一步加强了这种分离，很多学校往往只是以政治理论课代替人文课程。这是大学生人文素质下降的一个重要原因。针对这种情况，近年来，部分高校采取了一些措施，如设立人文、社会科学部，甚至成立这方面的系科专业，以加强人文学科在高校教育中地位。但实际上，人文教育仍然游离于科技教育之外，因为一所大学，即使有了理、工、文、管等专业，并不等于就实现了文理之间的学科交叉和课程的融合。所以，促进人文素质教育与科学技术教育的结合和渗透，仍然是我国高等教育改革与发展的一项紧迫任务。

高校人文素质教育的管理体制

人文素质教育是一项复杂的系统工程，要完成其特定的任务，绝不是几门课程、几项活动和几个部门就能够做到的，必须建立健全相应的管理体制和工作体系，整体规划，统一领导，有关方面齐抓共管，师生员工全面参与。各级教育行政部门应设立高校人文素质教育的专门管理机构，宣传、贯彻有关方针、政策，指导、监督和考核各类高校的人文教育工作。各类学校都要把人文素质教育作为学校教育工作的一个重要方面抓紧抓好，成立专门的领导、协调和研究机构，健全完善的实施体系，加强人文素质教育的规划和组织领导，使人文教育真正渗透、落实到学校的各项具体教育活动中去。

当前，我国高校的人文素质教育正处于一个十分重要的转折时期，我们当从西方大学人文教育的复归现象中，获得有益的启示，吸取成功的经验，创建具有中国特色的人文教育新体系，迎接欣欣向荣的高校人文素质教育春天的到来。

年轻人怎样做才能取得成功①

朱清时②

青年人怎样才能取得成功呢？这是大家非常关心的事。今天我就把自己对这个问题的一些看法和所了解的情况给大家介绍一下。

其实，自人类诞生以来，“一个人如何才能取得成功”一直是人类致力研究的非常重大又非常复杂的课题。如果说自然科学有十大重要课题的话，那么社会科学最重大最核心的问题非他莫属了。所有人都希望取得成功，但如何才能成功呢？这个问题在较短时间内是难以讲清的。但我认为讲讲自己的看法和认识，对同学们在中国科大的学习以及今后的工作会有所帮助。我认为自己在学术方面离成功还有一段距离，我们这代人错过了十年学习和科研的黄金时期，所以学术上取得的成功只能算是小成功。但从另一方面讲，像我这样的人，经历小学、中学、“文化大革命”，而后到青海当工人，做采购员，以致后来进入研究所做实习研究员，一步步走到今天，对“如何在事业上取得成功”这一问题，比那些一帆风顺的人理解得可能更深刻，亲身体验更丰富些。改革开放以后，从1979年开始，我有幸到美国加州大学、麻省理工学院，英国剑桥大学、牛津大学，法国巴黎大学、帝式大学和格林罗布尔大学，芬兰赫尔辛基大学工作过，认识的学者不少，所以对这个问题又多了一分了解。把其中的经验归纳出来，告诉大家是我的责任。另外，正如鲁迅先生在一篇文章

① 原载于2001年1月5日《中国科大报》。

② 朱清时，中国科学院院士，时任中国科学技术大学校长。

中所讲述的，一个人是不可能通过读“如何写小说”而成为小说家那样，这个课题不可能被说得非常具体，一个人事业的成功不可能被归结于简单的几个要点。明白“一个人如何才能取得成功”要靠悟性，靠对其中许多语言难以表达的道理的领悟。下面，我就谈谈一个人为了成功应该去做些什么和应该怎么做。

这方面内容许多书籍都有所描述，我认为我国已故哲学家冯友兰先生的描述内涵最为准确、生动、丰富。冯友兰先生是我国20世纪最著名的哲学家，他曾说过：“在人生成功的过程中，需要具备三种因素：第一是天才，第二是努力，第三是命。”他所述的“天才”我认为更贴切的说法应是才能，因为才能有先天和后天之分，才能是一个人成功的第一因素；第二是努力，也就是勤奋；第三是冯友兰所讲的“命”，是一个人所遭遇的社会大环境，社会大环境的变化及限定条件是一个人所无法改变的。第一、二两点大家听得多了，我不再多讲。第三点用现在的话可称为“机遇”，今天我就着重讲一下。

人到了五六十岁后，无论是科学家、哲学家，还是普通人，在自己阅历中都会有很多不可解释的事情。在我们中学和大学中一些成绩不算太好、各方面都不是很突出的同学现在在事业上取得了很大成功，但有一些当初公认的出类拔萃的同学却业绩平平。分析每个人的经历，我们往往感叹说，某某运气不好。我想当同学们到了我这个年龄时肯定会有同样的感受。在座的同学在中学都是公认的佼佼者，但大家的成绩只是在学业知识方面比其他同学掌握得更好，但是其他方面的很多素质还未曾经历过考验，而且因为大家把主要精力投入到学习上来了，其他方面素质便没有机会得到锻炼和发展。所以，经过二三十年，也许在座同学中的一部分会不如那些没考上大学的人，这个差别就是因为成功的因素很多，其中特别是每个人的机遇不同和抓住机遇的能力不同。我举个例子：有一个在广州、深圳、香港做企业的人，现在已经很有资产了，并在企业经营中体现了极强的组织和思维判别能力。当时他只考上了中国科大在徽州师专设的一个大专班，他一直都很羡慕中国科大的学生，但他比许多中国科大本科生还成功。另一个例子是我曾经带过的一个研究生,他非常聪明,成绩很好,考研时得了第一,后来留美时学习也很好,大家都认为他前途无量,能成为一个非常成功的科学家,但最终他仅成为一家公司的职员。相反,我的另外一个研究生成绩不如前者,在国内读完学位,出国读了博士后,现在国外很有成就。前些日子在香港的一次会议上,加州理工学院有个曾毕业于台湾大学、与李远哲是同学的陈长谦教授在一次晚饭上,讲了自己的经历。他大学毕业后到哈佛化学系读研究生,当时分子光谱学很看好,他就选了这个领域。以后的研究学习都很成功,但无缘诺贝尔奖。然而因当兵服役比他晚三年来哈佛大学的李远哲正遇上分子束实验,他在导师的指导下成功了,获得诺贝尔化学奖。他慨叹自己总是在"错误的时间,出现在错误的地点,干错误的事情"。总之,一个人的成功在很大程度上取决于机遇。

有一次,我在国外与一位老教授谈命运、谈机遇。他给我举了一个例子:每年总有一些鱼从海洋洄游到江河上游产卵。一只大鱼产的卵可以孵化成上百万只小鱼,它们顺流而下,回归大海。刚到海口,大部分小鱼就会被守候在那里的成群的大鱼吃掉,剩下的继续不断地为生存奋斗。但一年后还存活并再回到江河上游去产卵的可能只有一两只。

什么原因使这一两只鱼能逃过那么多劫难而存活下来?一是它们总侥幸"在正确的时候,出现在正确的地方",从未成为大鱼捕食的对象;二是每当遇到大鱼捕食时,它们总能逃脱。前者是不能预见、无法控制的机遇;后者与小鱼的素质有关,体力更强壮、感觉更敏锐、反应更灵活,即"基因"更优良的小鱼,更容易存活。但是,如果这种小鱼遇到一条大鱼追捕,它们一般都难逃厄运。能逃脱者,也是三分靠素质,七分靠运气。因此,百万分之一的小鱼能幸运地存活下来的主要原因是机遇。然而,机遇对所有小鱼都是均等的,因此从长远和大尺度来看,"基因"更优良的鱼更容易存活,即"物竞天择"。小鱼能存活,主要原因是侥幸。基因再好,如果出现在错误时间、地点,也难跑掉。这种机遇并不是超自然的安排,这种安排是随机的。随机是自然规律,任何人不必要问为什么。

就像掷骰子的，哪个面出来都是随机的。量子力学的几率分布也是随机的，对量子力学的几率分布，在20世纪曾长时间争论过有没有什么在操纵它，现在已证明了没有，是完全随机的。

人的命运与鱼相似而又不同。相似的是它们都既取决于机遇，也取决于自身因素，不同的是人类自身因素起的作用大大增加。人类文化的原动力和聚焦点就是力求理解影响命运的因素和寻找改变命运的方法。文化的一大部分就是自然科学或科学技术，这大家容易理解，因为科学技术是我们研究自然规律的智慧结晶，有了这些智慧以后，人与自然界的斗争就变得越来越能掌握自己的命运。

另外，人除了与自然界做斗争外，要改变命运获得成功，还要很多人文科学的智慧。人文科学的核心是一个人应该怎么在社会中做事，怎样地培养自己才能增加取得成功的机遇，减小失败的可能。比如说，我国古代哲学家孔子、老子、庄子等，都是在公元前600至公元前200年间出现的，他们的哲学思想一直影响了中国三千年的文化。那个时代(公元前600至公元前400年)是人类历史发展比较奇特的阶段，全世界的文明几乎都是在这个时代，同时在当时彼此隔绝的地方诞生。印度的释迦牟尼与孔子的时代就差不多，都在公元前500年左右。希腊的泰勒斯和柏拉图等哲学家也都在公元前600至公元前400年间诞生，这段时间在人类文化史上叫"轴心时代"，这是一个现在还没完全理解的谜，为什么这个时代诞生了这么多的科学家、哲学家，人们至今还受他们的影响?

现在讲讲我们中国的孔、老、庄、孟。我举些例子，主要是让大家了解一下中国的文化。老子提出了一种理论，叫做"无为而治"，那么我就把老子这句话给大家解释一下，这段话的原文我就不念了。一个懂得"道"的人，要治理一个社会，首先要学会净化大家的心思，就是使大家温饱得到保证，但不要引起想去争名求利的念头，或去占有本来不必要的财产。这种做法，用老子的话说，就叫作用无为的态度去处理事务。其实老子的哲学思想是很精深的。现在我们都知道，西方社会的物质欲望很强，所以造成了很多人争名夺利、争夺财产，用老子的话说，这就违背了“无为而治”的道理，老子的哲学内涵就是“无为而治”。老子的理论，除了刚才那段话之外，还有很多，最核心的一点，就是把普通人认为柔弱的东西看作强大的，这个跟一般的看法相反，他的处世态度跟处世哲学和生活态度是要柔弱、不争，但又并不认为柔弱与不争是懦弱或消极，老子的哲学是把柔弱、不争作为以退为进，以柔为刚，以弱为强。这是通过观察了大量的人间的事物总结出来的，就是柔弱可以达到刚强达不到的效果，用他的话说是“柔弱胜刚强”。

大家都知道，无论是在中国还是世界都一致认为庄子是我们中国文化中精彩的部分之一，我也举个庄子的例子。《庄子》的第一篇《逍遥游》中讲了一个故事：大鹏鸟每年要飞到南极去，它首先要凭借水势，把三千里的水都激起来，这样它才能升空，升空以后又得在空中一圈一圈地盘旋，把大气卷成龙卷风，这样才能把自己托起来，托起到九万里的高空才能起程飞到南方去。因此大鹏要飞到南极，非常困难，它要下很多功夫。那么大鹏是否就很快乐逍遥呢？庄子说，不一定。麻雀看到大鹏很吃力，嘲笑这些大鹏说，你看这些大鹏多可怜，他们为了飞起来，要把三千里的水搅动，又要把空气搅成龙卷风，不像我想飞就飞，多自在！庄子的结论是，高层次的生存方式，低层次的东西永远是不会懂的。就是说，麻雀永远不会理解大鹏鸟的生活方式，大鹏的志向很高，为了实现它，要付出极大的努力。我给大家讲这个例子主要是想说，现在有些青年眼光短浅，毫无志向，贪图眼前小利，还嘲笑志向高远的人。这些人不可能有什么大的作为。

中国几千年来积累的传统文化有很多优秀的道理，其中核心的一点是在人世间如何才能够争取到好的机遇，而避免不利的事发生，也就是说，人跟鱼和动物最根本的区别在于人有文化，动物没有文化，它们成功与否绝大部分依靠机遇和运气，人类在有了文化之后，就知道该怎么去制造机遇和抓住机遇，怎样避免危险。所以人确实有办法改变自己的命运。办法就是继承和学习人类几千年文化的积累，学会处于最佳位置去迎接机遇，学会抓住机遇并充分发挥自己的才能。

到中国科大来这些年，我发现我们中国科大学生有优势，就是学习成绩比较好。但一旦走到社会上，包括到国外去，他素质上的缺陷马上就暴露出来了，大大地限制了成功的机遇。就是说，如果不改变这些缺陷，要成功就很难，有的机遇就会与你擦肩而过，而且有的人能创造的机遇你也不能创造出来。

第一，我要说的是，在学生时代要学会诚实守信，以后到工作岗位时要诚实，要守信用，这样在社会上成功的机会就会增多。微软中国研究院前任院长李开复回国前写了一封公开信，也送给我了。他在信中说的第一点就是：事业要成功，需要恪守一些原则，而这些原则是他所遇到的中国学生最缺乏的，第一个原则是要坚守诚信、正直。他当院长时，曾经面试过很多求职的学生。有一次他面试一个年轻的求职人员，这个人在技术管理方面很出色，看起来他得到这个职务的机会很大。但是在谈话中这个人悄悄向李开复表示，如果录用了他，他可以把他公司的一项发明带过来。他看到李开复的眼色不对，又补充了一句说这些成果是他下班后做的，跟公司没关系，老板不知道。但是，这一番话使得李开复马上明白了，无论这个人的能力有多强，都不能录用他，也不敢录用他。原因是他缺乏处世的最基本准则，即诚实可信，任何公司雇佣到这种人，都会担心说不定哪一天当他把公司的技术秘密掌握足够多时，又会到另外一个公司去，说同样的话，把自己在本公司做的东西献到别的公司去。所以一个人对公司来说，首先是诚实守信，第二才是才能。有才能，而不守信，对公司造成的危害比能力差的人更大。

第二，就是要善于与人相处，善于与人交流。这点也是中国科大学生在校期间比较欠缺的一种教育，这要分三个方面：

(1) 要学会互相学习。大家知道，现代社会已经开始全球化了，自然科学发展非常之快，社会也发展得非常快，你要掌握很多知识，掌握很多信息，就要很多人帮助，这样你才可能得到很多机会，才可能抓住这些机会。善于向人学习是至关重要的，我总是爱在很多场合下举英国作家萧伯纳说的一句名言：“两个人在一起交换苹果与两个人在一起交换思想完全不一样。两个人交换了苹果,每个人手上还是只有一个苹果;但是两个人在一起交换了思想,每个人就同时有两个人的思想。”他这话说得很有道理:你要善于与人相处,与人谈话。交换思想,你就能学到很多思想。只有这样的人,才能集众家之所长,做到普通人做不到的事情。这个道理很简单,在机会出现的时候,他才可能比别人做得好,抓住机遇,取得成功。要做到这样,首先要善于与人相处,善于与人交朋友,然后才说得上交换思想。如果不善于与人相处,自己有点思想就想保密,不愿让人知道,只是希望跟别人竞争,把别人的好东西学过来,自己的东西却秘而不宣,别人都学不去,这样的人,别人一看就烦,不会有愿意和你好好交换思想的人,你可能在几次或短时间内,从别人那里学到一些东西,但从长远的角度讲,你不可能受到大家喜欢。

(2) 善于与人相处中非常重要的一点,就是要尊重老师、尊重同学。现在的年轻人往往心高气傲,特别是高考考得很好,进了中国科大,就觉得自己很能干。年轻人,有这种感觉是很自然的,但是这种感觉是由于阅历少。阅历多了,五六十岁的人回头一看,知道成功率很大的一个因素是机遇,到这个时候就再也不会心高气傲了,他就会好好与人相处,好好做人,这样他就比较容易得到机遇,而不太容易失去机遇。不明白这个道理的人才心高气傲,总觉得自己很了不起,实际上,这样的人很可悲,特别是不尊重老师是最可悲的。

为什么呢? 老师当然不可能十全十美,但是因为他们阅历比你们多,他知道的比你们多,而且人类社会的发展是一代人站在另一代人的肩上往上走,如果你不尊重老师,哪怕他只教过你一天课,你就不太容易站在他的肩上,因为这个老师也不太愿意让你站在他的肩上,对吧? 这个道理很简单,所以学会尊重老师对于取得成功至关重要,这个不仅包含你们要向老师学习一些知识,而且包含你们最终要站在老师的肩上向上走。

(3) 要乐于助人。乐于助人使得你在社会上受到欢迎,大家都对你有好的印象,你无论在生活、工作中,或在今后任何事业上,都比较容易得到大家的理解和支持。我们现在的学生,越来越多是独生子女,在家里都被父母作为宝贝"贡"起来。在中学时期,可能因为成绩好,又被老师捧在手上,因而造成了他们的一大缺陷:往往在进入大学或社会后会表现出一种毛病,就是不太善于与人相处,不太关心别人,也可能从心里对老师不太尊重,当然就更谈不上相互学习了。

第三,中国科大的学生都是学理工科的,知识面往往比较窄,因为从小学开始教育就很定向,为了升重点初中,为了升重点高中,为了升大学,所有目标都明确了。明确目标带来的好处就是你们在学这些知识时学得很深,缺点就是很多其他的背景知识就学得很少,比如理工科学生文科的知识就比较少。理工科学生为什么需要那么多文科知识呢?这个问题我自己体会很深,一个理工科的特别是从事科学研究的人,要取得成功非常重要的是他的表达能力和理解能力,特别是文字表达能力和口头表达能力。现在,我看到很多学生的论文写不清楚,即使他有很多好的思想、好的成果也表达不清楚。表达不出来,自然别人就不太容易理解。如果你做的事情表达不出来,别人不能理解和接受,那么你的努力也就白费了。我觉得,同代的人中,在业务上,从天分到能力我还不是最出色的。我知道在大学时和在从事研究工作时,有些人比我更出色。但是,为什么他们没有取得我后来取得的这些成绩呢?主要原因在于,中学时我就喜欢诗词散文,所以表达能力比较强。我每次做完一个重要工作之后,在学术报告会上,往往能够把它表达得比较清楚,一下子把听众给抓住了,大家都理解这件事的重要性,也看到了我们工作的意义,所以很容易就被大家承认。1974年初,我刚从工厂调到研究所工作,就开始从事激光分离同位素工作,那是中国科学院几个重大项目之一,是用激光分离原子弹、氢弹所需的同位素。那时全国还处在"文化大革命"期间,很多研究所还在搞运动,只有青海盐湖所地处偏远,还能进行研究工作。所以,我调到青海盐湖所就是因为这个项目。去了半年以后,中国科学院要开一次激光分离同位素的报告会,盐湖所的人要写一篇综述,在会上讲激光分离同位素究竟是怎么回事。我刚调去,本来是没有资格做这个事的，前面还有好多资历比我深的科研人员。但好多人都试了一下，试过之后大家看了都不满意，然后让我试，一试大家都觉得很满意，文句很通顺，而且把事情说得很清楚。所以，1975年(我从工厂到研究所还不到一年)我在大会上作了这个报告。这是我从事科研工作以来第一次作科研报告，后来，直至现在，我每次作学术报告，都精心准备，都设身处地为听众着想，寻找一种最佳表达方式，让更多的人能一下子理解我想表达的特殊问题，理解它的重要性和意义，包括现在的绿色化学，其实我过去从来没做过这个，但我知道它的重要性，就在很多场合下讲这个，国内一些专家长期做这个工作，只不过没有把它表达清楚，别人不太理解它，而我把它表达清楚了，别人一下子就理解了。总之，我对这点是深有体会的，就是理工科学生，当然不仅仅是理工科学生，应该说所有的年轻人，若要在事业上取得成功，都要具备一个能力，就是表达能力。书面表达能力就是写文章，口头表达能力就是写报告跟与人聊天、谈话。这个对于你成功至关重要，不要小看了它。

那么表达能力怎么来呢？表达能力就要靠平时的积累，一种就是经常和你的同学讨论问题、谈话。去年，我在复旦大学参加求是奖的颁奖典礼，和杨振宁先生在一起，他是求是奖的顾问，我是求是科技基金会请去颁化学奖的嘉宾。我们在一起两天，经常一起吃饭，杨振宁先生一天中午说道："爱因斯坦为什么在二十几岁发明相对论？他当时根本不在科研机构或大学，在瑞士的伯尔尼专利局。"原来爱因斯坦有几个好朋友，在爱因斯坦回忆录中经常讲的，叫作"奥林匹亚科学院"，每周几天他们在一起探讨科学问题，讨论很激烈。争论问题中，爱因斯坦磨炼了思维，锻炼出了他的表达能力。杨振宁先生说，他自己有亲身体会，他觉得一生中最重要的一年，不是后面在美国做研究，而是在西南联大做学生的时候，跟黄昆(北京大学的一个老教授)住同一间房子，那个房子是农民的茅草房，很小，两个人住一间。他们两个，黄昆是研究生，他是本科生，都在学习量子力学，量子力学是很玄妙的。两个人一见面就争论量子力学中的问题，两个人相互"顶牛"，互不相让，争了一年，他觉得在争论中学会了表达。因为和黄昆争,就要把自己的观点、自己的思维,用简洁、扼要、清晰的语言一下子说出来,这是一种非常重要的能力,他说出来黄昆才会理解。第二他也要学会一下抓住黄昆说的问题的关键,才好反驳,这个争论磨炼了他们两个的表达能力。除了表达能力之外,还有一点,就是两个人都找到了从事科学研究的感觉,所以他们两个都成了量子力学的大师,黄昆是玻恩的博士后,和玻恩合著了一本书,现在还是量子物理的经典著作,当然,杨振宁后来得了诺贝尔奖。所以,表达能力的重要性希望大家正视,是你事业取得成功的重要因素。

另外,现代人因为追求东西太多,高中要考大学,考完大学考研究生,研究生读完了又要找好工作或出国,总是匆匆忙忙地,就忽略了人类几千年演变过来的很多历史知识,这也是知识面窄的另一方面。举例说,我国有大的博物馆,但去看的人很少,大概只有上海博物馆和故宫博物院去的人多一点,其他地方的博物馆很少有人去。比如安徽省博物馆,在座的有几个去过?我告诉大家,上次杨振宁先生来校做报告,第二天我拿一张可以参观的地点的单子请他挑选,他就选中了安徽省博物馆,我陪他和求是基金会的查济民先生等一行,在博物馆参观的时间远远超过了预定的时间,他们还不愿走。当然,不光是看外面的展品,还看了仓库中的珍品,他们拿在手上看,看得都不想走了。如果没有历史知识,大家对人类积累的文化的了解只是一个平面、一个投影,不完善,只有了解众多历史以后,你对人类积累的知识才是立体的,才是四维的,还有一维就是时间轴。在现代投影和平面上,由于急功近利和浮躁,使得许多历史上积累的重要人类智慧都被抛弃或没受重视。那么刚才讲的《庄子》《老子》,还有《孙子兵法》,里面有很多的智慧结晶。大家如果不了解这些,人类在几千年里积累的文化全貌,你们就不知道,就会重犯古人早就警告过的错误,成为你们事业成功的障碍。那么,为了这一点,希望我们中国科大学生将来事业成功,除了学好理工科课程之外,要尽量使我们的知识面广阔一点,尽可能多地掌握人类几千年积累的文化。

第四,要取得成功,必须重视独立生活能力。现在的同学在家里娇生惯养，到了学校之后，如果你连独立生活的能力都没有的话，很难想象将来能够抓住机会取得成功。

最后我再讲一点，就是因为改革开放以后，西方文化和生活方式越来越被大家所了解。西方文化有它的优点，科学技术上发展快，经济发展上效率高，但是它也有缺点，有些缺点也被我们好多同学不加选择地接受过来了。比如西方文化最突出的缺点就是急功近利、短期行为，这些缺点正好跟中国的传统文化，如刚才我说的老子、庄子的这些思想是相反的，老子、庄子最反感的就是短期行为、自私、急功近利，现在西方尤其是在美国，这种现象非常普遍。大家都知道，现在在美国做任何一件事情，都马上要想到它究竟能够得到什么好处。在美国，大家都津津乐道，哪怕是用自己父母的钱也要算账，所以在美国的好多小孩从小就开始打工，自己挣自己的钱，这样他的自理能力就强，但是这种文化跟东方文化重视家庭关系、重视教育是不一样的。我们现在对西方文化既要吸收它好的成分，同时又要看到它有好多缺点，不要不加选择地去接受它。希望大家在学习理工科知识之外，能够抽一些时间重视学习一下中国的传统文化，总而言之，就是使得大家能够全面发展，而不光是在理工科。自然科学、科学技术一方面非常突出，而其他地方都存在若干缺陷，这种人的能力和人格是不完整的。好比一幢楼，不管主梁多结实，只要有一处不合格，就会倒。这后果就是使得你在今后工作中错失很多成功的机遇，或者是即使机遇来了你也抓不住，而且会给你带来更多失败的可能，甚至这个失败还会是惨重的。

今天我就给同学们讲这些。谢谢。

我创新　故我在[1]

朱清时[2]

中国科学技术大学从成立发展到现在，已经45年了。中国科大的传统和精神可以用一句话来概括："我创新，故我在。"中国科大依靠创新诞生、发展、壮大。如果不创新，在国内高校特别是重点高校中就没有立足之地，也没有中国科大的今天和明天。中国科大45年的办学历史，是一部不断创新的历史，创新贯穿了中国科大三次创业的全过程。

第一次创业为创建初期，主要是按照创新模式建校。中国科大是1958年建校的，当时国内已经有许多著名高校，如果按已有的模式办学，肯定只能跟在别人后面赶。所以，中国科大建校时采用了一系列全新的模式：一是系科设置着重围绕国家的空白薄弱学科和新兴科技领域，许多系科是围绕"两弹一星"设置的。二是学校在系科专业设置上实行理工结合（即科学与技术相结合）。当时国内高校盛行分成理科学校和工科学校，中国科大的理工结合可谓一个创举。三是"全院办校，所系结合"。中国科大三、四年级的学生上完基础课就到中国科学院的各个研究所，一边上专业课，一边做科研。研究所浓厚的科研创新气氛，为中国科大学生培养科研创新能力打下了坚实的基础。四是一流的科学家为低年级学生上基础课。1963年，我在中国科大上学时，给我们讲高等数学的是华罗庚先生，讲普通物理的是严济慈先生。这给学生提供了很好

① 原载于2003年9月15日《中国科大报》。

② 朱清时，中国科学院院士，时任中国科学技术大学校长。

的机会,一下子可以进入到世界科技的前沿。

正是因为这些创新举措,使得中国科大在建校一年后就成为中国的重点高校,很快成为中学生追求的目标。中国科大的第一次创业完全是创新,如果跟着别人后面赶,不要说一两年,几十年也不一定赶得上。就是因为这些创新举措,使中国科大在20世纪80年代重新辉煌起来。

1970年,中国科大从北京搬到安徽合肥,原有的设备损失严重,人员流失过半。20世纪70年代后期,随着我国教育形势的好转,已渗透到中国科大人骨子里的创新意识得到巨大释放,中国科大进入一个恢复发展和重新崛起的新时期,开始进行第二次创业。在20世纪70年代末至80年代初,中国科大在教育、科研等方面,提出并实施了一系列富有前瞻意识和创新精神的改革举措:一是率先面向世界开放办学,选拔200多名青年教师和部分优秀学生赴欧美进修和攻读博士学位,聘请一批国际著名科学家为名誉博士、名誉教授和客座教授。二是1978年,中国科大首创少年班,采用一种完全创新的模式培养,即入学以后不分专业,先上两年数理化和英语的强化基础课,然后自己选专业。这种培养模式延续至今,取得了令人瞩目的成就,受到越来越多青少年的青睐。三是1978年,中国科大创办了中国第一个研究生院。在1983年国内首批授予的18名博士中,有7人是中国科大培养的。四是建成我国高校中唯一的大科学工程——国家同步辐射实验室。正是由于一系列创新举措的实施,使得学校得到迅速恢复和快速发展,成为我国高层次人才培养和高水平科学研究的重要基地。在中美联合招考赴美攻读物理学博士学位计划(CUSPEA)中,中国科大共考取237人,占全国录取总数的25.8%,居全国高校之首。

20世纪90年代中期以来,学校积极适应国内外教育、科技和社会经济发展的新形势,以实施国家"211工程"为契机,踏上了第三次创业的征程,开始了新一轮的改革创新。一是明确了学校在21世纪初的整体定位和建设目标:到2018年建校60周年前后,建成质量优异、特色鲜明、规模适度、结构合理的一流研究型大学。二是瞄准国际科技发展前沿中的关键和重大问题，整合学校的基础研究力量。在纳米科技的基础研究、量子信息科学、纳米材料化学制备的新技术、新方法的研究等方面，开辟了一些新领域，取得了一批创新成果，迅速达到国际先进水平。三是围绕国家重大战略需求，整合和凝聚工程科学和技术领域的研究力量，统一组织协调全校的科研工作，取得明显成效，得到有关部门和领导的肯定与重视。四是支持一批新兴、交叉和特色学科的发展。在生命科学研究、火灾科学与防治技术、极地科学考察与研究等方面，开辟了一些新的研究领域，取得了一批有特色的成果。五是建设若干面向全校开放的教学科研公共实验平台，为原始创新萌芽的生长提供肥沃土壤，整体研究水平有了明显提升。

45年来，中国科大始终坚持“我创新，故我在”的理念和“围绕国家目标不断开拓创新”的宗旨，自强不息，艰苦创业，创新立校，科教报国，创造性地把理科与工科即前沿科学与高新技术结合起来，坚持教学与科研相结合、理论与实践相结合，形成了“勤奋学习、红专并进、理实交融”的优良校风。这些中国科大自创建以来一以贯之、绵延至今的优良传统和作风，直至今天仍然是学校创新活力的重要源泉，也是推动学校事业不断向前发展的巨大动力。

比梦更美好[①]

李尚志[②]

“春来秋去，岁月流逝，当年风华正茂的莘莘学子，如今都已硕果累累。他们中间，有辛勤耕耘、桃李满天下的教育家，也有国际知名的数理统计学家；有大维数据分析的领先学者，也有国际数学奥林匹克竞赛的金牌教头；有我国多年SCI论文收录数和被引用数的个人冠军……为让读者品味他们的理想、追求、道德、情操，分享他们谱写的一曲曲动人乐章，从本期开始，本报将连载李尚志教授的文章以飨读者。”

一、好梦成真

1982年6月17日清晨，一阵紧急的敲门声把我从睡梦中惊醒。有人在喊：“博士，快起来听广播！”我在前一天刚刚挤硬座车来到北京，住在一间实验室里，手边没有收音机。匆匆起来打开门，才知道中央人民广播电台已经广播了我们6个人获得博士学位的消息。这是新闻媒介首次宣布我国已经培养出了自己的博士，在全国各地都引起了强烈的反响。后来我知道，在我的家乡四川内江，以及我工作了8年的四川万源，这一消息都引起了轰动。而我本人却在睡梦中漏听了这条新闻。

① 原载于2003年10月30日、11月15日、11月30日、12月15日《中国科大报》。

② 李尚志，中国科学技术大学1965级校友，我国自主培养的首批18名博士之一。

当然，这条新闻的内容我早已知道。我在5月15日就已通过了博士论文答辩，中国科大学位委员会在5月25日批准授予我博士学位，我从那时起就应当算是博士了。但是，国家对首批博士特别强调质量，特别慎重，我们这几名博士还要经过中国科学院以至国务院学位委员会的仔细审查。因此，我心里还是七上八下的。毕竟，在我以前的人生道路上有过太多的美梦破灭的体验。这次会不会又是一场梦，已经戴上的博士桂冠会不会突然飞掉呢？

我大学毕业后在大巴山区当教员或农村工作队员的时候，曾经做过许多的美梦。那还是“四人帮”横行的时期；新中国成立以来的教育战线都被说成“修正主义黑线”，教师全都成了“资产阶级知识分子”。那时心里很苦闷，盼望着改变这种状况。日有所思，夜有所梦，常常梦见自己又回到了大学学习，梦见国家又重视教育和科技了。但酣梦醒来，发现自己仍然躺在深山小屋之中，窗外黑黝黝的巨大的山影将满天的繁星遮去了大半，桌上仍摆着批判“修正主义教育路线”的学习材料。美好的梦境在心中留下的是深深的惆怅。到后来，每当这样的梦境出现的时候，我就凭经验知道这又是在做梦了，希望自己不要马上醒来。但那时从来没有做过博士梦，没有梦见过自己当上博士。中国没有学位制度，我怎么可能无端地梦见当博士呢？

“四人帮”垮台的消息给我带来了强烈的兴奋和希望。这不再是梦了！那时我还在农村工作队里。那一段时间常常与周围一伙“知青”通宵达旦地议论，津津有味地反复咀嚼着从各种渠道得来的大道消息和小道消息，凭自己的感情和理智判断着这些消息的真伪。好消息来了，总希望它是真的，又老是担心它是假的，是一场梦。好消息确实在一个个出现，一次次被证实。但我们的心情太急迫了，老是嫌它来得太慢，来得太少。

虽说是好事多磨，但好事毕竟一个一个实现了。教育战线不再是“修正主义黑线”。教师也不再是“资产阶级”。大学开始招收研究生，我考回母校当了研究生。全国人大通过了在中国实行学位制度，中国人第一次有可能在自己国土上成为博士。但我仍然没有做博士梦。我是1965年进大学的,只读了一年书就遇上了"文化大革命"。1978年好不容易有了重新学习的机会,回到母校仿佛有隔世之感,一心想的是怎样把失去的时间补回来。至于最后能得到什么结果,才没工夫去想它呢。1980年,写出了自己的第一篇论文,有的专家认为已经达到了博士水平。研究生同学们羡慕我已有了毕业论文可以交差,可以松一口气了。但我盼了这么多年盼来的重新学习的机会,难道只是为了交差吗?中国的博士学位怎么授予,领导层还在讨论、研究,我们当研究生的没有资格去参与。但我认定自己有一件事情可做:将自己的论文做得好些,再好些;多些,再多些;获得博士学位的可能性就一定会大些,更大些。我仍然无缘做博士梦,但在梦中常常在做数学题,常常在梦中"攻克"了论文中的难关。醒来一回忆,梦中想出来的解题高招大多是荒唐的,不免有些失望。但也真有几次发现梦中的思路还颇有启发性,沿着这思路走下去果真攻克了难关。就这样,趁着领导层在讨论研究授予博士学位的具体办法,许多研究生在焦急地等待上层研究的结果的时候,我抓紧时间拼命做论文,要抢在学位授予工作具体实施之前多作出几篇论文来,将自己获得博士学位的保险系数加大,再加大,不要在美梦即将成真时功败垂成。到我终于被批准举行博士学位论文答辩时,已经写出了6篇论文,被答辩委员会的专家评论一致认为作出了系统、完整、富有创造性的工作。

中央人民广播电台发出的电波向全世界宣告了中国博士的诞生,我有幸名列其中,这不再是梦了。全国各大报纸也做了报道,刊登了专访,这不是梦。大约一年之后,1983年5月27日,在人民大会堂隆重举行了博士、硕士学位授予大会。我作为中国自己培养的首批18名博士的一员,站在人民大会堂的主席台上,从严济慈校长手中接过博士学位证书,这不是梦。手捧着紫红色封面的博士证书站在那里,面对全会场人们的祝贺,置身于音乐声和掌声之中,虽然明知这是千真万确的事实,但无论如何也驱散不了这是在做梦的感觉。这太美好了,比以前做过的所有的美梦更美好,会不会又是一场梦呢?

二、不是神童

当了博士，许多人以为我一定出身于书香门第，父母亲至少是知识分子。我到英国作访问教授时，一位英国朋友也问：“你的父母是教师吧？”但他们都猜错了。我并不是出身于书香门第，父母的文化程度都很低。父亲是个会计，虽然算盘打得很熟练，但只有高小文化程度，x、y之类的一概不懂。母亲是家庭妇女，初小文化程度。

但父母亲对教育子女非常重视，也很严格。我还没有上学，父亲就开始教我识字、写字、算算术。父亲每月的工资只有40元，刚够供一家人吃饭穿衣，没有多少剩余。为了节约开支，就让我用他以前的废旧账本练习写毛笔字。又找了一块木板，用黑漆漆成黑板，让我用来写字和做算术题。这样，到我六岁时就能认能写好几百字，算术也会做加减乘除了。为了教育我有好的品德，在我五岁时，父亲下了一个狠心，花钱买了一本《卓娅和舒拉的故事》，每天晚上给我讲解一段。卓娅和舒拉是苏联在卫国战争时期出现的英雄，那时许多家长都以他们的事迹来教育孩子。到我六岁上学之后，父亲还没有把这本书给我讲完。他认为我已经有能力自己读完这本书了，就没有再讲下去。

我六岁时，去报考内江市的一所重点小学一年级，谁知道却没有被录取。虽然我已经会认字、写字、算算术，但考官不考这些，而是问了一大堆问题，诸如：家在哪里住，家里有些什么人，你最喜欢谁……我小时候很怯生，不敢说话，大约给考官留下的印象不好，因而没有被录取。过了半年，我到一所民办小学考插班生。这次是考认字和算算术，正是我的拿手好戏，老师很赞赏，马上就录取了我。我果然不辜负他的信任，在班上成绩名列前茅。到小学三年级转到一所公办小学读书。小学毕业被保送进了中学。从小学到中学，成绩始终保持全年级第一名。

既然我连小学都没有考取，当然就不是神童。如果我生长在现在，进不了重点小学，以后就很难考上重点中学；考不上重点中学，今后要考上大学那就难了，更别说当博士。我觉得现在这种制度对小孩太残酷了，一次失足就定了终身，被打入另册，差距越拉越大；很难再有翻身的机会，这埋没了许多有潜力的小孩。幸好我读书时不是这样，虽然进了民办小学，学习成绩照样可以超过重点小学的学生，照样有机会脱颖而出。当然，那时也有另外的弊病，特别在“以阶级斗争为纲”的调子越唱越高的时候，所谓“家庭出身不好”的学生被打入另册，学习成绩好也被作为“白专道路”加以批判，埋没的人才就更多了。

三、书缘难解

我从小就喜欢读书，家里却没钱买书。到处找书看，自己却几乎不拥有一本书。除了在上学以前父亲花钱买过一本《卓娅和舒拉的故事》外，一直到我进大学，没有再让家里花钱买过任何一本书。

那时的小孩，最早看的书是“娃娃书”，也就是连环画。小孩看书的主要地方是租书店，一分钱租一本看一次。我当时觉得租书这种方式很不合理：我花了钱，书看完了还是还给你，书也没有损坏，我的钱就没了，你不是白赚了钱吗？所以，我往往在租书店将连环画的封面看来看去，还是舍不得掏出钱来租一本自己喜欢的书看。终于有一次，实在不能抵抗连环画封面的诱惑，咬咬牙掏了一分钱租了一本《空军英雄张积慧》。张积慧是抗美援朝中志愿军的空军英雄，打落了四架美国飞机。不过，仔细想来，之所以崇拜空军英雄，内心深处其实还包含了对航空奥妙的向往。孙悟空腾云驾雾虽然很神奇，但毕竟那是假的，总使我感到有些失望。但空军英雄腾云驾雾却是真的，因此特别受到我的崇拜。飞机怎么能够在天上飞翔而不掉下来呢？飞行员背着降落伞从天上掉下来为什么不会摔死呢？这些问题都曾在我的脑海里转来转去，百思不得其解。

上了学，读了书。看书也从看“娃娃书”升级为看“字书”了。家里没钱买书，就到新华书店去看。开始因为年龄小、身材矮，进新华书店要被赶出来，很是委屈。后来书店的人看我进书店并不是去调皮捣蛋，而是真的津津有味地看书，也就不赶了。看起书来往往忘了时间。特别是星期天，钻进书店一看就是半天，过了吃饭时间也不知道回家。家里人也知道我在书店，叫弟弟来找。全市只有两三家书店，弟弟很快就能把我找着。

有一次，我从别人手中借来一本儒勒·凡尔纳的科学幻想小说《神秘岛》，一看就入了迷。书中说的是五个美国人乘气球掉到南半球一个无人小岛，凭借自己的科学知识，充分利用岛上的自然条件在岛上生存下来，还对岛上的生存环境进行了大规模改造。他们在没有任何仪器的情况下测定岛的经纬度，利用太阳光取火，还制造出硝化甘油炸药来改变了岛上的地形。看了这些，不禁为知识的伟大力量所震撼，自己也异想天开想搞发明创造。看到书店墙上挂的钟可以永远走个不停(不知道它还需要上发条)，就想自己发明永动机。我还真设计出一个方案，想用一根弯管把下面水槽里的水引上去，转弯后向下流动，冲着一个水轮永远转动。之后，我找来一根橡胶管，用脸盆盛了水做实验，水就是流不出来。终于有一次水流出来了，高兴得不得了，却发现这次是出水管比盆里的水面低。我明白这不可能用来造永动机了，但还是为自己的新发现而兴奋不已。直到有一次看到一本科学画报，才知道这叫虹吸现象，人家早就发现很多年了。

看小说毕竟不能在书店看，因此非常渴望能到图书馆借书回家看。市图书馆是令我神往的地方，但不让小学生进去；每次想进去都要被守门的人拒之门外；也有几次趁守门人不注意偷偷溜进去，在阅览室猛过一阵看书的瘾。那时非常希望自己赶快长大，进中学，办借书证。进了中学，领了学生证，当天下午放学后就一口气跑到市图书馆，昂首挺胸就往门里冲。谁知还是被守门人拦住了。这也难怪，我那时身高才1.32米，哪像个中学生呢？直到我骄傲地拿出中学学生证，守门人才笑一笑让我进去了。

有了借书证，我如同一个饥饿的流浪汉闯进了一个堆满佳肴的餐厅，贪婪地吃起来。古今中外，天文地理，数理化，什么都看。书店仍然经常光顾，但从来不买书，只是看，连数学书也在书店看。当然不可能拿起纸笔在书店一边看一边演算，我就在书店看这本书所讲的是什么问题，主要思路是什么，具体细节就只是大致浏览一遍，回到家里再自己拿起笔来推理或演算，遇到困难再到书店去查书上是怎样解决的。由于无钱买书而迫使我不得不采取的这种“穷办法”，这很好地训练了我的自学能力和独立解决问题的能力，至今受益匪浅。到国外访问的时候，我曾经对一个外国教授谈起过我当年这种读书方法，他马上转过头去对他的研究生说：“瞧，这就是训练科研能力的好办法！”

从书店、从图书馆、从别人手中读了很多书，直到高中一年级总算自己拥有了一套数学丛书。但这不是自己花钱买的，而是参加学校数学竞赛夺取冠军后获得的奖品，是一套由华罗庚、吴文俊等数学家为在北京市开展数学竞赛写的小册子。1965年我考上中国科学技术大学，满载着家乡父老乡亲的希望奔赴北京上学的时候，行李中仅有的书就是这几本小册子。

四、巴山情结

我的家乡内江是丘陵地带，我从小到大一直到考上大学，从来没有离开内江城。因此，当第一次坐火车奔向北京，穿行在秦岭山脉的崇山峻岭中的时候，不禁为大自然的壮美所陶醉。当时是踌躇满志，以为只要在大学里仍然保持名列前茅，受到华罗庚这样的权威专家的赞赏，就可以跻身于科学家的行列。可做梦也不可能想到，自己已经注定了要在和秦岭同样高峻、同样壮美的大巴山区经受长达8年的磨炼，付出宝贵的青春年华。

在中国科大，班上当然是高手如云。看到别人带着一整套大学教材，厚厚的好几十本。而我却只有那几本得奖来的薄薄的小册子，实在感到寒酸。但是，我读书的穷办法还是显示出了优势，我在大学一年级果然如愿以偿地保持了在班上名列前茅。

但是,"文化大革命"开始了！我们不再读书,只有无休止地大批判、大斗争、大规模武斗。我内心深处希望这场内耗早日过去。但5年时间里,"文化大革命"花样翻新,没有止境,我们的大学生涯却结束了。我被分配到四川达县一个公社小学当教员。

如果你难以想象大巴山的高峻险要,只要告诉你:这里经常有野猪出没,并且还有狗熊,这就够了。这个公社当时不通公共汽车。开学时,学校派一位老师进城领教材,顺便把我接去。我与这位老师一人背着几十斤重的书,翻过一座大山,走30里山路,来到学校。

在这举目无亲的大山里,心情自然是不好的,更难受的是当了教师。既然说教师是"资产阶级知识分子",为什么还要让我去壮大资产阶级的队伍呢？所以,当县文教局的人称我为"李老师"的时候,我感到的是心里一阵刺痛。但是,当我遇到第一位学生称我"李老师"的时候,心里竟完全是另外一种滋味。那时我还没有开始任课,在路上遇见一个学生,他主动走上前来,以期待的目光注视着我,鼓起勇气说:"李老师,你什么时候给我们上课？同学们都盼望你来上课呢?"他是真诚地希望从我这里学到知识,这在那个读书无用的年代是多么的宝贵！我顿时觉得"老师"这个称呼是多么的亲切,多么的神圣。我不忍心辜负这样天真无邪的孩子的纯洁的愿望。在以后的8年中,不管是在公社小学,还是在县师范学校,不管我遇到多么不顺心的事,心情有多么苦闷,只要往讲台上一站,就会像着了魔似的,立即宠辱皆忘,全身心投入讲课,直讲得眉飞色舞,滔滔不绝。除了教学生之外,我还与渴望学习的青年一起学外语,为教师和干部设计和绘制了算图。我交了许多朋友,在那黑白颠倒的年代里,在那高山深谷中,他们的友情对我来说显得格外可贵。

但是,一离开讲台,回到自己的那间小屋,怎样驱散心头的苦闷和彷徨呢？白居易有诗云:"人各有一癖,我癖在章句。万缘皆已消,此病独未去。"我也是这样,永远戒不掉读书这个癖好,只有读书才能给我带来欢乐。我开始重新拣起在"文化大革命"中被冷落一旁的大学课本,继续学习被耽误了的大学课程。以前,由于家庭经济困难,基本上没有自己买书。进了大学,觉得要看的书都可以到图书馆借,不用买书。到了深山里,才发现没有买书是很大的失策。这才开始亡羊补牢,利用每次回内江探亲路过重庆的机会到书店买书。在当农村工作队员那两年,下乡就住在农民家里,连油灯都没有,用松树枝点火照明。我还是在松枝火光下读完了《数论基础》。而书中的习题,有好多是在开批判会或在劳动时想出来的。

在大巴山中待了8年,从23岁到31岁,最美好的青春年华都留在那里了。而从1978年考上研究生离开那里,到现在已经17年了。这17年比那8年长得多。这17年经历了许多辉煌的场面,见惯了中国和外国的繁华都市。但是,这些繁华、辉煌的场面很少进入我的梦境,而梦境中频繁出现的仍然是山,还是那崇山峻岭、崎岖险道、深山里的小屋、深山里的人物。巴山中的那8年刻下了太深的烙印,不会随着时光的流逝而淡漠。巴山的8年是艰苦的,但巴山的回忆、巴山的梦境并不只是苦涩,更多的还是自豪,它再造了我的人格、我的意志、我的人生观。每当我在人生的道路上遇到难题的时候,总可以从这8年的经历中找到力量和智慧来克服它。这8年对我来说是一笔花不完的财富,是一本读不完的书。按现在流行的说法,这可以称为我的巴山情结吧!

真知在兴趣中形成
能力在感悟中提高

中国科大是如何培养创造性人才的[①]

李陈续[②]

一

世界一流大学招收研究生时，对传统的高质量生源高校，会给予加分。中国科学技术大学就是国内屈指可数的享受加分待遇的几所学校之一，原因是中国科大学生体现出的创造力。

“两院”院士当属无可争议的最具创新能力的人群，新中国创办的中国科大迄今已培养出39名院士。与同时期毕业的中国科大本科生人数相比，比例高达1000:1。

中国科大是如何培养创造性人才的呢？

“兴趣是学生学习的原动力，对自然现象的好奇心是科学研究的驱动力。”每到新生入学，中国科大校长朱清时院士都会在开学演讲中反复强调兴趣对学习的重要，都会引用爱因斯坦回忆在苏黎世工业大学学习

---

① 原载于2006年8月25日的《中国科大报》、2006年6月4日、6月7日《光明日报》。

② 李陈续，时任《光明日报》安徽记者站站长。

生活时的一段话:“对于像我这样爱好沉思的人来说,大学教育并不总是有益的。无论多好的食物强迫吃下去,总有一天会把胃口和肚子搞坏的。纯真的好奇心的火花会渐渐地熄灭。”鼓励学生珍惜自己对科学的好奇心和兴趣,激发创造力。针对只重视传授知识、忽略培养创新知识能力的传统教育弊病,中国科大从尊重和保护学生的学习兴趣入手,逐步构建和完善“以学生为中心”的人才培养机制。

在中国科大,尊重学生兴趣是从学生入校之前开始的。每年高考招生,中国科大都会派出一个个由一线教师组成的招生团队分赴全国各地,他们的一个主要工作就是帮助那些报考中国科大的考生选择专业志愿,电子邮件、电话沟通、当面交流……用招生老师的话说,再麻烦也要让学生了解自己的选择,做到“我选择,我喜欢”。学生进校后,面对的是学校在全国高校中率先施行的“个性化学习”方案。中国科大不仅允许学生在进校一年后,可以在全校范围内重新选择专业,2~3年内在学院或学科范围内灵活调整专业;而且,对于学有余力的学生,还允许提前修读部分课程或跨学科选修课程,可以实行“本科—硕士”一体化的学习计划;对于跨学科转专业或因特殊原因不能按期完成学业的学生,经过一定的审批手续可将学习年限延长至6年。

为了保障学生按照兴趣学习不走弯路,中国科大用“厚基础、重能力、求创新”的理念,将课程设计成全校性基础课、学科群基础课、专业课、文化素质课等四大模块。进入中国科大的一年级学生,不管是学理科、工科,还是管理,甚至是文科,无一例外地都要学习“微积分”“线性代数”“普通物理”“大学物理实验”“综合英语”“计算机文化基础”“C语言程序设计”等课程,课程内容与要求不带专业色彩,旨在构建一个全校基本一致的基础知识平台。

在一定意义上,培养兴趣比尊重兴趣对激发学生创造力更为重要。中国科大一直坚持提倡一流学者上讲台,鼓励教学方法创新。开设“地球科学导论”课的极地科学家孙立广教授,结合他在南极考察的亲身经历,出版了《南极考察一百天》,书中配有大量图片和诗歌,畅谈自己对人生的感悟和对科技创新的体会，在课堂上将人文精神和创新精神的培养贯穿于专业教学始终，让学生们津津乐道。中国科大还率先开设“探究式”研讨课程，使课堂“活”起来，让同学们“动”起来。研讨班上，全部教学时间的1/3用于讲课，1/3用于查阅资料，1/3用于讨论。学生围绕某一个课题自主调研，走上讲台与老师和同学交流自己的观点。此举为大学生提供了与科研一线老师平等交流的机会，并充分发挥了学生在学习中的主体地位。

“做自己感兴趣的事，才能全身心地投入。”中国科大的学生历来以刻苦学习而著称，在校园顺口溜中有着“科大学生（学习）不要命”的说法。这样的学习干劲应该是来自浓厚的兴趣，而在浓厚的兴趣和忘我的干劲中形成创新知识的真知，也就水到渠成。

二

中外科学界成功的经验证明，科学研究的创造力，往往是由人们面对复杂情况能否迅速地抓住问题关键并找到出路的能力决定的，这种能力就是直觉和洞察力。培养和训练科学研究的直觉和洞察力只有靠感悟：在实验验证的动手过程中去“感觉”，在浓厚的学术氛围中去“领悟”。

“1860”，对于中国科大师生和那些钟情于中国科大的考生、家长来说，几乎人人可以脱口而出这个数字的含义——那是多年稳定不变的中国科大本科招生名额。在高校大规模扩招的形势下，中国科大的这个数字被戏称为“恒数”。之所以如此，原因很简单：按照建设一流研究型大学的定位，学校培养的目标是创造性人才；培养创造性就必须保证学生一走进校门，就能够享有实验验证的机会。

为保证学生得到尽可能多的动手机会，中国科大以学校拥有的同步辐射和微尺度物质科学两个国家实验室为中心，投入上亿元专项教学建设经费，建成了物质科学、地学与空间科学、工程科学、信息科学、生命科学、金融与管理科学等大型教学实验中心以及“大学生实践与创新基地”“计算机与多媒体教学中心”等开放式实践场所。同时，理学院、信息学院、工程学院的一些实验中心相继建成了仿真实验室，学生可以利用实验平台，独立思考，独立操作，进行各种实验和创新活动。林琳是中国科大生命科学学院2003级本科生，她大二时就在进行“蛋白质稳定性及变复性研究”，这种研究的主要设备Biacore3000，一台价值几十万美金，在其他学校研究生也未必有机会使用，而林琳则只需要一个例行的申请。林琳说：“在世界最好的设备上，亲手实验操作，这就是我梦寐以求的科学研究。”

在中国科大，大学生不仅拥有实验验证的优越物质条件，还拥有完备的指导体系。学生有了奇思妙想需要实践验证，不仅可以到相关的实验平台去，还可以到大学生创新实践基地，到航模设计与制作、移动机器人、天文与观测、无线电运动和网络与软件等科技创新活动小组，寻求老师的指导，而且参加这些活动，还可以获得学校特别设置的“创新学分”。如果需要更深入的研究，还可以申请科技创新基金资助、申请进入大学生研究计划。目前，中国科大每年实施的大学生研究计划项目近700项，每届本科生中有45%的同学参加了该项计划项目，每年参加大学生研究计划的学生平均发表论文的比例约为15%。

“最近又有谁要来？”“下周有什么报告？”是中国科大校园里的“问候语”。中国科大从倡导科学的人文思想，推动以创新精神为核心的人文素质教育入手，围绕“科学与人文”主题，不仅开设了科技系列和人文艺术系列等一批优秀课程，还邀请名家、大师走进校园，将科学理念、人文精神引进校园，将最新的信息带进校园。几乎每周都有国内外的一流专家、著名学者走进中国科大。诺贝尔经济学奖得主马科维茨讲《投资组合理论》，国际著名数学家丘成桐教授讲《几何：魅力与应用》，中国科学院可持续发展战略首席科学家、第二世界科学院院士牛文元教授讲《科学发展观催生新国民核算体系——绿色GDP》……还有吴文俊院士、杨叔子院士、秦大河院士，等等。著名物理学家杨振宁教授原籍合肥，来中国科大的次数比较多，每次来访，杨先生印象最深的是，无论在教室，还是在宾馆饭店，学生总有问不完的问题。

“培养学生创新能力的最好办法，是让学生在实践中和浓厚的创新气氛中自‘悟’出来。”朱清时院士的这番话，应该是很好的经验总结。

少年班的建立和思考[①]

李政道[②]

1978年3月，中国科学技术大学在国内率先建立了少年班。其间，对于少年班总是众说纷纭，毁誉不一，褒贬参半。究竟少年班应该不应该建立，建立后的效果是好是坏，现在应该怎样对待少年班等，的确都是应该探讨的问题，我也愿意对这些问题发表一点看法。可是，为什么我要来探讨这些问题呢？其中原委，大家可能还不太了解。其实原因很简单，因为中国在大学里建立少年班这件事，在很大程度上和我1974年的一项培养人才的建议有直接的关系。

1974年5月，我和夫人惠君第二次回国访问，我们深刻地看到"文化大革命"给祖国带来了全面的危机，而其中最大的危机是人才培养几乎完全停止了。那时，除去芭蕾舞和乒乓球的极少数领域外，人才的培养几乎完全中断。我们觉得这种状况必须立即改正，否则后果不堪设想。

在上海，我们参观了复旦大学和芭蕾舞学校，到北京之后，我就写了一份关于培养基础科学人才的建议书，通过周恩来总理上报毛主席。我的建议，主要是针对培养基础科研人才的。我建议，在中国要培养一支"少而精的基础科学工作队伍"。鉴于当时的政治情势，我的建议不得不先从基础科学人才的培养入手，又不得不从少年人才入手。为了使我的建议能够较容易地被接受，我提出是否可以参考招收和培训芭蕾舞演员

① 原载于2006年12月5日《中国科大报》。

② 李政道，诺贝尔物理学奖获得者，著名华裔物理学家。

的办法，从全国选拔很少数、十三四岁左右的、有培养条件的少年，到大学去培训。可以看出，我的建议的实际目的是要打破不重视培养基础科学人才以及其他各类人才的状况，使全国各类人才的培养步入正轨。

国家领导把我的建议交给中国科学技术大学去实施。从1974年5月我提出建议，到1978年3月中国科学技术大学少年班建立，花费了四年时间。1978年3月，中国科学技术大学成立了第一个"少年大学生集中培养基地"，也就是所谓的"少年班"。少年班的成立，是一种教学改革的实验，是作为一种新事物来对待的。在当时人才培养几乎断档的形势下，它的出现无疑会对正规的高等教育的恢复和发展产生很强的推动作用。

中国科学技术大学少年班首期招生21人，平均年龄14岁，最小年龄11岁。1985年，中国科大在总结少年班成功经验的基础上，针对高考成绩优异的学生，又开办了"教学改革试点班"(简称试点班或零零班)。28年来，少年班、零零班共招收学生1993人，毕业1556人；其中少年班招收1134人，毕业942人；零零班招收859人，毕业614人。这些数字显示，少年班和零零班优势互补，相得益彰，成为一个和谐的整体，为国家培养了大批优秀人才。据统计，80%以上的学生考取了国内外的研究生，其中1/3的人获得了博士学位，有许多人成为高科技领域的拔尖人才，成为各种奖项的得主，是国家建设的重要人才。实践说明，少年班和零零班的举办是成功的，它给中国高等教育增加了一个亮点。现在，除中国科大外，已经有许多大学也在创办少年班。作为高等教育的一条路子，少年班的存在和发展是值得庆贺的，对此我感到十分欣慰。

但是，应该看到，少年班的建立是国家在一个特殊的历史时期，为改变当时严重忽视人才教育状况而采取的一种办法。这也是我当年建议的初衷。实践证明，少年班在当时的确起到了推动国家人才培养的历史作用。当然，在现在教育制度已经恢复健康的时代，我们不能把少年班说成高等教育的最好或必须的途径，更不应该把"少年"和天才宣传强调到不恰当的地步，去贬低一般的大学生，贬低正规的高等教育。不可否认，自少年班举办以来，曾经发生过一些问题，甚或现在还存在着某些问题，可是那不是少年班的主流，不应该因噎废食。

一点一滴饱含爱生情怀[①]

中国科大创新大学生思想政治教育纪实(上)

柴　葳[②]

学校里最早配备取暖设备的不是院士楼,不是办公楼,而是学生宿舍;学校行政楼建于20世纪80年代,办公条件简陋,管理人员两三个人挤在一间办公室的比比皆是,而学生的住宿条件却不断改善,每间宿舍都带卫生间和阳台,每栋宿舍楼还配备了微波炉和个性化床铺。

多年来,中国科学技术大学朴素的爱生情怀一直传承,以生为本的传统和理念,也渗透到学校思想政治教育工作的一点一滴。

课外生活纳入思政工作范畴

"中国科大生源质量好,不少学生入学前都是当地的尖子生,到了大学,难免有部分学生因为竞争压力大、自控能力弱而耽误学业。"中国科大党委副书记鹿明说,学校曾出现过因网瘾退学的极端个案。在抓好思政课主渠道的同时,如何调动一切资源,将学生的课外生活纳入思政工作范畴,成为中国科大党委面临的一个课题。

从1999年起,中国科大开发的"学生信息管理系统",将学生累计欠

① 原载于2007年8月15日《中国科大报》、2007年6月15日《中国教育报》。

② 柴葳,《中国教育报》记者。

修12学分划定为学业警示线，对达到学业警示线的学生下达预警通知，由所在院系启动"学习援助计划"。学校的一项调查显示，2003年9月至2007年3月，56％的退学本科生因网瘾影响学业，27％考试不及格的本科生网络成瘾。

一场与网络游戏争夺学生的"争夺工程"战役自此打响。"上课要坐在前几排的位置""早上要7点之前起床""每节课后一定要想出一个问题问老师"……班主任王晓平制订的"个人学习计划表"已成为小刘最深刻的记忆。"对计划实施情况每半个月用表格汇报一次，每月书面汇报一次，是雷打不动的规矩，我还和王老师签订了保证书！"如今的小刘以优异的成绩考取了研究生，等待他的是充满阳光的未来。

课堂上出勤率很高，课堂下网络游戏为伴，精密机械与精密仪器系2003级本科班的"非典型"表现一度让班主任钟小强犯了难。2005年上半年，组织了一次关于网瘾的学生党团员辩论会后，近20名学生党员拿自己宿舍"开刀"，点对点，人盯人，只用不到一学期时间就扭转了这种风气。"我们班还被评上了2006年度'全国先进班集体标兵'！"钟小强欣慰地说。

不让一个学生失落掉队

"我第一次把他找到办公室时，进门、出门连老师都不肯叫，第三次来才叫了一声'老师'！"第一次给本科生做导师的化学物理系执行主任陈旸就碰到了小赵这块"硬骨头"。

四年前，怀揣法律梦的小赵进入中国科大化学物理系时，整个人被失落与茫然占据。渐渐地，他成了同学中间的"怪人"，热衷于参加各种辩论比赛，热衷于看一切与专业无关的书籍，从大一上学期开始就有考试科目挂科，这使他"一举成名"。但他又不同于一般"差生"，他从不打电脑游戏，从不闯祸，只是默默地过着放任自流的生活，直到遇到导师陈旸。

2004年,化学与材料科学学院率先在全院范围内选聘具有较强敬业精神和丰富教学经验的教师担任本科生导师,并按学生学习成绩的高低分布,将学生统筹安排到不同导师的名下。每位导师指导不同年级的10名左右学生,通过单独约见、电话联系以及电子邮件等方式与学生保持联系,进行个性化教育指导。

一天,小赵的妈妈从老家打来电话,说是陈老师来过电话。“我一想就没什么好话。”让小赵没想到的是,陈老师说他有潜力,没有坏习惯,只要转变思想,就有希望。“不管你以后有何打算,最重要做好眼前事,以后的选择才会有更多的余地。”小赵说陈老师的这句话对他影响特别大,虽然他还是想通过考研转学法律,但现在大四的他对化学专业不再排斥,也充满了信心和勇气。

“87岁高龄的中国科学院院士、有机化学家刘有成,现在也在做本科生的导师,和本科生进行面对面的倾心交流,这本身就是一笔难得的财富。”在鹿明看来,由“一对多”到“一对一”,本科生导师制在一定程度上弥补了传统思政课在因材施教方面的局限,真正让学生思想政治教育无死角。如今,以化学与材料科学学院为开端,本科生导师制的做法已逐渐在中国科大全面铺开,也收获着一个个感人的故事。

尊重学生,了解学生的心

“每个学生对贫困的感受和态度是不一样的,学校应该在尊重他们选择的基础上,给予及时的资助。”学工部副部长尹红每天与学生打交道,也最了解学生的心。“现在有了‘隐形援助’的助学方式,收到E-mail通知的学生,就可以持一卡通到无人值守打卡机获得当月160元的补助。”

尹红所说的“隐形援助”的助学方式,是中国科大2004年实施的“生活预警与援助体系”中的一项创新性助学方式。“由各院系、班级提供最多不超过学生总人数40%的贫困学生名单,建立可随时更新的‘贫困生数据库’,在数据库中的学生都有资格接受‘隐形援助’。”无需学生提出申请，一卡通中心通过校园一卡通对学生校内就餐情况进行统计分析，每月食堂就餐次数60次以上，每餐平均费用在2元至2.8元之间的家庭经济困难学生，都可获得动态援助。通过这种“隐形援助”的形式，中国科大三年间为3600多人次贫困学生发放补助款近64万元。

一种“隐形援助”方式，一种照顾贫困生“体面”的工作流程，既有效覆盖了学生中的隐形贫困生，又兼顾了受助学生的心理感受，让中国科大的学生资助体系显得人情味十足又富有成效，其背后是中国科大传承至今朴素的爱生情怀。10年前，中国科大向社会承诺：“不让一个学生因为家庭生活贫困而辍学。”10年后，完善的助学体系实现了当初的承诺，学校近3年累计发放的奖助学金就达4418.24万元。

人文氛围相对欠缺、学业竞争压力较大、贫困生比例偏高的特点，使中国科大的学生思想政治工作机遇与挑战并存。“把握时代特征，创新教育方式，贴近学生实际，服务成长需求”，就是中国科大党委给出的答案。

从思政课教学思路和模式的创新，到整合学校教学、行政的各种资源，共同构建学生思想政治教育的多维网络，中国科大凭借着为学生成长负责的信念，逐渐克服了僵化、生硬、缺乏实效的说教与灌输方式，全面把握学生思想实际，将学生思政工作“重心前移”，对导致学生产生思想问题的根源进行有效化解，在大学生思想政治教育工作中走出了一条新路。

在自我教育中放飞梦想

中国科大创新大学生思想政治教育纪实(下)[①]

柴　葳[②]

“我们应该感谢那些接受我们帮助的人,因为他们的感激之情,让我们的精神境界在志愿服务中获得了前所未有的提升!”19岁的吴硕是中国科大地空学院地球物理专业2005级本科生,作为该校历史最悠久的学生社团——芳草社青年志愿者协会的会长,她与芳草社一起成长,一起在自我教育中放飞青春的梦想与激情。

“最有效的教育是学生的自我教育,让学生在实际参与中获得自我教育和提升,可以使思想政治教育真正入脑入心。”中国科大党委副书记鹿明如是说。

朋辈心理教育　是助人也是自助

记者在中国科大心理教育中心见到化学物理系2003级本科生杨泓仪时,她已经卸下心理教育中心微笑心理学会会长的“头衔”,准备赴美深造。

作为学校心理教育中心的志愿者,几年间,杨泓仪在“双线四级”的

① 原载于2007年8月15日《中国科大报》、2007年6月16日《中国教育报》。

② 柴葳,《中国教育报》记者。

心理教育网络里耕耘着，也收获着。

“双线四级”是中国科大心理教育中心工作团队特有的专业术语，由班级心理委员、学生志愿者、班主任、院系学生工作负责人和学校主管部门等专兼职人员支撑起立体化的心理教育网络。“它的优势在于，可以及时发现、干预学生的心理问题，特别是2005年开始在班级设立心理委员后。”心理教育中心主任孔燕说，截至今年3月，已有2933人次接受了专业的面谈咨询，接待专业心理测试19539人次。

“能把同学从‘魔兽世界’（一种网络游戏）拉回到现实世界，特别有成就感！”物理系2006级本科生赖晓春是班里的心理委员，一次，他发现班委改选后，落选的小张变得不爱说话，上课也不见人影，详细打听才知道，小张已经连续好几个通宵泡在网吧里。赖晓春决定一边向“上级”汇报，一边旁敲侧击开展工作。“现在小张已把价值6000多元的网络游戏账号直接删除了，还当上了球队队长和‘一帮一’活动负责人！”

“作为一名心理联络员，通过交流对同学进行双向的朋辈辅导，其实也是对自己的帮助，因为发生在同学身上的心理问题也可能发生在自己身上。”传播系2006级本科班心理委员尹超说。

孔燕告诉记者，最初学生是冲着心理委员的“官衔”去的，但在助人和互助的过程中，这种想法逐渐内化为一种爱与责任。“心理教育最主要的目的是让大学生了解自己，并通过这种教育方式释放和解决成长中的困惑。”

“社团活动让我们从理论走向现实”

“在乌江边上与我们座谈的那位老人家怎样了？青杠坡革命烈士纪念碑山后那位老红军还好吗？他的儿女又出去打工了吗？土城镇政府的工作进展如何？四渡赤水的新馆建好了吗？”

2006年7月，中国科大邓小平理论和“三个代表”重要思想研究会（以下简称“邓研会”）会员马杰，作为“邓研会”“长征精神薪火相传”暑期社会实践活动贵州分队队员，踏上了重走长征路的征程。仅仅一周的时间，教科书上的长征变得真实可感，也让长征精神的丰富内涵深深地扎根在他年轻的心中。“在学习辛苦的时候想想长征，在遇到困难的时候想想长征，还有什么困难不能克服呢？”马杰说，长征精神会成为他心中永远的明灯，指引他不断前行。

社会实践是大学生了解国情、培养责任心、增长才干的有效途径。中国科大每年都有500余名学生、20余支团队赴全国各地开展暑期“三下乡”社会实践活动。从1998年开始，该校先后有七批约40名研究生志愿前往青海、甘肃、宁夏等国家级重点贫困地区开展支教服务，用激情与勇气传播科技文化。

“作为本科低年级的学生，我们中的一些人可能最初是出于好奇而加入芳草社，也会有人坚持不下来，但坚持下来的同学会发现，志愿服务带给他们最大的改变是思想观念的进化。”吴硕坦言，芳草社这种志愿者学生社团并不像音协等可以提高某方面的技能，而人生阅历的丰富和精神境界的提升是他们得到的最大收获。

“理论社团在构建和谐校园文化中是不可或缺的，它在大学生人生观的形成、和谐人格的建立等方面的作用也是其他社团不可替代的。”燕京晶说，在理论社团做得久了，人也变得爱思考了。现在，对身边的理论热点，通过组织相关活动加以科学引导，已经成为她和“邓研会”会员们的一种生活常态。

学生提案背后的人文关怀

2006年1月，准备寒假留校的中国科大学生欣喜地发现，每个宿舍楼都配备了一台微波炉。“这微波炉可解决了大问题，以后再也不用担心吃凉饭了。”2006年寒假，小李第一次选择了留校生活。当年，近15000名在校生的中国科大，几个校区仅有300多名学生留校，未免显得冷清。不想面对空荡荡的食堂，小李几乎每餐都打饭回宿舍吃。从食堂走回宿舍的路上，小李的心情也和饭盒里的饭菜一起，由热变凉。

和小李一样，许多寒假留校的学生或许并不知道，这一切得益于校团委委员杨正的一份《关于在宿舍楼增设微波炉的建议》的提案。"从提案提交到问题解决，只用了两天时间！"中国科大团委书记董雨说。

"建议学校增设法语等语言类选修课""建议西区四、五号楼设立活动室""建议宿舍楼增加天气预报""建议建立科研资源查询系统"……

记者手头的一份《中国科大团学组织2004—2006年部分提案列表》，简要列出了3年间中国科大校团委、校学生会和校研究生会三个委员会委员提出的学生提案。

"大学生提案与校长信箱等的最大区别是，前者既需要详尽地调研，提出问题、进行调研，还要提出可行性建议。"董雨向记者介绍说，每年两次的提案工作开展期间，每名在校生都可向校团学组织委员提出学校建设和发展的合理化建议。委员们也通过多种渠道与团员青年沟通，寻找提案源，最终由相关职能部门作出答复。学生提案工作自2001年启动至今，已收到各类提案近千条。

"思想政治工作不是一个虚无缥缈的东西，必须有根，有抓手。"中国科大党委副书记许武说，只有解决学生在思想、心理、学习、生活上存在的问题，大学生思想政治工作才能真正做到实实在在。

科大的创新基因生发出无穷的力量①

邓中翰②

我是1987年由江苏南京考入中国科学技术大学的，学号是8707003，这是母校留给我的永远的印记。至今我仍能清楚地记得拿到中国科大入学通知书时的激动心情，因为中国科大在我们心目中的地位是独一无二的，她是国家最高的科研机构——中国科学院举全院之力创办的大学，有那么多著名的科学家近在咫尺地传道授业解惑，不愧为科学家的摇篮，创新人才的摇篮。上中国科大意味着有机会接触到最前沿的科研课题，接触到中国最知名的科学家。当然，也意味着最激烈的竞争。不是有个说法吗?“不要命的上科大”，这恰恰反映了中国科大的学风之浓厚。

“科教结合”的新型办学模式，使得学校的每个系都和中国科学院相关研究所对口合作，把最新的科技成就和前沿课题介绍给学生，极大地拓宽了学生的学术视野，也为学生们构建了一个得天独厚的高起点的平台。这种创新的教学模式培养了科大人勇于创新的精神，使得我们在进入校园时，就被植入了创新的基因。

入校后，我更加深刻地体会到了中国科学院这种“科教结合”创新的办学模式，以及中国科大鼓励创新的办学思想。在求学的过程中真切地感受到老师们不仅仅把我们当作学生，而且当作科研的伙伴。上大二

① 原载于2008年6月25日《中国科大报》。本文系作者在中国科学院“坚持科教结合，培育创新人才”50周年报告会上的讲话，有删改。

② 邓中翰，中国工程院院士，中国科学技术大学1987级校友。

时，我对教科书上的一个原理提出了不同的意见，并用5种推导的方法证明自己的观点。我还记得为此给当时的系主任胡友秋教授写了一封8页纸的信。胡教授后来把我请到他家里做进一步的交流，并且鼓励了我这种主动挑战的行为。受到这种鼓励，我更加渴望探索更多的未知世界。后来又得到系里黄培华老师的支持，自本科阶段就能参与科研项目。大学三年级的时候，我的第一篇论文被《科学通报》采用了，这样的肯定更加坚定了我的方向。后来，我还获得了全国大学生科技竞赛“挑战杯”奖。在中国科大，科研与教育相结合的例子比比皆是，我只是其中的一名受益者。

由于在大学期间积极参与到科研工作中，并在重要刊物发表过文章，经时任副校长钱临照院士推荐，1992年我被美国加州伯克利大学录取，攻读博士学位。我用了5年的时间，攻读下了电子工程学博士学位、物理学硕士学位和经济管理学硕士学位。1999年，我应邀回国创建中星微电子，领导并实施“星光中国芯”工程，致力于数字多媒体芯片的开发、设计和产业化。9年来，无论是逐一实现七大核心技术突破，申请1000多项国内外专利的艰难过程，还是成功实现产业化，彻底结束中国“无芯”历史；无论是“星光中国芯”全球累计销售突破一亿枚那喜泪纵横的瞬间，还是荣获国家科技进步奖一等奖，从胡锦涛总书记手里接过获奖证书并聆听勉励的难忘时刻，我都深深知道是什么在推动着我一路前行。那就是勇于创新，这是中国科大为我植入的基因。科大人拥有这样的基因，并在中国科大这样鼓励创新的环境里萌芽。

50年来，中国科大的毕业生中已有42人当选两院院士，比例之高居全国高校之首；在两院院士评选的“中国十大科技进展”中，中国科大连续5年榜上有名，在全国高校中独此一家……这些都在证明着中国科大有着来自中国科学院的创新的基因、创新的环境，而这些基因又深深地植入了学生的身体里，成为我们言行的一个显著特质。

50年来，中国科学院独具特色的创新理念和创新办学思维造就了一代又一代具有创新意识的科大人，中国科大已经走出了一条“精品大学、英才教育”的内涵式发展之路，被誉为“科技英才的摇篮”，在国内外享有盛誉，中国科大的创新基因已经生发出无穷的力量。

《梅与牛——中国科大文化研究》序言[①]

郭传杰[②]

一

读着千里之外发来的书稿，我的思绪又一次回到了位于合肥的中国科大校园。那里的教授、学生，那里的校园风物，那里许许多多的故事，一个个、一件件都出现在了眼前……

中国科大有多个校区，好多个校门，但让科大人铭记最深的是东区的老北门。虽然它远不如当今许多大学的校门那么阔大雄伟、亮丽气派，但对科大人却有着牵魂绕梦的神奇魅力。因为，它是中国科大北京南迁、逆境图强的见证，是科大文化不可割离的部分。在中国科大工作近六年的日子里，那是我早晚散步去得最多的地方。紧邻门侧有株紫藤，已与校门融为一体。春夏枝繁叶茂，绿影婆娑，生机勃发；秋冬根联大地，枯藤虬然，沧桑坚韧。

位于东区中心线的草菂上，有座孺子牛雕像。宽厚的基座上，两头体健力猛、肩峰突出的初生牛犊，奋蹄蹬足，刚劲威猛，推动着风云变幻的偌大地球。这是1978级全体学生毕业临行之前集体捐款，献给母校

① 原载于2011年3月25日《中国科大报》。

② 郭传杰，时任中国科学院党组副书记，中国科学技术大学党委书记。

的礼物。这座凝重简练的校园雕塑，透射着科大人勤厉奋勉的气韵，刻画了科大人拒绝平庸、追求卓越、锐意创新的生命活力。

老校友聚会一起，常常回忆在北京办学的那些岁月：研究所来的老师上完课，书本一夹，又回到所里做实验；学生们课后、周末，也进到所里的实验室，给研究人员做助手。那时的中国科大，分不清谁是学校的老师，谁是所里的研究员，事实上，大家也不关心这种"身份"的区别，"全院办校，所系结合"真正达到了无缝接触、水乳交融的境界。近年来，在东、西区校园里，你不时可以碰到来自北京、上海、东北或某分院研究所的研究人员，他们不是来开会、上课，就是来学校做合作研究的，新时期的所系结合正在多模式、全方位地向纵深发展。

那是几年前4月的一个灰冷的清晨，中国科大成百上千的老师、学生，自发地前往合肥西端的殡仪馆，与一位普普通通的理论物理教授阮图南先生告别。那几天，寄托哀思的花圈从他的家里一直摆到了通往他家的校园小径两旁，学校BBS上用中文或英文写的悼文多达200多篇。说他"普通"，是因为他没有任何一官半职，也没有院士、名师的头衔。(据说，早在20世纪90年代，就有人因他在强子结构、规范场理论等领域研究成绩卓著要推荐他当院士，但他坚持不肯。)他之所以赢得中国科大师生发自内心的如此爱戴，就是因为30多年来，他把自己的深沉大爱和渊博学识全部无私地献给了他的学生和中国科大，而自己却始终淡视名利，俭守清贫。

2008年9月20日上午，建校50周年的纪念大会现场，气氛热烈、欢快而庄严。但是，如此重要的"盛典"场面，并没有设置人们印象中庄严盛大的主席台，台上只设置了一排简朴的桌椅，供有讲话"任务"的几位嘉宾就座。千人大厅之内，无论党政高官、军界将领，商界领袖、社会名流，还是院士教授、青年学子，大家一样都在台下就座，其神熠熠，其乐融融。

在中国科大的校园里，无论是早期的北京玉泉路校园，还是南迁后的合肥几个校区，还有许多这样的景象和故事。这些只是一般的景象，一般的故事，在中国科大半个世纪的历程中，还可以举出很多很多。这些又不是一般的景象和故事，因为它们是科大文化的载体，承传着中国科大不凡的精神！

是的，任何一所大学，都有属于他们自己的故事。这些故事，被耳闻目睹、口耳相传，能让人们对这所学校的历史、水平，甚至风格、品位，都会有所了解和认知。这些故事是学校文化不时激起的朵朵浪花，听得到、看得见。透过这些表层的浪花，人们方能感受到她深层的文化底蕴。底蕴愈是深厚，浪花愈大，传播得愈加久远。学生就是在学校这池文化之水中，跟随老师习游而成长成才的。早在1941年，时任西南联大常务委员会委员并主持校务工作的梅贻琦为纪念清华大学建校30周年，在《清华学报》上发表过一篇文章，题目叫《大学一解》。其中说道："古者学子从师受业，谓之从游，孟子曰，'游于圣人之门者难为言'，间尝思之，游之时义大矣哉。学校犹水也，师生犹鱼也，其行动犹游泳也，大鱼前导，小鱼尾随，是从游也，从游既久，其濡染观摩之效，自不求而至不为而成。"这里，梅先生将大学与师生的鱼水关系描绘得十分贴切，也是对大学文化育人功能的最形象诠释。

二

1958年，中国科大由中国科学院创建于北京。她一出世，就被誉为"我国教育史和科学史上的一项重大事件"，第二年，就跻身为中国重点大学行列的第四名。1970年初，在那个特殊的历史年代，中国科大被迫南迁合肥，学校发展一度遭受重创。但在科学春天到来之后，她顽强的生命力再次得到了充分的展示，不断赢得学界和社会的高度关注与普遍赞誉。仅仅半个世纪，中国科大已经成为新中国创办的较成功的大学之一，为国家输送了大批高素质科技人才。中国科大的本科毕业生中，当选中国科学院、中国工程院院士的比例高达千分之一；近1/10毕业生走上国防科技战线，20多人已成长为共和国的科技将军。与此同时，中国科大作为我国唯一拥有两个国家实验室的研究型大学，已成为我国科学研究和高科技创新的重镇，在科研工作中屡创佳绩，特别是近年来，其研究质量稳居我国科教单位前茅，重大研究成果连续多次入选两院院士选出的年度中国十大科技进展。

是什么力量成就了今天的中国科大？中国科大为什么能挫而不败，愈磨愈坚？中国科大的教授、学生有什么秘密武器，为什么能在国内外有如此之高的成才效应？在这充满物欲、浮躁的社会环境下，中国科大靠什么维系她相对比较单纯、淡定的一方净土？在当今中国大学普遍为自主权和办学特色的缺失所困的时候，中国科大是以什么为凭靠，能坚守理念特色，独树一帜的？多年来，学界许多的熟人、朋友，见面时常常问及这些问题，相互探究，有时候还有人用“科大现象”这样的社会学词汇来简而言之。

其实，这也是我本人在多年思考追问的问题。在几十年的工作生涯中，我逐步形成了一个思维的惯性，就是对比较复杂的社会现象，总喜欢从文化的视角做点探讨。因此，对所谓“科大现象”，我也试图从文化的角度做点调研和思考。

到了2005年，一个难得的机缘来到了，那就是再过三年，学校将迎来她50岁的生日。这些年来，借校庆、厂庆、市庆等机会做点文章，已是国人常做、常见的一道风景，我们也不能完全免俗。但是，我想，我们的文章内容应与众不同，不在大兴土木、公关热闹、做表面文章这些方面，而是借机启动实实在在的科大文化的探寻之旅。于是，2005年10月，我们在全校范围内组织开展了科大精神理念的讨论。学校先后组织了老领导、老教授、中青年骨干、机关部处负责人、民主党派代表、学生代表、校友代表等各个层面的座谈会，多方位、多视角地畅谈中国科大的文化传统与精神。学校开通了“科大精神大讨论”网站，校报为此开辟“科大精神大家谈”专栏。2006年4月，学校又启动了为期三年之久的以“科教报国50年”为主题的“科大精神系列报告会”，邀请院士、校领导、资深教授、杰出校友，结合自己的亲身经历和体验，给同学们做报告，阐述各自心目中的“科大精神”。几年来,学校还先后组织开展了《中国科大编年史》《花开的声音——中国科大的那些人那些事》《少年班三十年》《口述校史》《校友访谈》《中国科大数学五十年》《中国科大物理五十年》《中国科大力学五十年》《中国科大化学五十年》《中国科大报建校50周年纪念特刊》等一系列梳理历史、总结经验、提炼文化的编撰出版工作。特别值得一提的是,为配合教育部“中国大学文化百年研究”总课题,学校还成立了由鹿明同志牵头的“中国科大文化传统研究课题组”,在业余时间进行中国科大文化传统的学术研究。

文化是某种历史过程的传统积淀,又是一个社会群体核心理念、价值准则、行为方式的集合,同时,任何一个社群组织,其文化内容无不映射出其时代环境的特征。大学文化是大学物质文化和精神文化在长期发展演变过程中所形成的精神财富,它贯穿于大学的办学理念、发展战略、规章制度之中,体现在教师、学生、管理者及全体员工的行动上,溶渗于教学、科研、管理、服务等各个环节,与社会发生着千丝万缕的有形或无形的联系。正如英国著名的教育学者阿什比所言:“任何类型的大学都是遗传和环境的产物。”因此,对某个组织文化,特别是一个大学文化的研究和刻画,既要从多个坐标维度去分析,又要有一根主线去聚合集成。这是一件很不容易的事情。

课题组系统地回顾了中国科大半个世纪的发展历程,深入考察了在“创建”“文化大革命”“复兴”和“创一流”四个历史时期,中国科大的内外环境和文化特质,发掘了中国科大文化基因形成的渊源,剖析了中国科大文化的基本元素,提炼出以“梅花”与“孺子牛”为象征的科大精神符号,并对中国科大的使命、目标、校训、方针、模式、品格的准确表述提出了建议。既有细节特写,也有宏大叙事;既有事实素描,也有理性阐释。通读全书,使我有如在向导的带领下,对中国科大做了一次穿越时空的文化旅行,印象深刻,受益颇丰。

当然,作者的观点和归纳未必会让所有了解中国科大的读者都能认同,因为对文化概念的认知本来就是见仁见智的事,难成统一定论,况且，这原本也不是《梅与牛——中国科大文化研究》一书作者撰写此书的初衷。不过，据我所知，《梅与牛——中国科大文化研究》一书是对中国科大文化的第一次系统研究结果，仅此一点，对中国科大的历史、现在和未来，对热爱中国科大或关注中国科大的每一个读者，对当今中国大学正在进行的改革与发展，都是一个很好的贡献。

三

文化之于大学，不是可有可无，不是身外之物。恰恰相反，它是大学的内生禀赋，是决定一所大学品位高下、水准高低和前途命运的东西。作为一类社会组织，大学的属性在本质上也应该是一类文化机构。因为，教育与文化有着天然的内在关联，文化以人为载体，在某种意义上，文化就是人化，就是化人。大学的最基本使命是育人。教育的对象是有生命的人，以人为本是教育的应有之义。育人必须拥有良好的文化环境。可以讲，大学文化之于大学，正如土壤、空气、水分、阳光之于植物的生命一样，须臾离开不得。

文化是大学的灵魂，是大学凝聚力和创造力的源泉，是决定大学综合竞争力的本质要素。大学文化的核心就是这个大学的基本理念和大学精神。基本理念要回答大学做什么，在国家社会的发展中该有什么样的责任担当(vision)、要把这所学校办成什么样的大学(mission)，以及怎样办成这样的大学(strategy)等这样一些基本问题。大学精神是在大学理念的支配下，长时期办学实践所积淀形成的共同的追求、理想和价值观，是大学文化的精髓，对大学的生存发展起着决定性的导向和动力功能。大学精神既深藏于“大学”之中，又游离于“大学”之外。没有文化底蕴的大学是苍白的，只会随风飘舞，随流游荡，不会有自己的精神操守。而深厚的文化和强大的精神，既能每时每刻给学校注入激越的生命动力，又能让自己抵御诱惑或压力，坚守理念，把握航向。有人问我：中国科大为什么能异地重生、愈挫愈勇？中国科大为什么能坚持特色、精品办学？我的看法是：这不是哪一届领导的功劳。因为这些基本的精神信念已经渗入中国科大每个人的心灵深处，变成了中国科大这个共同体的集体认知和文化自觉。这就是文化的特有力量！

文化是大学的名片。大学文化是大学特色的本源。大学之间的差别，根本上不在于校园大小、楼宇高低、课程设置，文化的差异才是这所大学区别于别的大学的根本原因。历史上、世界上，所有办学成绩显著的一流大学，都有自己独有的特色。北大与清华，牛津与剑桥，哈佛与麻省理工，虽然两两都是同处一地，都在同一水平，但他们的学生、教授，各自的气质、风格，迥然有异，甚至从外在姿态、行为习惯上都能看得出来。有特色的学校未必就是一流的，但没有特色的大学肯定不会成为一流。真正的一流大学，都会有自己的文化特色，有自己独特的"文化味道"。扫视我们今天的千余大学，"没有特色"竟然成了许多大学的普遍特色，就是因为没有自己的文化功底。

当今世界，有900多年历史的现代大学，在人类社会发展中的地位和使命正在发生深刻变革，大学将会从工业经济时代的边缘地位，逐步进入到知识经济社会的中心。高等教育的新一轮理念变革正在进行，时代强烈呼唤大学不仅要为当前经济和社会发展的实际需要服务，还要以自己的新思想、新知识和新文化自觉地引导社会前进。10多年前，联合国教科文组织（UN-ESCO）就前瞻性地提出了"必要的乌托邦"这一命题，要求大学既要走出"象牙塔"，应对文明社会众多领域的实际需求，又要有一种着眼于未来的精神，超越"象牙塔"，以超凡脱俗的文化品位和独立品格，引领文化发展作为自己的社会担当。

当今中国，经过改革开放洗礼的高等教育，因其自身巨大的成就与问题、机遇与挑战，正受到全社会空前的关注与期待。目前，我们的一些大学正在建设"世界一流"的跃进过程中自喜，一些大学正因与世界一流的巨大差距而困扰不前。不过，也有头脑清醒之士在研究了世界高等教育发展规律和中国西南联大等特别案例之后，深刻地指出：中国不能出世界一流大学，主要不是因为我们的教育经费不够，科研实力不足，不是我们的师资力量不强，研究水平不高，最根本的差距在于当代大学精神的缺失，在于现代大学制度的缺位。就是说，根本的差距是大学文化的差距。我认为，这种观点是一针见血的，颇有见地。

把大学文化建设视为可有可无，在理论上是盲目的，看不见问题的本质，在实践上是有害的，有碍于自身的健康发展。没有文化的大学不是真正的大学，没有优秀的一流文化，不可能建成一流的大学，无论你的目标是“世界一流”还是“国内一流”，这都是被实践反复验证过的事实。近年来，对大学文化问题，较之以往，议论的人开始多了，特别关注者也有，大学文化的地位似乎高了起来。但是，深入下去看看，还是不尽如人意，总起来说，仍然处于“说起来重要，做起来次要；少数人重视，多数人忽视”的尴尬局面，纵观不少校园，追风逐浪的浮躁，照样涛声依旧。

中华民族正处于伟大复兴的征途中。这个世界上，预测“21世纪是中国人的世纪”者不在少数。但是，正如一些著名的学者所说，一个伟大的国家必须有伟大的大学。若21世纪真能成为中国人的世纪，那么，在中国的这片土地上，一定会有若干所颇受世人尊敬的世界一流大学出现。否则，只能是个梦想，虽然它很美好。要成为世界一流大学，硬实力当然是基础、必不可少，而以文化为代表的软实力同样不可或缺。非但如此，文化软实力的形成往往更需时日，更为艰难。从这个意义上讲，当改革、建设与发展的声浪伴随《国家中长期教育改革和发展规划纲要(2010—2020年)》的实施，再次在大学校园蓬勃掀起的时刻，真正而不是虚假、深入而不是肤浅地同时推进大学精神文化的建设，应是理所当然的。

《梅与牛——中国科大文化研究》一书作者在书成之日，打来电话，寄来书稿，要我写个序言。推之不妥，于是就结合中国科大的情况，写了上面这些感想，结合对大学文化的认识，发了点议论。

是为序。

中国科学技术大学 年轻“军团”冲击科学高峰[①]

盛若蔚[②]

在前不久举行的“十一五”重大科技成就展上，中国科学技术大学有两项成果亮相：量子保密通信和铁基超导材料。

这只是中国科大众多一流成果中的两朵奇葩。1998年以来，学校已有19项成果38次入选中国十大科技进展、中国基础科学研究十大新闻以及国际十大科技进展、国际物理学重大进展等，在国内高校中名列前茅。

大批硕果的收获，离不开人才“军团”的强力支撑；骄人成绩的背后，活跃着一支支年轻的创新团队。

为年轻人提供“第一桶金”

重视年轻人才，在中国科大颇有传统。青年教师科研起步时，学校就通过设立青年创新基金，为他们提供“第一桶金”，帮助他们尽快在科研领域取得成绩。自2009年起，资助额每项最高可达20万元，仅最近两年就批准资助了280多项研究。但要作出更大的成果，往往需要团队攻

① 原载于2011年5月25日《中国科大报》、2011年4月27日《人民日报》。

② 盛若蔚，《人民日报》记者。

关。近年来，中国科大在大力支持8个国家自然科学基金委创新团队和6个教育部创新团队的同时，还通过设立创新团队培育基金，择优支持了以优秀青年学术骨干为主的16个校级创新团队，每个团队首批资助100万元，而且对创新能力强的团队，还将滚动支持。

曾长淦教授把这个基金比作“初始推动力”。他负责的“低维结构中量子态的检测和调控”团队，由9名30岁出头的年轻人组成，主要来自合肥微尺度物质科学国家实验室，其中包括2名教授、5名副教授。

“团队中有做实验室的，有做理论的，都是同龄人，在一起讨论放得开，气氛很活跃。”曾长淦说，学校的支持和期待，让他们重任在肩，交流合作比以前更紧密，科研节奏明显加快。前不久，他们在国际物理学权威期刊《物理评论快报》上发表了一篇论文，预计今年还有一些好的成果出来，“争取3年内申请到教育部或中国科学院的创新团队”。

“中国科大现在有一批年轻教授成为国家‘973’计划和重大科学研究计划等重大项目的首席科学家，这与学校长期重视支持是分不开的。”中国科大校长侯建国院士笑言，“学校就是要给年轻人创造一个没有‘天花板’的舞台，让他们能跳多高就跳多高！”

让年轻人静下心来做大事

在中国科大中国科学院量子信息重点实验室，一个个年轻的科研小组十分活跃。“我给年轻人指出大方向，他们自主开辟具体的研究领域，独立带领科研小组、指导研究生，有很大的发展空间。”实验室主任郭光灿院士说，年轻人的研究方向确定后，他就千方百计去争取资源，尽力创造好的条件和氛围，让他们充分发挥作用，“这好比一个花园，我尽力搞好布局，不断浇水施肥，让‘树木’茁壮成长”。

郭国平就是这个实验室培养的博士，他在读硕士期间就发表了不少高水平论文。硕士研究生三年级时，他大胆提出调整专业方向，做固态物理方面的研究。郭光灿认为很有价值，支持他到国外进修。后来，实验室决定开辟“量子计算机的物理实现研究”这个新方向，郭国平正好学成归来，郭光灿让当时不到30岁的郭国平负责建立国内首个半导体量子芯片研究组。建实验室需要大笔经费，向上面申请周期比较长，郭光灿向学校借了800万元，毫不犹豫地投给这个研究组。

从国外引进优秀人才，派学生到国外学习先进技术，郭国平研究组的工作开展得有声有色，很快取得了几项阶段性重要成果，引起了国际同行的关注。2009年，年仅32岁的郭国平被学校聘为特聘教授。去年底，科技部启动导向性重大项目，郭国平研究组的工作给人留下深刻印象，于是就选中他们承担“固态量子芯片研究”重大项目。

相对个人，郭光灿更强调团队的作用。实验室各研究小组每周都要开次组会，老师学生一起研讨，并定期在全实验室范围内报告科研进展情况。遇到问题，大家一起出主意，互相帮助提高。前不久，郭光灿领导的“量子通信与量子计算的物理实现”研究团队荣获“十一五”国家科技计划执行优秀团队称号。

多学科交叉“一箭三雕”

中国科大的年轻创新团队有一个共同的特征——多学科交叉、理论与实验相结合。

侯建国院士与杨金龙教授牵头组建的“纳米材料的制备、组装与表征创新团队”，堪称这方面典型。团队在1996年组建时，成员多在35岁左右，并不断取得创新成果，2001年更是入选国家基金委创新团队。此后，他们连续三期得到国家基金委择优支持，团队成员也在不断更新。“我们的合作是水乳交融的，实验研究和理论研究的老师每周都要讨论，实验过程中双方都深度参与。”杨金龙说，许多前沿科学问题需要多学科的知识，只有通过团队的力量才能做深。

多年来，他们一直坚持这一特色，取得了多项一流成果：2001年在国际上首次直接拍摄到能够分辨出化学键的C_{60}单分子图像；2005年首次成功实现单分子自旋态的控制。这两项成果分别发表在《自然》和《科学》上，都入选当年“中国十大科技进展”。

多学科交叉在催生一流科研成果的同时，也促进了前沿交叉学科的发展。2005年，31岁的黄伟新在中国科学院“百人计划”支持下，回到中国科大后建立了“低维材料的表面科学和催化”研究组。此时，恰逢中国科大国家同步辐射实验室完成二期工程建设，由于同步辐射技术在表面科学和催化研究中具有独特优势，黄伟新立即与实验室齐飞教授等建立合作小组，很快就取得阶段性成果。

学科交叉的硕果还体现在人才培养上。赵瑾教授读博期间，先是师从侯建国院士做实验研究，后来在杨金龙教授指导下做博士论文，而杨金龙的研究领域是理论和计算化学。2004年，越瑾博士毕业后，到美国匹兹堡大学做博士后研究，由于具有理论和实验的双重优势，导师同她合作在《科学》上先后发表了三篇论文。去年3月，赵瑾入选中国科学院“百人计划”并回国，又加入杨金龙的研究团队。

“在团队中，学生能从不同老师那里学到不同的东西，这对开阔他们的研究视野和思路很有帮助，有的成为复合型人才。”杨金龙说，他们团队培养的博士中，已有5人获全国百篇优秀博士论文，8人获中国科学院优秀博士论文，出现了一批年轻的教授、副教授。

把自主权还给学生

中国科大创新人才培养探索[①]

赵亚辉[②]

有这样一所大学，在国内高校中引人注目。

它把“培养科技领军人才”作为教育目标，坚持不扩招，每年只招收本科生1800名。

它的毕业生中已有46人当选两院院士，平均每千人产生一位院士；在海外深造的超过1万人，已有600多人担任海外大学教授。

其科研成果自2003年以来连续8年入选年度“中国十大科技进展”，在国际核心期刊发表的论文被引用频次在全国高校名列首位。

这所大学就是地处安徽合肥的中国科学技术大学。在这里采访的几天中，记者感受到了人才培养模式创新带来的勃勃生机。

让学生走出应试教育的惯性　激发他们被压抑已久的科学热情，培养他们享受学习、享受实践、享受创造的感觉

西沙群岛的鸟粪里有着什么秘密？不久前的《自然·通讯》杂志发表了一篇论文，通过研究鸟粪土层中的古生态气候数据，获得对南海地区

① 原载于2011年7月20日《中国科大报》、2011年6月23日《人民日报》。

② 赵亚辉，《人民日报》记者。

过去千年降雨变化的分析，并对热带太平洋地区世纪尺度的气候变化机制提出了新的认识。

这篇论文的第一作者晏宏现在是一名研究生，师从极地环境研究室孙立广教授，而在2008年开始研究这个课题时，他还只是一名四年级本科生。

“刚进科大时，我在地球物理系，那并不是我喜欢的方向。大一上孙立广老师的‘地球科学概论’课，他给我们讲南北极，讲野外科考，讲很多异想天开的想法，我感觉自己找到了兴趣。”晏宏告诉记者，“于是，我在大二就转到了环境科学系，在大三就进了孙老师的实验室，在大四就开始上西沙采鸟粪了。”

“我们鼓励学生追随兴趣，鼓励学生异想天开。”孙立广教授说，“晏宏之所以能迅速取得科研成果，是因为他真正热爱自己的专业，愿意投入，愿意付出。”

像晏宏这样的案例在中国科大还有很多。在校长侯建国院士看来，创新型人才培养的关键之一，就是激发学生被压抑已久的对科学探索、对知识创造的热情与内在冲动，并尽快引导大学生进入科研前沿。

“多年的教育实践又给我留下了一个很深刻的印象，相当一部分年轻一代大学生学习热情不高，似乎失去了对学习的享受。”侯建国说，“我想，一个重要原因，就是我国的应试教育模式压抑了青年人的兴趣、个性和想象力。”

“好的大学教育是什么？就是能够重新唤起或激发学生的学习和科研的兴趣和热情，能够让年轻人从应试教育的惯性中解脱出来，真正根据自己的兴趣、爱好、需要来自主安排学习，培养他们享受学习、享受实践、享受创造的感觉。”侯建国说。

尊重学生的主体地位　允许学生自由换专业，把“流水线式”的统一教育变为“个性化”因材施教

本科新生踏进校门，在中国科大做的第一件事是“消毒”。

“学生们多年接受应试教育，难免中‘毒’颇深。”教务处长刘斌教授说，“‘消毒’就是要让学生们学会自主抉择，学会主动学习。”

中国科大有一套自己的教育哲学，它尊重学生的主体地位，有国内高校最自由的专业选择制度，从第一学期结束起，本科生每学期都可以根据自己的兴趣和学习状况，自主申请改换专业，而且可以多次申请和改换，不用支付任何费用。

“有选择有时也是一种痛苦，但是痛苦的选择过程让我成熟，让我对学业、对自己都有了更深层次的思考和认识。”2008级的宋珊考进了信息学院计算机系，在大一结束时转到地空学院地球物理系。宋珊告诉记者，“选择的时候，老师告诉我应该把理由和利弊都列在纸上，我列出了30多条，第一条是喜欢。最终我听从了自己的心，我觉得新专业更适合自己。”宋珊的经历在中国科大非常普遍。中国科大每年招收本科生1800人，一般来说，大一时提出转系申请的将近300人；到大二、大三结束时，要求转专业的人数会降到十位数、个位数。

“传统的大学教育采用‘流水线作业’的方式，基本上所有学生都按照统一节奏、统一模式、统一内容来进行培养。”刘斌教授说，“我们希望破除这种模式，因材施教，鼓励学生勇于提问题、独立思考、善于交流、学会质疑。”

从20世纪80年代起，中国科大使以少年班为实验基地，不断探索因材施教的新模式、新途径。少年班学生在完成两年左右基础通识类课程训练后，可以在全校范围内完全自主地选择院系和专业。如今，更多的学生拥有了适合自己的个性化学习方案，可以根据自己的兴趣、爱好、特长，在全校范围内选择课程。

学生上课由“低头”变“抬头”　越是名家越要教基础课，低年级时强化基础训练，高年级时直接进入实验室

在中国科大，越是名家越要给学生上基础课，这与国内诸多大学的路数正好相反。为了上好基础课，每个院系的老师都动足脑筋，并且逐渐形成了“课程组”制度。“课程组”的领衔者由学养深厚、教学经验丰富的名师担任。

物理学院的电磁学课，就由34名教师“组团”来上，其中有教授16人、副教授10人、讲师8人。为了教好这门课，“课程组”编写了教材和参考书就近10本。

全国电磁学会会长、国家级教学名师程福臻教授，为本科生讲授电磁学已超过30个年头。“我的电磁学课是严济慈先生上的。”程福臻说，在前辈们的精神感召下，他一直坚持站在本科一年级的讲台上。“老师要像表演大师，把学生吸引到科学中来。这是严济慈先生的教诲。除了讲课，老师还要讲科学故事，讲科学中最感人、最激动人心的东西。”

“对于研究型大学来说，教学和科研具有同等重要的地位，缺一不可。尤其是基础课教学，是培养拔尖创新人才的根本所在。根深才能叶茂，所以更要不遗余力地抓好。”刘斌说。

在中国科大，“两段式”人才培养模式是一个特色。学生低年级时在校内完成强化基础训练，高年级时则直接进入科研院所或校内科研机构，用一年左右的时间完成专业基础课学习并参加科研实践。

这些本科生进入实验室后，直接与硕士、博士融为一体，进入研究组，可以和导师经常交流，与研究生相互启发，亲身参与完整的科研过程，在实践中不断提升创新能力。

年轻人的生活要多种多样　每年实施1200多项大学生研究计划，提高他们的科研动手能力和创新能力

中国科大建校初期，首任党委书记郁文说过一句话："年轻人的生活要多种多样，中国国科大不培养小书呆子。"这句话至今仍是中国科大重要的教育理念。现在，中国科大已经形成了丰富的校园活动体系，帮助学生提高各方面的素养，特别是提高科研动手能力。

自2002年起，中国科大每年都会有一个盛大节日——全校机器人大赛RoboGame活动周。全校学生不分专业，都会踊跃参加，每年都有五六十支参赛队。比赛的主题，包括"踢球机器人""家庭服务机器人""杂技机器人""舞蹈机器人"等，学生们除了将科学原理和技术方法付诸应用，还要编排音乐、舞蹈，写剧本。一位参赛学生说，为了挑选装配机器人的零件，几乎跑遍了合肥的五金市场。

指导老师、中国科大计算机系陈小平教授说，做一个机器人，需要一个团队的合作，涉及计算机、机械、电路、自控等诸多学科，学生们在准备比赛过程中能学到很多东西。

中国科大还组建团队参加RoboCup世界杯机器人足球比赛。在这项国际最高水平、最具影响力的机器人赛事中，"科大蓝鹰"队先后获得4次冠军、9次亚军。

自1999年起，中国科大借鉴美国加州理工学院和麻省理工学院的经验，在全校范围内推广和实施"大学生研究计划"，并设立基金。依据该计划，从第四学期起，本科生就可以利用一个完整的暑期或一学年的业余时间，完成一项科研任务或参与教师的科研项目。目前每年有1200多项的大学生研究计划得以实施，不少学生的论文发表在国内外很有影响的学术刊物上，有的还获得国家专利。

为给学生留出更多时间从事科技创新，中国科大对原先的教学计划进行了修订，减少必修课，增加选修课，并于2010年夏季开始实施三学

期制。新增的夏季短学期主要安排提高型、进阶型和拓展型课程，以及“大学生研究计划”等集中实践、实习环节。学校邀请国内外著名学者利用学术假期，来校开设短期课程或暑期学校，让学生与一流科学家面对面，为学生提供更多接触科学前沿、开展科研实践的机会，创造更多自我选择、自主学习的空间。

创下国内高校学生自选专业的最大尺度：百分百满足

为什么是中国科大[①]

喻思娈[②]

对学生转专业的申请，很多高校的表现并不利落，反而有些忸怩：限制转出资格、提高转入门槛。即便让学生在热情全无的现实中蹉跎，自选专业的口子仍难放开。

高校有自己的无奈：学科冷热不均、院系空间有限，完全自选专业可能加剧资源失衡，扰乱教学秩序。他们说，这是一步“险棋”。但是，中国科学技术大学却突破禁忌，让本科生百分之百自主选择专业，化“险棋”为“绝艺”。

这一不少高校眼里“不可能完成的任务”，中国科大却首尝螃蟹、冲锋在前。勇气可嘉，缘何而起？底气十足，来自哪里？

领跑：不转系也能修心仪专业　国内率先百分之百满足

不久前，周丹获得了代表中国科大学生最高荣誉的“郭沫若奖学

① 原载于2013年5月15日《中国科人报》、2013年5月14日《人民日报》，有删改。

② 喻思娈，《人民日报》记者。

金”。她能获此殊荣，部分得益于学校的自选专业制度。

“很意外，入学时根本没有想到能拿到这个奖。”周丹是中国科大浙江省招生的最后一名，入校后，在地球和空间科学学院学习，但她最感兴趣的是化学。于是，周丹早早规划，顺利转入化学系，并且表现优异。不久后，她将赴美国加州理工学院攻读化学博士学位。

周丹只是中国科大每年100多名转专业受益者中的一位。教务处副处长李蓓介绍，本科生在校期间至少有3次自选专业的机会：进校一年后可根据兴趣在全校自选学院或学科；大二结束后可在学院或学科内自选专业；三年级后还可调整专业或个性化设计修课计划。对于学生申请自选专业，学校层面不设任何专业、成绩的门槛。

据了解，近两年中国科大可提供500名左右的转专业名额，对于全校200名左右的申请数来说，空间充裕。

物理学院主管教学的副院长王冠中是中国科大自选专业的见证人，也是执行者，他的一项重要工作便是选拔申请转入的学生。

因为专业齐全、出国相对容易等特点，物理学院是转专业的重要流入地之一。王冠中介绍，由于申请者较多，学院会组织面试，了解转系动机，成绩倒是其次。他会提醒申请者物理学院的学习难度，如果学生仍然愿意来，学院一般会同意。“也有极个别会劝退，是实在觉得可能毕不了业，影响学生发展。”王冠中补充道。

基本上，学生只要过了面试关，就能够如愿转成专业，并不需要转出院系的批准。

当然，在转专业的过程中也有落选者。对此，中国科大开辟了“绿色通道”，即便是未被接收的学生，依然可以学习心仪专业的课程。

教务处处长蒋一说，中国科大可以做到学籍管理和教学管理分离，对申请却未被接收的学生，在学籍不变的情况下，由学业指导中心专家为其制定个性化培养方案。学生只要修读完认定课程、达到要求，即可按该专业毕业。

据介绍，中国科大2012年初成立了“学生学业指导中心”，核心人员是覆盖全部教学单位的25名专家。中心的一大任务是，约谈暂未被接收的学生，制定个性化的培养方案。

“经过3次选择机会，可以做到百分之百满足学生自主选择专业的需求。”蒋一说。

教育专家介绍，当前国内很多高校也允许转专业，但比例很小，内部流动也有成绩等门槛，百分之百满足本科生选专业在国内尚属首次。

“学院不能把学生当作私有财产。”中国科大副校长陈初升说，学生用脚投票，对学院也是一个动力，反过来促进了学院间的竞争，迫使学院改进工作。

土壤：理工为主令自选成可能 消弭低年级课程间差别

自由转专业虽然给予了学生二次选择的机会，但容易产生的一个副作用是：学生向某些热门专业过度集中，导致教学资源失衡。

但是，中国科大却并未遭遇这样的难题。李蓓介绍，近几年并没有出现优秀学生涌入某几个专业的情况，总体上学生的选择越来越理性，各专业转入转出人数基本持平。

“均衡”的结果，一定程度上得益于学生对专业的了解。李蓓说，每到大一、大二下学期快结束的时候，中国科大各院系会以专题报告等形式向学生介绍专业，还会组织感兴趣的同学深入实验室和科研项目实地考察。

除了“宣传到位”，中国科大的“百分之百”有着独特的实现背景。以理工为主的学科背景为在全校选专业提供了可能。该校所有专业都是面向理科生招生，即使是人文与社会科学学院的新闻传播类专业，也定位于科技传播类方向，对数理学习有较高要求。

此外，2009年对本科生培养方案的修订，消除了不同学院之间前两年的课程差别，在技术层面上扫清了自由选择专业的障碍。“在低年级，学院之间的课程差别很大，我们进行修订就是要消除这方面的壁垒。”

陈初升说。

推进改革还需强大的教育资源作保障。李蓓介绍，中国科大本科生招生规模始终控制在每年1800人左右，本科生与专任教师比约为5:1，保证了学校有充足的师资力量为每个有个性化需求的学生制定学习方案。

正是这样的独特环境，让转专业成为“周丹们”经常谈论的话题，就像选课一样普遍。周丹还认为，中国科大很多学生进学校并不是以就业为目的，不少人立志当科学家，这是放开选专业后并没有出现扎堆现象的一大原因。

专业的自由选择已经展现出了对于人才培养的加码效应。在今年获得“郭沫若奖学金”的33名优秀学子中，9名为转专业的学生，占到1/4。王冠中介绍，物理学院5%的学生具有参评“郭沫若奖学金”的资格，其中近40%是转专业进来的。

推广：国际名校通行自选专业　高质量课程充足是前提

专家分析，现行的招生录取方式，难以满足所有学生的第一志愿，经过调剂，学生可能进入自己并不喜欢或不适合的专业。即便是首选专业，在选择时可能对专业实际情况并不了解，学习之后才发现与自己并不匹配。

陈初升说，现在中学生的兴趣范围很广，特长也各不相同。让学生找到自己感兴趣、擅长的专业很重要，这一看上去很小的改革，实际作用可能非常大，会影响人的一生。

据陈初升介绍，让学生自主选择专业是国际一流名校的通行做法。他援引一项研究指出，美国顶尖的7所大学——哈佛大学、耶鲁大学、普林斯顿大学、麻省理工学院、加州大学伯克利分校、斯坦福大学和加州理工学院的本科生在校学习1～2年之后才自主确定专业，而且选择专业后，如果兴趣发生变化，也能够比较容易地改变专业。

21世纪教育研究院副院长熊丙奇认为,中国科大的做法在其他高校并非不能实现。当前一个问题是,很多高校的办学定位不清晰,盲目扩招,逐渐丧失了自己的特色。而要做到让学生自主选专业,重要的前提是有足够多的高质量课程可以选择。

据介绍,上海大学2011年在沪就按大类招生,考生第一年在大类平台上接受通识教育和基础教育,到学年末再进行专业分流。熊丙奇说,学生和专业本来就应该是一个双向选择的过程,让学生拥有专业自由选择权是高等教育发展的应有之义。在现行教育框架下,高校应该树立以学生为本、服务学生的理念,采取很多举措为学生自主选专业提供支持,从而出现更多像中国科大和上海大学这样务实的改革者。

校 园 篇

在中国科大的学生时代

对我的一生影响最大的日子[①]

朱清时[②]

1963年，我考入中国科学技术大学近代物理系。

大学生活是一生中最值得留恋的日子。那时我钟爱的座右铭是孟子的话："天将降大任于是人也，必先苦其心志，劳其筋骨，饿其体肤，空乏其身……"每天早起，我从校园一直跑到八宝山顶再返回；晚上临睡觉前用凉水冲澡。当时我在日记本上工工整整地抄录了一首经自己加工的诗，反映了当时中国科大学生的心态：

不能只用看望的眼光等待未来，
我们对于美妙的未来不能只付之于幻想。
未来就在我们身上，
我们自己就是未来的种子。
要用无穷的智慧和创造使它发芽，
让它迅速生长吧！
勤奋学习吧！
永远相信未来吧！
未来总是用微笑欢迎我们的。

① 原载于1995年3月31日《中国科大报》。

② 朱清时，中国科学院院士，中国科学技术大学1962级校友，1994年任教于中国科学技术大学。

大学课程中印象最深的是汤拒非讲的“原子物理”,赵保恒讲的“量子力学”和石钟慈讲的“数理方程”。这些高水平的课程为我今后的科研工作打下了宝贵的基础。

1968年,在“文化大革命”的浪潮中我离开中国科大,到遥远的青海高原上成为了一名普通工人。整整五年,我经受着繁重的体力劳动和极大的精神压力。在这段日子里,学生时代的理想和对科学研究的热爱像一盏明灯照在我的心里,使我把业余时间全部花在学习上,像那首诗讲的那样,继续不懈地为未来做准备。1975年,我终于进入中国科学院的一个研究所。在26年来的科学研究工作中,我不停地学习新东西,等于又上过四次大学。但是,对我的科研工作影响最大的是在中国科大的学生时代学习的基础知识和养成的严谨治学而又敢想敢干的学风,以及那首诗所表达的奋发向上的精神。

离开中国科大28年后,去年我又离开美丽的大连调回中国科大。促使我下决心这样做的原因很多:中国科大有素质很高的学生和多学科交叉的学术环境,此外,无疑还有“科大情结”!

我的母校[①]

陈　颙[②]

1960年，我作为中国科学技术大学创办后的第三届新生，进入物理系学习，1965年从地球物理专业毕业。大学时代，对于一个人的品质、人格、追求和知识体系的形成，起着举足轻重的作用。

中国科大是一所学风严谨的高等学府，使我感触最深的，就是她培养了我严谨治学、一丝不苟的作风。中国科大浓郁的学习空气、勤奋刻苦的校风和注意基础知识、基础训练的一贯方针，使我终身受益。毕业后，我从事过核爆炸侦查、高温高压岩石实验和地球动力过程的模拟等多方面研究工作，更加感到学校在培养学生基础能力和教育学生对事业不断追求的可贵。

在世界各国著名的研究和教学机构中，都可以遇到中国科大毕业的校友，我一直为自己是中国科大的学子，是一个科大人而自豪。近日，听到母校传来喜讯：中国科大已首批被列入国家"211工程"，也即成为国家的重点建设院校。相信在新世纪即将到来之际，中国科大将焕发出前所未有的青春和活力。愿我的母校——中国科大，在新时期潮流冲击中更上一层楼。

---

① 原载于1996年3月30日《中国科大报》。

② 陈颙，中国科学院院士，中国科学技术大学1960级校友。

科大，读书的好地方[①]

程　艺[②]

1978年的早春，作为“文化大革命”后恢复高考制度所录取的第一批新生中的一员，我挑着一担在农村插队劳动时的行李，带着浑身的泥土气，走进了中国科学技术大学，开始了我在中国科大校园里学习和工作的新生活。18年来，除了远涉重洋，去异国他乡留学和访问外，我基本上是在中国科大度过的，我从一名自食其力的农村下放青年，成长为一名在数学这一令人神往的学科领域里的大学教授，成为中国科大数学系主任。回首往事，我并没有为自己事业上的顺利而沾沾自喜，而只是为自己在中国科大学习和工作而骄傲。

说实话，当初我选择中国科大，并没有什么特殊的考虑。一次偶然的机会，我向一位中学数学教师请教问题时，他给我看一份关于如何办好中国科大的文件。在这份文件上，显赫地写着当时中央许多高级领导人的名字，每个名字上都画了一个圈，表示已阅过并同意。老师鼓励我说，像你这样的孩子，应该报考中国科大。在他的鼓励下，我心中充满豪气，后来真的壮胆选择了中国科大作为高考第一志愿。进校后我才感到有些后怕，因为那一年，中国科大在全国范围内招收了一批十分优秀的学生。

中国科大是我国高等学校中一所非常独特的学府，短短38年的历

---

① 原载于1996年3月30日《中国科大报》。

② 程艺，时任中国科学技术大学数学系主任。

史，却几经磨难，她是“文化大革命”中遭受破坏较严重的学校之一。她规模甚小，也不拥有多少著名老学者、老专家，但却凭借着一群具有强烈敬业精神的中青年业务骨干，使得中国科大在各种评估中始终处于全国高校的前列。中国科大能办成今天这样的水平，确实有她独特的优势。

中国科大一直保持着良好的学风，在我念书时，星期天如果不早点去教室或图书馆，就很难找到空位子。即使在今天，中国科大的学风也没有受到社会上一些不良风气的影响。校园里学术气氛浓厚，各种学术性活动几乎每天都有。要说中国科大的学生是不是太苦太累，可看看校园里匆匆忙忙的大学生们，个个都是乐滋滋的。要说中国科大的学生是不是死读书，没有经济头脑，可在纽约华尔街工作的中国留学生中，有1/4来自中国科大。良好的学风，哺育了一代又一代莘莘学子。至今，中国科大的毕业生在国内外一直保持着良好的声誉。不少居住在大城市里懂行的高级知识分子，都舍近求远，把子女送到中国科大来读书，图的是让子女能在一个具有良好学风的环境里成长。

中国科大的历史短，教师队伍相对比较年轻，因此自然形成了一种活跃的治学气氛。我虽然身为教授、系主任，但每学期都给学生上课，和其他老师一样，无论是给研究生还是给本科生上课，都非常认真，因为学生们喜欢提出各种问题。在中国科大，不管是多有名气的国内外专家前来讲学，学生都敢于提问和讨论。中国科大数学系的学生自己创办了一个学术性刊物，取名叫《蛙鸣》，意思是大学生们在学问方面可以像青蛙一样“呱呱”鸣叫，中国科大活跃的气氛，由此可见一斑。

我们在中国科大工作和学习的每一个人，都深深感受到学校的开放政策在培养人才、提高学术水平等方面所发挥的作用。对于一个刚步入研究领域的年轻学者来说，能尽快地使他进入国际学术界的大舞台，尽早接触前沿性研究方向，对他今后的成长，是至关重要的。在这方面，我深有体会，受益匪浅。因而，当我成为一名老师后，也是尽可能地为学生创造良好的机会。最近，我们邀请一位国外的学者来校进行一项课题研究。在合作过程中，我让一位学生自始至终地参与，尽可能地发挥作用，这样，他不但在合作过程中增长了知识和才干，而且还顺利地完成了自己的硕士论文。基于他所取得的成绩，不久就被美国好几所大学录取为博士研究生。中国科大的多少年轻学子，就是在老师们的精心培养和帮助下，就是在这样一种环境中，锻炼成长。他们从这里起步，很快投入到自己的事业中去。他们飞向各地，尽情地去发挥自己的才华。

我所从事的是数学研究，一谈起数学，人们往往认为数学研究难度大、枯燥、没有用，学数学今后出路也不好。这实际上是一种误解与偏见。其实，和其他任何一门学科一样，数学有丰富的内容。科学技术发展至今，从难度上讲，各学科之间的发展是平衡的。人们常认为数学就是研究“猜想”，什么“费尔马猜想”“哥德巴赫猜想”等。实际上，“猜想”仅仅是数学研究中很小的一部分。数学的天地宽阔得很，只有当你钻研进去后，你才会体会到它的魅力，才能欣赏到它的美，才能感受到它的天地之广阔。从事科学研究，当上升到一定阶段时，就会转化成一种巨大的精神享受，这是一般人难以理解和达到的境界。其实，现代数学的整体，和其他学科一样，是科学技术这个生产力的重要组成部分。

中国科大数学系每年都招收一批优秀学生，他们热爱数学，努力学习，毕业后有的继续从事数学的研究和深造，有的轻松地转向了金融、计算机、通信等领域，由于他们具有良好的数学素养，非常受欢迎，凭借着数学的优势，他们能充分发挥自己的特长，在各自不同的领域里，作出了可喜的成绩。

18年的时间不算漫长，但人生能有几个18年？我庆幸自己一生中最美好的18年是在中国科学技术大学这样的环境中度过的。当然，中国科大也有自己不利的方面，她的规模小、历史短，在国内还没有形成很强的影响力，地理位置似乎也是制约她发展的一个因素。然而，这一切与读书、做学问有什么关系？读书要有一个安静的环境，有一个良好的学习气氛。从这一点讲，中国科大真是一个读书的好地方！这也是我们天南地北的昔日同窗偶尔相聚时，对母校作出的最概括性的评价。

用心去爱护青年学生[①]

何多慧[②]

获得何梁何利奖，我感到非常高兴，因为这不仅是我个人的光荣，更重要的是对我校上上下下，包括包忠谋副校长(时任中国科大副校长、加速器工程总经理)以及我们实验室的全体同志多年来工作的承认和肯定，是对我们参加这项工作的全体同志的一个非常大的安慰。当我在香港的报纸上和《人民日报》上公布的何梁何利奖的获奖者名单中看到所在单位里面有中国科学技术大学的时候，我感到比看到我自己的名字更高兴。同时，获得这个奖，又感到意外。因为当年建这个加速器的时候，谁也没有想到在建成时要得一个大奖，如果我们是这样想的话，这个加速器也就建不成了，我想这一点包校长是最能证明的。

9月9日那天，接到何梁何利基金办公室的电话，通知我、也祝贺我获得1997年度何梁何利科技进步奖，我都愣了。我打电话给刘金英(何多慧院士的爱人)，她根本就不相信。晚上，我带回了获奖通知的传真。高兴之余，刘金英首先提出来应该全部捐献这笔奖金。她说，这个奖是给你个人的，而且是由香港的私人基金会给的，但是当年参加同步辐射加速器建设的有许许多多的同志，如果我们拿了这个奖，我们两个后半辈子心里都会感到不安。她对我说，你从小家里很穷，非常非常苦，如果

① 原载于1997年10月30日《中国科大报》。本文系根据何多慧院士在捐赠仪式上的讲话录音整理，题目为编者所加。

② 何多慧，中国工程院院士，中国科学技术大学1959级校友。

不是大家接济，不是政府资助，你连上大学的路费都没有，也根本上不了大学，而且大学期间全部靠助学金生活的。现在我们生活好了，但是还有许多的群众生活很困难，还有很多学生考上了大学可因为家里没有钱上不了大学，或者上了学后，生活上非常贫困。所以，我们应该捐助这笔钱，资助他们。听了刘金英的这番话，我非常感动，心里涌起一股暖流。只有我知道，在搞加速器的这么多年里头，刘金英做了很大的牺牲，默默无闻地作出了很大贡献。她从不干预我的工作。然而每当我遇到困难时，她都给我力量，但她没有因此要求得到什么样的回报。这次有了这么一笔奖金，是她首先提出来捐赠，所以，我非常感激。我们俩做了这个决定以后，刘金英当晚就给我们在北京工作的女儿打了电话，女儿完全支持。女儿说：“妈妈，我从小就受你们的教育，我能不同意吗！”刘金英说：“孩子，谢谢你的支持！”第二天一早，刘金英就给在美国学习的儿子发去了E-mail，因为时差，过了一夜，儿子就回了一个E-mail，态度非常积极。刘金英非常高兴，说儿子想得总是和妈一样。这样，我们全家就一致决定，捐献这笔钱，资助那些考上大学而没钱入学的学生，和入学后生活非常困难的学生，使他们能够很好地学习。

当我把我们全家的决定和想法告诉余翔林书记的时候，老余给了我们非常积极的支持和鼓励，我们非常感动。当时汤洪高校长在北京开会（党的十五大），我从香港领奖回来后，汤校长也从北京回来了，我向汤校长进行了汇报，汤校长也表示非常支持。而且汤校长一再劝我们留下一部分，说：“你们经济负担一直较重，并不宽裕，还要买房子，是需要钱的，家具也破旧了，也该换一换。”校领导的关心和体贴，使我们非常感动，觉得心里很温暖，但同时我们也想到，我要用同样的爱心，去爱护青年学生。的确，何梁何利奖的初衷是要帮助这些获奖的科学家改善生活的，但是我们想，我们现在有吃有穿，虽然不富裕，但是生活是有保障的，而很多人还很贫困，还有很多同学考上大学上不了学，上了学以后生活上非常困难。我们两个从电视上看到，考上我们学校的学生，家里拿不出来钱上学，校领导给他们送去1000元钱的时候，孩子的家长感动得失声痛哭，双双要给校领导下跪。看到这里，我们两个实在不忍心再往下看。因为我们也经历过困难，我们也都为人父母，这些孩子都是我们的同胞。我想，我们应该做一些事情。正好有这么一笔奖金，这是一个机会。所以，非常感谢学校领导满足了我们全家的这一愿望。

我们想何梁何利基金设奖的目的，是为促进国家科学技术的发展，因为我们国家的科学技术需要大批的人，特别是需要大批的年轻人，使他们尽快地脱颖而出，中国科学的希望就在这里。从这个意义上讲，我们的行动也是符合何梁何利基金设奖的根本目的。当然，我们希望年轻的同学们能够刻苦学习，磨炼自己，能够迅速成长，将来能很快接过我们这些人肩上的担子，为把我国建设成为科学强国而努力奋斗，去报效我们的祖国，报效我们的人民。

最后，我还想说一句，我们全家对学校有着很深的感情，非常地爱我们的学校，我们衷心祝愿我们的学校更加蒸蒸日上，更加兴旺发达。

底气与灵气

从中国科大校庆和校门的石狮说起[①]

余翔林[②]

今年9月20日是中国科学技术大学创办45周年的纪念日，作为曾在母校学习、生活、工作、奋斗了近40年的老教师，曾把自己全部热情与青春生命贡献给母校建设的一介书生，其埋在内心的思念之情是难以用语言表达的。回想1998年春，奉调去北京工作时，真是故土难舍，叹息掩涕，感怀着千里人北去，三秋雁南飞，不知何岁月，得与尔同归的期望，在芳草有情，夕阳无语之时，悄悄回到母校，把酒祝福她那历经沧桑却又昂然奋发的生日，这是多么美好的时刻。

对母校校庆的纪念需要有情感的寄托，但更需要有理性的思考。45年的建校历史，相对北大、清华这样的百年老校实在是太短暂了，更不用说有300多年历史的哈佛、耶鲁及800年历史的牛津、剑桥。校史的长短固然对学校的声望有很大的影响，但大学的质量也并非完全由建校时间的长短来衡量。5年前，我曾写过一篇短文，对中国科大建校的历程做过一些思考。我们看到的是尽管建校时间不长，但中国科大却以严谨求实的优良学风，广博精深的基础教育，科学民主的学术环境，开明开放的广阔胸怀，改革创新的进取精神凝聚了大批杰出的青年人才，使这所后起之秀的大学充满朝气，享誉中外。

---

① 原载于2003年9月15日《中国科大报》。

② 余翔林，曾任中国科学技术大学党委书记。

一所只有45年建校史的年轻大学，又经历了“文化大革命”的10年动乱和南迁安徽的巨大挫折，在经济、文化、交通、通信不太发达的华东腹地能顽强成长，脱颖而出，进入国内一流大学之林，她的成功之路曾引起许多人的兴趣与思考。我想至少有两个原因是比较重要的。

首先，中国科大实行的是“全院办校，所系结合”的办校方针，中国科学院的强大学术背景和科学的旗帜是中国科大具有长远凝聚力的无形力量，学校从建校初就倡导科学与技术的结合，教学与研究的结合，弘扬红专并进，理实交融，文理渗透的优良学风，符合教育的规律，摆脱了国内大学当时理工分家，教学与研究脱节的状况，使优秀人才能迅速成长。今天尽管中国科大南迁合肥已有30余年，“全院办校，所系结合”的形式发生了变化，但这一办校方针的无形力量仍是不可低估。

第二个原因是中国科大在教学上一直坚持了“通识”教育的方针，而不是多数大学的“专才”教育。很长一段时间中国科大的本科学制是五年，比一般大学多了一年。其中前三年完全用于学习数、理、化、生、计算机、外语等基础课程，四年级起才有一年到一年半的专业基础课和专业课，最后有半年毕业论文的科研训练。高年级时还要参加科学研究和社会实践，常有科学大师的学术前沿讲座和报告，开阔学生的视野。中国科大基础课教学的“宽、厚、实”，专业课教学的“精、新、活”，使学生受益无穷。许多校友在回忆母校的学习生活时，都交口称赞学校的本科教学堪称一流，不仅给了学生底气，有后劲，也给了学生灵气，有创造，是中国科大办学立于不败之地的根本保证。今天中国科大本科的学制尽管已改成四年，但重视基础教学的传统依然保留了下来，这是令人欣慰的。

1997年，我还在中国科大工作时，曾率学校代表团访问福建省，受到福建省政府、福州市政府及中国科大福建校友会的热烈欢迎。那时恰逢学校建校40周年前夕，校友会正在筹划向母校捐赠纪念品之事。在一次福建校友会举行的盛情会议上，我代表学校汇报了40年的艰难与进步，校友们深受鼓舞，在议论中有人提议送母校一对石狮作为镇门之宝，放在学校的大门两侧，以表达福建校友会对母校的敬仰之情。因为福建盛产石狮这样的工艺雕塑，立刻得到全体校友的支持。这时有校友问我希望石狮子以什么样的造型为好，这下可有点难住了我，何况福建的石狮千姿百态，寓意各不相同，实难选择。我略微思索了一下，想起中国科大教学的特色，似可以和石狮子的艺术造型联系起来，于是脱口说道：“我想其中一个石狮的造型应该是端庄稳重有底气，表现出母校基础教学的‘宽、厚、实’；另一个石狮子的造型应是聪明活泼有灵气，表现出母校专业教学的‘精、新、活’。既有底气，又有灵气，正是我们中国科大学生特有的素质和建设祖国的财富。”想不到这短短的几句话讲完后，迎来的却是长时间热烈的掌声。福建校友会主任张家坤(时任福建省副省长)非常高兴，当场拍板确定，并由校友会秘书长黄桂元负责筹集捐款，组织实施，大家兴高采烈，溢于言表。1998年校庆前，福建校友会果然如期千辛万苦地从福建运来了一对青灰色花岗岩雕成的近两米高的雄伟石狮，这使我感到万分高兴。但当我端详这对石狮子时，却怎么也看不出那端庄稳重的底气和聪明活泼的灵气来，这又使我感到一丝遗憾。现在，这一对有象征意义的石狮子已庄严地雄踞在中国科大校门的两侧。许多中国科大的毕业生，别离母校时大约多曾与它们合影，留下那永恒的大学时代的美好回忆。我想，就让那底气和灵气的朦胧形象永远留在我们的记忆中吧！

大学生活应该怎样度过

给新同学的几点建议①

朱清时②

亲爱的新同学：

从今天起，你已成为中国科学技术大学这个大家庭的一员了。我在这里向你们表示衷心的祝贺和热烈的欢迎！

关于中国科大，你们或许已经有所了解，也将在今后的几年里继续更多地熟悉她、感受她，我在这里只想以一位老学长的身份，和你们谈谈大学生活，谈谈我个人的体会。

同学们对即将到来的大学生活一定十分憧憬和向往，就像42年前我自己走进中国科大时的心情一样。我想告诉大家的是，要想在四年精彩纷呈的大学生活收获最大，当务之急就是要适应与转变。首先要适应从中学的“保姆式教育”到大学的自主学习方式的变化，尽快学会如何自主学习、自己设计和安排生活和学业，千万不要在没有过去习惯的压力时放松自己。一开始，你可能会感到不知所措，不过不要紧，坚持下去就是胜利。其次要保持平常心，在新的集体中妥善定位。能进入中国科大学习的，在中学期间都是佼佼者，个个都有骄人的资本。不过，在新的集体中，你会发现强手如林，你只是普通一员。要适应这一环境的变化，不要失落急躁、自暴自弃。你们已经变换了跑道，重新站到同一起跑线上，

① 原载于2005年8月25日《中国科大报》。

② 朱清时，中国科学院院士，时任中国科学技术大学校长。

能否取得新的胜利,就看你的努力了。

在中学时代,大家的任务主要是学习基础知识,各自的兴趣和特长往往被忽略,甚至被压抑。进入中国科大后,不仅要继续学好更深层次的基础知识,而且要逐渐培养自己的创新能力,培养对科学的好奇心和兴趣。大学将不同学科、不同类型的教学和科研机构、不同类型的学者汇聚在一起,形成一个难得的多学科交叉的环境,希望你们充分利用这个环境,多学、多看、多问,充分利用中国科大自主选择和科研实践机会多的有利条件,尽快找到自己的真正兴趣所在,在兴趣的驱动下快乐地学习。但不要因此而忽视课堂教学,你们的知识储备还不到足以令你骄傲的地步,不要找出种种理由来为逃课做辩护,甚至指责老师讲课单调乏味,因为归根结底,是你为自己的教育负责。

当然,大学生活不是百分之百的专业学习,大学教育也不是百分之百的专业教育,包括思想品德、人文素养在内的全面素质提高,才是大学教育的真谛所在。因此,课余时间,大家不要总是憋在教室和宿舍里,要抓紧机会,积极参加各类科技文化社团、兴趣小组,这对一个人未来的发展非常重要。在大学里,你首先要学会的是如何做人,要知书达理,诚实守信,品行端正;其次要学会如何做有用的人,学好本领,将来对社会有所贡献;然后才是学会做成功的人,达到普通人所不能企及的高度。学会做人是根本。

同学们,大学生活是丰富多彩的,同时也不可能是一帆风顺的。你们在今后的日子里,会收获许多成功的喜悦,也会遇到种种迷茫和坎坷。当你遇到学业上的挫折,或者经济上的困难,或者心理上的困惑时,一定不要灰心丧气,这些都是从年轻走向成熟的代价,是人生道路上的必然。要记住,年轻永远没有失败;要记住,睁开眼睛就能看到无限风光;要记住,中国科大永远是你温暖的家。

祝愿同学们在今后的日子活得精彩,活得有意义。

绿肥红瘦

忆中国科大的美食和友情[①]

藏　群[②]

说起绿肥红瘦，未必一定会是李清照笔下雨打风吹的海棠。芸芸众生的生活里，风花雪月的故事鲜有，衣食住行却是平常。上了大学之后，每逢说起“绿肥红瘦”，我都会想起我们大学食堂的饭菜，用“绿肥红瘦”来形容，可谓妙极。

大学时代，我们还是“80年代的新一辈”。学校食堂里，一眼望去都是煮成或青绿或黄绿的菜叶子，菜叶子中间零星散落几片薄薄的肉片，真正的绿肥红瘦。每逢饭点儿，菜盆里飘落的寂寞红花落谁家，取决于排队的先后，无论男女老少，公平竞争。当时恰同学少年，眼前是一望无际的科学高峰，老师们倾囊相授，下课拖堂；莘莘学子孜孜以求，课后讨论，都是常有的事情。等我们赶到食堂还能有热饭热菜，已是满足。

有一句名言，“想得到谁的心，先要抓住谁的胃。”这话对任何人、任何时代都适用，放之四海而皆准。正值风华正茂，吃饱饭不能不说是一件既要紧又有吸引力的事情。80年代物质谈不上丰富，对血脂、胆固醇没有提到担心的日程上来，对能吃上几口好饭菜还有些许梦想，些许期待，也有些许挑战。

记得那时候合肥当地民风淳朴，校园里有好几处老乡们摆的小吃

① 原载于2019年3月25日《中国科大报》。

② 藏群，中国科学技术大学1985级校友。

摊,方便美味,给我们提供了很多的安慰。东区大门对面有位大妈早餐时间卖糯米包油条,外面纱布裹着,中间夹一层白砂糖,天冷时咬上一口冒着热气又甜又香的白米饭,很是享受。校园里有一个鸡汤馄饨摊儿,师傅一双手翻云覆雨,用筷子尖儿挑一点肉馅儿,手掌中的一块馄饨皮一开即合,顷刻之间十几只馄饨落到滚水里翻腾。煮馄饨的那口白铁大锅里躺着只鸡,边上的小桌子上摆着好几种调味料,除了麻油、盐、酱油、糖和醋,还有榨菜、葱花、香菜、紫菜、虾皮,吃的时候师傅按每人的要求把调料放碗里,冲上鸡汤,再加馄饨,感觉那股香能飘出几里开外。女生宿舍楼附近有一位大姐烤千层饼,外加烤红薯。一个大铁桶围的烤炉,内壁垒上泥,炉里面生着炭火,炉壁四周贴着长形的薄薄烤饼。饼烤好后取出来,做饼大姐还要用烧热的铁签斜插到饼里,掀松薄如蝉翼的内层,一股葱油的香气瞬间就在空气中弥漫开来。还记得校园里不定期的有豆腐脑、糟米酒,一只扁担挑着两只木桶,售空为止。如果有哪位同学看到了那个木桶挑子的出现,一定会通知周围一圈儿,一传两,两传三,去晚的同学多半只能望着见底的桶兴叹。至于高蛋白的鱼和肉摊子也是有的,烧鹅、煎鲳鱼,价位比较高,大约一元钱。平时购买的大多是教职员工,我们做学生的只能偶尔为之,毕竟那时候学校食堂最贵的红烧大排才四角钱一份,花一元钱买一个菜很是奢侈。

女生喜欢吃零食是公认的事实。中国科大女生少,基本集中在一栋四层楼里,人称女生楼。每晚下自习的时候,楼下就有老乡们来卖茶叶蛋、茶干、糖藕之类女生喜欢的吃食,生意很是兴隆,一锅茶叶蛋、一桶糖藕,下自习回来十几分钟就能倾售一空。另外,促使我们女生买零食的还有一个客观原因,就是粮票。那时的粮食凭票供应,每人每月有30斤(1斤=0.5千克)定量。月初时,各班生活委员会把粮票领回来发给大家换成饭票,去食堂打饭就凭票买米饭。女生饭量基本一顿2两(1两=50克),所以每月能省下来差不多一半的粮票,这个粮票在合肥老乡那里可以交换食物,也就是说在小吃摊上可当钱花。当时的粮票对女生作用有三:一是在食堂吃饭的时候买米饭;二是当成意外之财,去逛小吃摊儿;

三是在发挥爱心的时候去接济一下男朋友。

低年级时，电炉的使用只限于煮个方便面、水铺蛋之类；到了高年级，随着技术和口味的提高，从电炉上端下来的已有初具规模的南北菜式。

我们同宿舍有四个女同学，在对口味的追求上情趣相投，聊天时经常交流家乡美食。我是北方人，南甜北咸，我是在中国科大第一次听到豆腐脑原来也可以吃甜的；还学到了炒菜时加一点糖会提鲜。为了学做菜，我们买了一本菜谱，照猫画虎，很快发现其实做菜跟做生物实验大同小异，而且每每都有惊喜和斩获。记得一年冬天放假前夕，借着给一个同学过生日，我们做了刚学会的熘肉段儿、红烧鱼，隔壁数学系的一个安徽女孩儿教我们做了板栗烧鸡。为了配菜，专门去小卖部买了一瓶啤酒，几个女生分着喝。当时，想得到新鲜食材并不困难，从学校后门出去走十几分钟就可以到南七市场，当地鲜活的鸡鸭鱼肉、蔬菜水果，还是有不少选择，而且我们的粮票也可以派上用场。所以，我们时常在午休时去逛南七市场。

喜欢做饭的不仅仅是女生，男生里精通此道的大神级人物并不少见。记得有一年因为要准备GRE考试，所以寒假留在学校过年。节日期间，学校食堂为在校同学准备了丰盛的年夜饭，我们几个同学热热闹闹聚完大餐，再回班级聚小餐。那时我在菜谱上学会了糖醋排骨，自告奋勇来烧这个菜。一位四川男生说奉献一道经典川菜——鱼香肉丝。一切准备就绪之后，川厨说这道菜的灵魂调料之一是醋，才发现醋已经被我做菜用光了。为一勺醋跑一趟南七是“杀鸡用了宰牛刀”，但是又不能因为困难而将就了质量。正在无解之际，七嘴八舌的同学们灵机一动：图书馆前有棵枇杷树，树上还有果子，酸的！就这样，几颗枇杷，洗净、切碎、入菜，一盘味道醇厚的鱼香肉丝闪亮登场，多少年之后还在余味绵长。而且，最为关键的是此处成功无法复制。

中国科大五年的学生生涯以超过我们预期的速度结束了，回忆的滋味萦绕在唇齿之间。漂洋过海之后，我们在陌生的地方开始了新的探索,应付了实验室里形状各异的瓶瓶罐罐,还有家庭厨房里买了空、空了买的油盐酱醋。转瞬之间,白驹过隙,"时光只解催人老",世界也不再是当初的模样。今时今日物质极大丰富,健康理念是多吃蔬菜少吃肉。衣衫渐紧终不悔,是一件不可为之事。面对盘中餐的诱惑,每日默念三遍紧箍咒:"知否,知否,应是绿肥红瘦。"

追　忆　篇

忆郭老赠《卜算子·咏梅》词[1]

华罗庚[2]

郭沫若同志作为一位卓越的无产阶级文化战士，不仅在文学、史学、考古等方面有着杰出的成就，而且为发展祖国的科学事业作出了不可磨灭的贡献。他在创建中国科学院和中国科学技术大学的过程中所进行的卓有成效的工作，在科技界，在全国人民心中，留下了永志难忘的印象。

郭老对我们深入生产和科研的第一线推广统筹法和优选法的工作给予了极大的支持和鼓励。1964年，当我开始把数学工具——统筹法、优选法用于生产和管理的时候，我给伟大领袖毛主席写了一首诗和一封信，表达了自己利用科学知识为社会主义建设事业服务的想法和决心，立即得到了毛主席的热情支持。3月18日，他老人家亲笔复信给我说，信和诗已经收读，壮志凌云，可喜可贺。就在毛主席复信后的第三天(即3月20日)郭老挥毫写了一首《卜算子·咏梅》词赠我："曩见梅花愁，今见梅花笑。本有东风孕满怀，春伴梅花到。风雨任疯狂，冰雪随骄傲。万紫千红结队来，遍地吹军号。"郭老对我们科学工作者走同工农群众相结合的道路，是感到衷心喜悦的。他鼓励我们作顶风斗雪、傲霜挺立的梅花，在毛泽东思想的阳光沐浴下，去迎接军号嘹亮、万紫千红的科学的春天。长期以来，这首词一直在激励着我们前进。

---

① 原载于1982年11月30日《科大校刊》。

② 华罗庚，中国科学院院士，时任中国科学技术大学副校长。

怀念郭老[①]

杨海波[②]

郭沫若校长是一位坚贞不渝的革命家，杰出的文学家、科学家与教育家，是中国科学技术大学创始人之一。他一生热爱党，热爱祖国，热爱人民，是我国知识分子的光辉榜样。

中国科学技术大学是1958年由郭沫若等同志提议，经中央书记处批准，中国科学院创办的，是在周总理、邓小平、陈毅、聂荣臻、郭沫若等老一辈无产阶级革命家的亲切关怀下成长起来的。周总理亲自审定了郭沫若校长在开学典礼上的致辞，亲自修改中国科大校歌歌词。郭沫若校长在创办中国科大的过程中热心培育，倾注了无数心血。我到中国科大时间不太长。但我一到中国科大，就感到中国科大的师生员工，不论是亲身聆听过郭老谆谆教导的老同志，还是刚进科大不久的学生，都对郭校长怀有深厚的感情。中国科大的历史与郭沫若同志的名字是紧紧地联系在一起的。郭老创建中国科大的业绩和他的风度、才华、品德、情操在中国科大师生中有口皆碑。

郭校长十分平易近人，无微不至地关心师生的工作、学习和生活，关心学生政治上的进步。他经常亲自邀请党和国家的领导人来校作报告，郭老一再倡导科大要以抗大为榜样，继承和发扬抗大的优良传统。他亲自为中国科大写校歌，亲自请抗大校歌作曲者、中国音乐家协会主席吕

---

① 原载于1982年11月30日《科大校刊》。

② 杨海波，时任中国科学技术大学党委书记、副校长。

骥同志为校歌谱曲，亲自请抗大毕业生郁文同志任中国科大党委书记。他为树立好校风，陶冶学生革命情操呕心沥血。郭老鼓励学生努力学习，刻苦锻炼，辛勤劳动，大胆创造，团结互助，英勇活泼，不在任何困难面前低头，把自己锻炼成为社会主义建设人才。

在郭沫若校长和竺可桢、吴有训、严济慈、华罗庚、柳大纲、钱学森等著名科学家熏陶下，多年来，中国科大师生养成了“勤俭办学、艰苦朴素、红专并进、团结互助”的优良校风，这是中国科大的无价之宝。中国科大师生学风好、校风好，有敢于攀登、勇于拼搏的精神，这是中国科大之所以能保持较高的教学科研水平，能够置之死地而后生的重要原因之一。

我们纪念郭老，就要继承和发扬在郭老热心培育下形成的优良传统，把它一代一代传下去。同时要认真总结中国科大办学的经验和教训，结合我国我校当前的实际，在党的十二大精神指导下打开中国科大各方面工作的新局面，把教学科研提高到一个新水平。

当我翻阅郭沫若同志在中国科大建校初期写的一页手稿时，深深感到，郭老为发展我国的科学教育事业真是呕心沥血。郭老对科技工作的真知灼见，至今仍对办好中国科大具有深刻的指导意义。郭老提出了办校的一些原则问题，归纳起来，叫“三纲”“五化”。“三纲”的主要内容是：党的坚强领导；勤工俭学，教学、科研和生产劳动相结合；抓尖端科学技术，为国家建设服务。这三条至今仍是我国科技工作的指导思想，与中央提出的要把重点大学办成既是教学中心，又是科研中心的精神完全一致。目前我校教学与科研相结合这一点做得比较好，大多数教师既搞教学又搞科研，已有相当水平的科研成果，但在教学科研与生产相结合上，还很不够。今后要朝这个方向努力，使科研工作面向经济建设，为国家经济建设服务。现在有些同志认为，应用技术研究，推广科技成果，不算尖端；做这些工作的同志只能提讲师、工程师，提教授、副教授不行。到底什么是“尖端”？郭老做了精辟的阐述，他说：“为了适应国家建设的需要，中国的科学技术必须向着两个方面跃进。一个是向高层突破，另一个是向全面铺开。向高层突破是要向未知领域突进，揭破自然界的更深的秘密，掌握还隐藏着的物质和规律，找到钥匙来向自然界的最秘密的宝库中取宝。向全面铺开和普通的普及意义稍有不同，这是把新科学、新技术的成果加以综合创造，投入生产，投入国防建设，以提高人民的物质生活和文化生活的水平，以保卫革命胜利的成果，保卫祖国的安全。"这样一纵一横的科学技术研究都是我们所说的"尖端"。我看，在科技宣传中，应该好好宣传郭沫若同志对"尖端"科学技术下的定义。

我所认识的郭老[①]

杨承宗[②]

郭沫若校长是我国现代史中难得的杰出的学问家。他是诗人、文学家、历史和考古学家、书法家，是一位集文学与科学于一身的历史人物。

郭老于20世纪30年代初期在日军侵略的炮火中回到祖国，放弃了个人利益，是热爱祖国的模范。

由于郭老突出的才能和功绩，新中国成立以后，中央人民政府以毛泽东主席的名义特任郭老为中国科学院院长。

郭老热心中国的科学事业，是我国原子能科技发展较早的倡导者之一。郭老支持制定十二年科技发展远景规划，从而创办了一所新型的高等学校——中国科学技术大学——培养科技工作者的基地。在创办中国科大期间，院内科学家兴致很高，在玉泉路多次讨论中国科大的方针、任务。当时12个系的主任互相熟悉，都有同样的语言，每会必到。郭院长更是如此。大家发言踊跃，讨论决定：不采取苏联"物理工程学院"的方针，而是从基础课做起。在讨论基础课时，大家赞成除了数、理、化外，中国科大学生一律要读外语。当时国内大学都未这样做，而郭老则力排众议，坚决将外语列入基础课。数、理、化、外、电、图六门课从此成为中国科大的柱石。

开学一个月，社会上刮起了教育革命一阵风，大字报出来了。我们

① 原载于1982年11月30日《科大校刊》。

② 杨承宗，我国放射化学奠基人，时任中国科学技术大学副校长。

兼课教师就莫名其妙被停课了。郁文书记向郭老请示，听说郭老讲，在学校里，学生就是要读书；学习也是为了革命。郁文同志回校立即布置上课。1958年，从夏到冬，从院部到玉泉路，计划—兼课—停课—复课，使人难忘。

郭校长以自己的心血浇灌了中国科大，从各方面关心、支持中国科大。国外友人馈赠的礼品，全部转赠中国科大，自己创作剧本的首演票全部给了中国科学院的同志，包括中国科大的教师；以其文艺创作的版权全部给予中国科大，增加了学生的助学金。

1977年中国科大第一次工作会议，郭老已经卧病医院。同志们怀念郭老，郭老特意从医院赶到北京饭店会见与会同志。郭老在离开会场时依依不舍，频频招手回顾。郭校长在最后一瞥中，脉脉深情，使人难忘那眼神，似乎在说，他对我国科学教育事业继承和发展的希望都在你们身上。

聂总与中国科学技术大学[①]

严济慈[②]

1958年9月，在中共八大二次会议向全国人民提出技术革命的伟大历史任务的形势下，中华全国自然科学专门学会联合会和中华全国科学技术普及协会在北京联合召开全国代表大会，讨论决定将两个学术团体合并，成立中华人民共和国科学技术协会（以下简称中国科协）。这次大会同时也是中国科协的第一次全国代表大会。这是新中国成立以来组建我国科技队伍的又一重大步骤。当时任国务院副总理的聂荣臻同志代表党中央和国务院向大会表示热烈的祝贺。我当时兼任全国科联秘书长。我们出席大会的全体代表在全国政协礼堂聆听了聂总给大会作的报告。大会开始之前，聂总来到休息室，会见大会的一些负责同志。聂总深情地对我们说，他在党和毛主席的领导下，前半生参加了组织和建立我国人民武装队伍的工作，为中国人民的解放事业作出了一份贡献；他愿在后半生致力于组织和建立我国科技队伍的工作，争取为我国人民建设现代化的社会主义强国作出新的贡献。聂总语重心长地说，希望大家能够同他一起，共同致力于我国科技队伍的建设工作。聂总的这些话，深深地感动了我。我当时想，党中央和国务院有像聂总这样的革命家负责领导全国科学技术工作，完全符合我们科技工作者的心声。后来，周扬同志高度赞颂聂总的这个心愿，说“这是一个革命家的动人的愿

① 原载于1983年10月5日《科大校刊》。

② 严济慈，中国科学院院士，时任中国科学技术大学校长。

望"。确实，聂总不仅有这种动人的愿望，而且以他后来领导我国科技战线所取得的光辉业绩实现了这个愿望。

20多年来，聂总为中国科学技术大学的建立、成长和发展所付出的大量心血，就是一个十分生动感人的事例。

1956年初，根据我国社会主义建设发展的需要，我们制定了十二年科学技术发展远景规划，在全国人民中掀起了"向科学进军"的热潮。为了实现十二年科学技术发展远景规划，首要的任务就是要尽快地培养出各方面的专门人才，特别是那些关系到发展我国国防建设和国民经济的空白、薄弱的学科，更是亟待培养出新的一代科技人才。为适应这种形势发展的需要，1958年初，中国科学院的许多科学家和领导同志一致提出，要改变我国过去采用的办教育的方式，把教育同科学研究密切结合起来，利用科学院的科学家力量比较雄厚、各研究所实验设备条件较好的特长，创办一所新型的社会主义大学——中国科学技术大学。学校的系科设置，着重在空白薄弱学科和新兴技术领域，并做到理工结合，克服理工分家的弊病。实行"全院办校，所系结合"的方针，对学生给以比较严格的科学基础知识和技术操作的训练。在三、四年级时，学生到有关的研究所参加实际工作，以便迅速掌握最新的科学技术，并加深对基础的理解。为此，张劲夫同志代表科学院党组于同年5月9日向聂总写了报告。聂总非常支持，于5月21日作了批示，并转呈中央书记处。聂总批示说："中国科学院拟办一大学，我认为是可行的。昨与恩来同志面谈后，他也很赞成。校址问题我与彭真同志谈过，请市委予以调整。请中央同意批准，以便立即着手筹备暑假招生。"邓小平同志于6月2日召集中央书记处开会，批准了中国科学院党组的报告，邓小平同志批示："书记处会议批准这个报告，决定成立这个大学。校址另议。"紧接着，刘少奇、周恩来、陈云同志都审核同意了书记处的决定。

当时，暑期在即，校舍、招生、教职员工、教学计划、后勤供应……一系列的问题都迫在眉睫，需要指日计时地去解决。聂总在负责领导全国科技工作的繁重任务下，对中国科学技术大学的筹建工作，一桩桩、一件件地去关心，去落实。中国科学院党组把筹建中国科学技术大学当作一件大事，张劲夫同志亲自抓，郭沫若同志兼任校长，并派郁文同志任校党委书记。

首先是校舍问题。当时科学院党组建议借用的校舍，本来是解放军某单位的，为了尽快解决，聂总亲自交代谷羽同志同这个单位商量，这个单位的领导同志了解到创办这所大学是党中央的决策，是发展我国科技事业的一项重要措施，立即答应支持，很快就把房子腾了出来，毫无保留地交给了中国科学院。

其次是招生问题。在聂总的关心下，中国科学院党组向中央宣传部写了报告，报请中央通知各省市主管部门从当年的考生中为中国科学技术大学优先录取一批政治表现好，学习成绩优秀的考生入学。各省市在接到中央的通知后，认真贯彻执行，很快为中国科技大学优先录取了1600名新生，其中党团员占84%，工农子弟、干部子弟和知识分子子弟占绝大多数，这就为后来办好学校、培养高质量的科技人才创造了良好条件。

再者就是教工和教学问题。聂总高度赞赏科学院党组提出的“全院办校，所系结合”的办校方针。当他知道吴有训、华罗庚、钱学森、贝时璋等同志和我都要到学校去讲课时，非常高兴，说这是个好办法，并鼓励各研究所的科学家们尽量到学校去兼课，以便把最新的科技成就和科研前沿课题及时传授给学生。

学校正式开学之前，聂总亲自到校察看了教室、实验室、运动场和宿舍，与同学们亲切交谈。当看到这些来自全国各地的优秀青年学生个个精神饱满，艰苦朴素，许多同学穿着打补丁的衣服，不少人还光着脚板，有些同学甚至是从北京火车站用扁担挑着行李来到西郊玉泉路校址的，聂总满意得连连点头赞许，勉励同学们继承抗大的优良传统，创立艰苦朴素的好校风。

1958年9月20日，中国科学技术大学正式开学了。聂总在开学典礼大会上发表了热情洋溢的讲话。他为全校师生员工指明了前进的方向，要求“在教职学员中,大力加强马列主义的政治教育和思想教育,树立工人阶级的立场和观点,培养与磨炼坚强的革命意志和高度的集体主义精神”。他向同学们提出了奋斗目标,就是要立志成为“又红又专”,“既掌握坚实的科学基础理论,又能掌握技术操作方法的全面人才”。他号召全校师生团结奋斗,把学校办成新型的社会主义大学,并满怀激情地引用郭沫若校长所作校歌歌词,鼓励大家“迎接永恒的东风,把红旗高举起来,插上科学的高峰!”

因此,可以毫不夸张地说,中国科学技术大学当年能够在如此急促的四个月内从无到有地筹建、成立、招生、开学,是与聂总的亲切关怀分不开的。

中国科学技术大学创建以后,20多年来,聂总一直关心着学校的成长和发展。他曾与陈毅副总理一起到学校参观实验室,检查了解同学们的学习成绩。他勉励同学们要好好学习,争取思想上和学业上的更大进步。他谆谆告诫同学们不要因为进了中国科大就骄傲起来,应该扎扎实实,刻苦学习,努力钻研,掌握过硬的本领,将来为我国科学技术的发展作出自己的贡献。

1960年国民经济困难时期,聂总十分关心中国科大师生们的生活和健康,一再嘱咐学校领导和搞后勤的同志们,在可能条件下,尽量把伙食搞好,把生活安排得好一些,以保证教学任务的圆满完成。对于各研究所的兼职教师从中关村到学校上课的交通问题等,聂总也都亲自检查过问。

1963年7月14日,中国科学技术大学的校园里锣鼓喧天,彩旗飘扬,一片喜气洋洋的节日景象。陈总、聂总等中央领导同志来校出席中国科学技术大学首届毕业典礼大会。聂总高兴地向师生们祝贺,向五年来为建校付出辛勤劳动的校领导、教授们、老师们和全体职工表示崇高的敬意。他说,五年培植,今日结果,可喜可贺。他希望同学们挑起新的具有历史意义的光荣艰巨的重担,就是要把我国尽快建设成为现代化的社会主义强国。他要求同学们要在又红又专的道路上,永不自满,永不歇息,不断创新,不断前进。

陈毅副总理当年在繁重的外交活动中也抽出半天时间,在郭沫若校长、郁文书记的陪同下到学校专门给同学们作了重要报告。

后来,在第二届、第三届毕业典礼大会上,谭震林、罗瑞卿等中央领导同志也都来到学校,会见师生,到会讲话,合影留念。

在党中央和周总理、陈总、聂总等老一辈革命家的亲切关怀下,在中国科学院党组的直接领导下,经过全校师生员工的共同努力,中国科学技术大学为国家培养出了一批批高质量的科技人才。

然而,“文革”浩劫,教育遭殃。中国科学技术大学被迫南迁,辗转数地,最后来到安徽省合肥市。敬爱的聂总在遭到林彪、江青反革命集团的诬陷攻击的情况下,仍然关心着中国科学技术大学的命运,关心着学校的师生员工。毛泽东思想的哺育,聂总和其他老一辈革命家的关怀,给了中国科大师生员工以无穷的力量。他们在十分险恶的形势下,与“四人帮”进行了难能可贵的斗争,他们克服重重困难,坚持原定的办学方针,特别是在粉碎“四人帮”以后,不断取得了教学和科研的新成绩。当然,要在安徽重新建校,其间的困难是可以想见的。在安徽省委万里、张劲夫、周子健等领导同志的亲切关怀下,在安徽省合肥市有关部门的大力支持下,中国科学技术大学的各项建设工作取得了很大的进展。

1978年9月,在科学的春天里,中国科学技术大学迎来了20周年校庆。聂总不顾体弱有病,握笔困难,仍然坚持草书百余言为中国科大校庆志贺,书法苍劲,语重心长,从中足可看出他对中国科大师生们的热望之心。聂总的贺信说:“科技大学创办20年,成绩卓著,培养的大批科技人才已成为今日科技战线上的骨干力量。”他希望中国科学技术大学“总结经验,再接再厉,为祖国四个现代化的建设,出更多更辉煌的科技成果,出更多更优秀的科技人才”。

聂总和其他老辈革命家的亲切关怀和谆谆教诲,一直在激励着中国科学技术大学的师生们在社会主义建设的各个不同岗位上,在祖国的四面八方,在远隔重洋的异域他乡,忘我地工作,勇敢地进取,不断创造优异成绩，为学校争光，为祖国争光！去年，全国统考后入校的第一届毕业生已有66%先后考取国内外研究生，今年又有54%的应届毕业生考取国内外研究生，同时，少年班第一届毕业生（其中有一半是提前毕业）也有70%以上考取了国内外研究生。他们当中，有15岁考取国内研究生的，16岁考取出国研究生的，更多的是以优异的成绩考取国内知名科学家的研究生。

继郭沫若校长之后，我荣幸地出任中国科学技术大学的第二任校长。我和科技教育界的同志们高兴地看到，中国科学技术大学已经度过了她的少年时代，步入青年时代，正在显示出她的旺盛的青春活力。

现在，中国科学技术大学已经成长为我国教育园地中一朵绚丽多姿的新花，在国际上也赢得了良好的声誉，在这当中就凝结着聂总许许多多的心血啊！

把郭老倡导的校风发扬光大[①]

蔡有智[②]

我们的老校长郭沫若，是我们学校的创始人。他老人家生前努力倡导的优良校风培育了我们一代又一代青年学生。

郭老在1959级开学典礼上所作的《勤奋学习，红专并进》的报告中指出："我们的校风是好的，就是勤俭办学，艰苦朴素，红专并进，团结互助。"这是对中国科大校风的科学总结。事实证明，郭老倡导的校风，是老一辈科学家、校领导和广大师生员工共同创造的，保证了我们学校为国家培养出一批又一批的合格人才。

那么，在80年代的今天，我们还要不要继承、发扬郭老倡导的校风呢？我认为，这是每个科大人应当严肃对待的重要问题。

首先，优良的校风、严肃的校纪，是一个学校办得好的标志，是培养优秀人才的前提条件。

校风，是一种无形的力量，是干部的作风，教师的教风和学生的学风等一系列行为习惯的总和，是客观存在的。所以，它是学校精神面貌的好坏和教育质量高低的重要标志。不同的是，优良的校风会催人奋发，促进人成长，潜移默化地对学校的每个成员起着教育和鼓舞的作用。相反，坏的校风一旦形成，就如同一种腐蚀剂，使人心涣散，集体瓦解，堕落腐败。

---

① 原载于1987年9月5日《中国科大》。

② 蔡有智，时任中国科学技术大学副校长。

尤其是像我们这样的大学，在社会上的地位作用很重要。它不是一般意义上培养学生懂得一些科学知识，而是培养学生担负起在现代科学前沿进行研究的高级研究人才和国家建设的干部。他们的言行和作风，对党风和社会风气都有很大影响。所以，优良的校风有利于良好的社会风气的形成，促进党风的好转。

其次，当前我校学生中存在的问题也要求我们进行加强校风、校纪的建设。

最近几年，由于忽视了校风校纪的教育，我校同学中出现了一些偏向，少部分同学，或者个人主义严重，或者早恋赌博，或者放任自流、酗酒肇事，或者学习不用功、考试作弊，等等。这些人，虽然为数不多，但腐蚀性大。影响恶劣，甚至危及大多数人的正常学习和生活。所以，对少数人所存在的问题必须足够重视。而加强校风校纪建设正是解决这一问题的好办法。

第三，校风和校纪是互为补充、相辅相成的。一所学校，一旦由优良的校风占主导地位，则必然呈现出高度的纪律性，也就有了良好的校纪；相应的，而优良校风在形成、发展的过程中，又要依靠严明的校规校纪作保证。所以，要发扬我校的优良校风，必须加强校规校纪建设。

具体如何加强校风校纪建设，我认为应当做到以下几点：

第一，善于引导、教育学生树立正确的人生观，加强科学道德修养。现在的大学生，思想活跃，喜欢思考和探讨问题。他们中很多人渴望早日成才。因此，我们只要善于引导，动之以情，言之以理，方法得当，是能够把同学们的兴趣爱好引导到为“四化”建设服务这个总目标上来的，是能够继承和发扬郭老倡导的优良校风的。比如，我们可以用科学史上的实例，讲清只有把自己的研究同社会的发展和造福于人类的根本宗旨相联系才能有所成就的道理。那种看不起劳动和劳动人民，超越社会、超越国家和人民的利益去追求什么“自我设计”“自我表现”，势必会同社会主义格格不入。

第二，全校动员，一致行动。抓好校风校纪并不是一纸公文或哪几个人能做得到的。它要求全体师生员工共同努力，形成强有力的舆论，使善恶、是非、荣辱能得到正确的评价。广大教师、干部和学生干部应当做好表率，做遵守校纪的模范。

第三，采取必要的行政措施，制定一定的规章制度，做到有法必依，违法必究，执法必严。

我相信，只要全校同志真正重视起来，老校长倡导的优良校风一定能在我校发扬光大！

在实事求是的基础上大胆创造

郭沫若在中国科大办学思想片段[①]

丁毅信[②]

“在实事求是的基础上大胆创造，在大胆创造的风格中实事求是。”这是郭沫若在科大的办学思想中一个极其重要的观点。也正是在这种创新求实思想的指导下，中国科学技术大学自问世便以其独具特色的崭新风貌跻身于我国著名高校之列。

可以说，中国科大创建的本身就是大胆创造和实事求是的产物。郭沫若等人着手酝酿建立中国科大时，有两个十分重要的决策因素：尽快填补国内高等院校新兴技术学科方面空白或力量薄弱的专业；为国家培养急需的尖端科技人才。因此，当时科大设立的13个系41个专业都是国内首次设立或少有的新兴技术学科专业。郭沫若积极主张中国科学技术大学实行“全院办校、所系结合”的办校方针，强调教学、科研相结合和理工结合，重视基础理论教学，采用多种形式探索培养高质量人才的新途径。“全院办校、所系结合”办校方针的实施，改变了我国过去办教育的单一的传统模式，开创了我国教育史上的一个先例。在郭沫若等主持下，中国科学院群策群力，所系之间对口合作，有关研究所所长到校兼任系主任，许多著名科学家纷纷到校兼课和开展合作研究。力量雄厚、阵容严整的教师队伍，使得中国科大一诞生就以人才荟萃、群星灿烂而盛

① 原载于1988年6月15日《中国科大》。

② 丁毅信，曾任中国科学技术大学档案馆馆长、校史馆馆长。

极一时;加之郭沫若作风民主,兼容不同学派,提倡各种学术观点自由争鸣,校内学术空气浓厚而活跃。学校同科研机构的密切结合,既沟通了科学研究与教育的紧密联系,同时也丰富了教学内容,提高了学术水平,使学生在校期间就能受到科研的实际训练。实践证明,"所系结合"方针是中国科大赖以迅速发展和成长的根本条件,是培养高质量科技人才的一条行之有效的方针。理工分家,过分强调学生的专业知识而轻视基础理论教学,是50年代我国高等教育照搬苏联模式的一大弊端。早在筹备建校期间,郭沫若召开系主任会议,讨论决定在专业设置上实行理工结合,向科学与技术更加紧密结合的理工科大学模式发展。鉴于现代科技飞速发展,多种学科相互交叉渗透而不断涌现边缘学科和新技术的情况,郭沫若赞成不采取苏联物理工程学院的做法,而是首先注意培养学生宽厚扎实的基础和熟练的实验技能,从基础课抓起。除数、理、化外,他坚决主张将外语列入基础课,同时希望理工科学生要重视中国语文的学习。从此中国科学技术大学五年学制中用三年半讲授基础课程,使毕业生具有基础宽厚扎实、视野开阔、适应性强和后劲足等优点。

对尖端与基础的关系,郭沫若作了精辟的分析和阐述。什么是尖端?"为了适应国家建设的需要,中国的科技必须一是高层突破,一是全面铺开,这一纵一横的科技研究都是通常所说的'尖端'。"他还认为:"搞尖端科学必须有深厚的基础。没有深厚的基础,高层突破的尖端是建立不起来的。"因此,郭沫若要求全校学生"都要成为多面手,不仅要掌握尖端,而且要有深厚的基础,广博的知识,丰富多彩的技能。"

按照社会主义的教育制度办学,坚持党的领导,继承抗大的优秀传统,这是郭沫若自任中国科学技术大学校长之日起就反复强调的。郭沫若起草的首届学生开学典礼致辞中明确指出党的教育方针是办校的根本原则,并用"三纲""五化"做了具体阐释和发挥。"三纲"的内容是政治挂帅,党的坚强领导;勤工俭学,教学、研究和生产劳动相结合;抓尖端科学技术,为国家建设服务。"五化"是思想马列化、生活工农化、组织军事化、教学集体化、技能多面化。今天看来,上述基本精神仍然没有过时。

“勤俭办学，艰苦朴素，红专并进，团结互助”，这是郭老为中国科大概括的校风。在阐述红专关系时，他主张学生要适当参加生产劳动，学习马列主义和时事政策，同时要鼓励个人钻研，发扬个人的自觉性和首创精神，不能把个人钻研和个人主义同等看待。在“教育革命”的当时，这种认识难能可贵。他还提倡“寓教于乐”，主张“学校应有适当的文娱活动和弦歌之声”。至于在学风培养、治学态度和方法上，郭沫若更是有着卓尔不群的独到见解。

郭沫若还题词告诫全校师生职工：“两脚踏实地，不作浮夸家。”这种在大胆创造的风格中实事求是的科学态度，同样值得我们铭记不忘并深长思之。

悼念钱志道同志[①]

钱临照[②]

钱志道同志早岁毕业于浙江大学化学系。那些时日，日寇铁蹄纵横中原，生灵涂炭，民怨沸腾。他毅然投笔从戎，向往光明，奔赴延安，投身革命，以他所学献身给军工建设，为革命事业建立功勋，受到毛主席亲笔题字褒奖。在那个时代，不愿苟安，献身给党的革命事业，有此胸怀的知识分子，志道同志是其中杰出代表之一。

我与志道同志相识还是在60年代初期，他从三机部转来中国科大当副校长。特别在70年代中国科大南迁合肥，他已患重病，仍不顾自己的痛苦，为中国科大事业操劳。南迁之后，中国科大被摒于中国科学院之外，一度成为无主孤儿。据我所知，志道同志奔走呼号。因昔年他和三机部的关系，中国科大于是暂隶于三机部之下，千百师生始能继续工作、学习。中国科大南迁来合肥接受前合肥师范学院的校舍，不敷教学之用。今日在图书馆之西侧一幢化学专用大楼乃为志道同志所筹建。以今日目光而言，化学楼并非宏伟，然在"文革"之中，南迁困境之下建成此楼实非易事。筚路褴褛，非易为也。志道同志在中国科大经常深入教学第一线，了解情况，倾听群众意见。今举一例：南迁之后，困顿无依，经费困难，旧有各系专业都思重整旗鼓。物理系的低温物理专业在北京时已粗有基础，南迁之后低温物理教师欲重新组建，志道同志初意暂缓。

① 原载于1989年10月30日《中国科大》。

② 钱临照，中国科学院院士，曾任中国科学技术大学副校长。

乃会集群众意见，开一次低温物理学科的报告会，由专业人员阐述低温物理在当今物理学中的重要性，志道同志列席谛听。不久低温物理专业乃得重新建立，并筹建新的实验室及液化气体工厂。时至今日，低温物理已成为中国科大的国家重点实验室之一，高温超导科研工作，崭露头角，列入我国超导科研先进行列。其他如天体物理人才培养也受到志道同志的大力支持与鼓励，中国科大的天体物理科研工作在国内大专院校中为首倡，迄今已获国内外同行的赞誉，亦志道同志识力之功。

70年代南迁之后，中国科大住房紧张，我与志道两家蜷居于一单元之内，朝夕相见，笑谈犹在目前。他唯独不谈及在延安为革命所做的贡献，即毛主席题字，初尚藏于箧中，及后为人所知，乃以示人。

志道同志为解放战争、革命胜利作出重要贡献，鲜为我辈所知，今读治丧委员会所撰的《钱志道同志生平》乃获知其一二。他在二机部、三机部及中国科大都做领导工作，但从不居功自傲，更不以权谋私。志道同志与其夫人冯斐同志为浙大同学，两人生活俭朴，互相敬爱。在“文革”中两人都受到不公正的待遇，但对党忠贞不渝，始终忠诚于我国的教育事业。

志道同志一生为革命作出许多贡献。人民将永远纪念他，科大人将以他为榜样为中国科大的教育事业尽心竭力。

无尽的怀念

聂荣臻元帅与中国科大[1]

中国科学技术大学

1992年5月14日，共和国元勋聂荣臻元帅走完了他93年光辉、战斗的人生历程，与世长辞。噩耗传来，中国科大师生员工心情无比沉痛，5月16日，一封饱含怀念之情的唁电从合肥飞向北京，表达科大师生对这位为中国科学技术大学的建设而呕心沥血的革命家的深切悼念。

中国科学技术大学34年的办学历程，凝聚了老一辈革命家的关怀和支持，也凝聚了聂帅的大量心血。1958年，为适应我国国民经济和科学事业发展对人才的急需，中国科学院建议党中央创办一所新型大学。主管科技工作的聂帅非常支持，于1958年5月21日对中国科学院党组的报告作了批示，并转呈中央书记处。聂帅在批示中说："中国科学院拟办一大学，我认为是可行的，昨与恩来同志面谈时，他也很赞成。校址科学院曾建议用原华北行政委员会旧址，我与彭真同志谈过请市委予以调整。请中央同意批准，以便立即着手筹备暑假招生。"邓小平同志于6月2日召集中央书记处开会，批准了中国科学院党组的报告。聂帅身为国家领导人，百忙中对中国科大的筹建工作，一桩桩、一件件地关心、落实。在中央和地方的关怀和支持下，中国科学技术大学的筹备工作只用了3个多月的时间，完成了校舍、招生、教职工、教学计划、后勤供应等工作。

① 原载于1992年5月30日《中国科大报》。

1958年9月20日,中国科学技术大学正式成立开学。在学校成立暨开学典礼大会上,聂帅发表了热情洋溢的讲话。他号召大家团结奋斗,把学校办成新型的社会主义大学,并满怀激情地引用郭沫若校长所作校歌歌词,鼓励师生员工“迎着永恒的东风,把红旗高举起来,插上科学的高峰”。

中国科大创办以后,聂帅一直关心着学校的成长和发展。建校初期,他对人才培养、师资配备乃至师生的生活、健康和交通,也都亲自检查过问。人们忘不了,1963年7月14日,陈总、聂帅来到节日般的校园,向中国科大培养出的第一届毕业生表示热烈祝贺。聂帅在首届毕业生典礼上说,五年培植,今日结果,可喜可贺。他希望同学们挑起尽快建成现代化的社会主义强国的重担,在又红又专的道路上,永不自满,永不歇息,不断创新,不断前进。

“文革”期间,中国科大被迫南迁合肥后,聂帅和其他老一辈革命家仍然关心着中国科大的命运,关心着中国科大的师生员工,给了科大人以无穷的力量。历经曲折和磨难,中国科大的教学、科研仍取得了很大成绩。

1978年是中国科学技术大学发展的一个重大转折。在科学的春天里,中国科学技术大学迎来了二十周年校庆。聂帅不顾体弱多病,握笔困难,仍然坚持草书百言为中国科大校庆志贺:“科技大学创办二十年,成绩卓著,培养的大批科技人才已成为今日科技战线上的骨干力量。”

他希望学校“总结经验,再接再厉,为祖国四个现代化的建设,出更多更辉煌的科技成果,出更多更优秀的科技人才。”

此后,每逢学校有重大活动,聂帅总是函电祝贺或鼓励。1989年前后,聂帅曾两次致函中国科大,并附两份中国科大成立时的档案材料,意在让大家不要忘记中国科大是党中央亲自创办的一所社会主义新型大学,要坚持正确的办学方向,并警醒中国科大要警惕和深入批判资产阶级自由化思想,再次勉励师生员工继承中国科大革命精神,发扬中国科大优良传统,为办好中国科学技术大学而团结奋斗。

中国科大师生员工将永远记着，1991年12月22日聂帅得知合肥国家同步辐射实验室建成、即将接受国家验收，非常高兴，亲嘱办公室电告他的祝贺之意。他说："这又是一个自力更生，艰苦奋斗所取得的伟大胜利，希望同志们继续努力，勇攀高峰，为"四化"大业作出新的贡献。"

在聂帅和其他老一辈革命家的亲切关怀、谆谆教诲和各级领导部门的关心支持下，经过全校师生员工34年的不懈努力，奋力拼搏，中国科学技术大学已成为享誉国内外的高等学府，为国家培养了大批优秀科技人才。今天，我们深切缅怀聂荣臻元帅为中国科大的创建、发展所付出的心血，中国科大师生将牢记聂帅的关怀和教诲，学习聂帅崇高的革命精神和优秀品德，为祖国培养优秀人才，为"四化"建设作出更大贡献来告慰聂帅英灵。

郭沫若的教育思想与中国科学技术大学的前进道路[①]

谷超豪[②]

今年11月16日是中国科学技术大学首任校长郭沫若同志诞辰100周年，我们中国科大的师生无限缅怀我们老校长的伟大业绩和高风亮节。郭沫若提议创办中国科学技术大学并担任校长20年，在办校方针、校风建设、学科发展、人才培养等方面有许多重要的思想和实践，充分体现了郭沫若作为一个杰出的教育家的远见卓识和非凡才华。建校35年来我校广大师生不断继承和发展郭沫若校长的办学思想和实践，努力把中国科大办成具有中国特色的国内一流，国际知名的社会主义大学。

按照社会主义的教育制度办学，坚持党的领导，继承抗大的优良传统，这是郭沫若自担任中国科学技术大学校长之日起就反复强调的。

由于自建校初就形成了坚持社会主义方向，继承抗大精神，重视思想教育，教师为人师表，学生勤奋学习、红专并进的优良传统，在我校毕业的2万余名学生中，绝大多数德才兼备，成为中国科学院各所和国家其他部门、单位的业务骨干，有的还走上了重要领导岗位，为发展经济和振兴科技事业作出了积极的贡献，有3名毕业生已当选为学部委员(50岁以下学部委员全国共12名)。95%的毕业生扎根祖国大地，为中华腾飞而奋力拼搏，他们以对祖国和人民的积极贡献为中国科大赢得了声

---

① 原载于1992年12月15日《中国科大报》。

② 谷超豪，中国科学院院士，时任中国科学技术大学校长。

誉,同时也证明中国科大32年的办学是成功的。

在不断深化改革的办学实践中,学校重视党的建设和思想政治工作,始终坚持社会主义办学方向。特别是近年来,学校根据国内外形势发展的需要,加强了思想政治工作队伍建设,改进了思想政治工作,把社会主义教育与爱国主义教育结合起来,把集体主义与人生观教育结合起来。同时开展了广大师生参加的生动活泼的建校劳动、社会实践、评奖评优、法治教育、校纪教育及健康的文娱活动等,形成了广大师生重视公德、奋发向上的良好局面。特别是这两年在国际政治形势的风云变幻中,全校师生在政治上始终与中央保持一致,经受住了严峻的考验。

长期以来,我们一直把校风的建设作为学校的一项基本建设来抓,使郭老倡导的优良校风代代相传,形成良好的育人环境。为了继承和发扬郭老倡导的优良校风,1980年起,学校设立"郭沫若奖学金",奖励品学兼优的学生,鼓励广大青年学生献身科学事业,为实现祖国"四化"努力攀登科学高峰,迄今已有11届217名本科生和研究生获得这一荣誉。学校还设有张宗植奖学金、亿利达实验科学奖学金等13种奖学金,以鼓励那些在相应领域的优秀学生脱颖而出。广大教职工言传身教,鼓励青年学生努力进取,献身祖国,献身科学。学校经过多年建设,环境幽雅,学术空气浓厚,学生勤奋学习的传统一直得以保证。学校还坚持从严治校,坚持教育与管理相结合,开展创建优良班级、评选文明宿舍等活动,加强学风建设和校园环境的综合治理,使道德文明、奋发进取在全校蔚然成风。

由于郭老的倡导,中国科大一贯重视基础理论教学和实验技能训练,重视学生的能力培养。

建校初期,严济慈、华罗庚、吴有训等著名科学家亲自讲授基础课和抓实验技能的训练。1977年恢复高考制度后,我校很快就恢复并复建了全校性基础课教研室,大力投资完善基础教学设备,在全校范围内挑选学术水平高、教学经验丰富的教师讲授基础课。教研室经常进行观摩教学、交流经验,开展教学方法的探讨和研究,把最新的科研成果和学术思想及时渗透到基础教学内容中去。1980年以来,学校还陆续开设了"大学语文”“科技写作”“现代汉语”等社会学科。

学校在教学管理上既严格要求，又机动灵活，一切从调动学生学习的积极性、加强学生各种能力的培养出发。学校于1980年实行学分制，同时实行免修、选修、跳级和提前报考研究生等办法，以便超前学习和开阔视野。学校试行导师制，因材施教，对冒尖学生单独拟定培养计划，鼓励学生充分发挥自己的才能。学校鼓励学有余力的学生尽早参加教师的科研活动，还设立学生科研专项费用，开放一部分实验室供学生用。

由于中国科大十分重视基础课教学和采取系列比较灵活的措施鼓励学生冒尖。自1977级以来，考取研究生的比例在60%以上，考取CUSPEA共计219名，占全国总数23.6%。在全国历届英语四级、六级考试中，我校成绩一直领先。用人单位普遍反映我校学生基础宽厚扎实、视野开阔、适应性强、“后劲”足，有较强的创造力，即使在分配时专业不太对口，也可以尽快地适应新的领域。

中国科学院创办中国科学技术大学时有两个十分重要的决策因素：尽快填补我国高等院校专业设置的空白和加速培养国家急需的尖端科技人才。

郭沫若校长等中国科学技术大学的创建者在50年代末酝酿建立这所大学时，首先考虑的就是针对中国在开发利用原子能和空间技术方面的学科空白、技术薄弱的现状而设立专业。当时设立的13个系41个专业都是国内首次设立或少有的薄弱的新兴技术学科专业。此后，在专业设置和更新方面，我校继续保持创办时期的思想。60年代，激光专业刚兴起不久，我校就设立了激光专业。70年代，等离子体物理学在国际上日益兴盛起来，我校很快就调集力量设置了等离子体专业。自1978年以来，陆续恢复和增设了计算机科学技术系、科技管理和科技情报系、经济管理和系统科学系等新兴技术学科与边缘学科，向科学与技术更加紧密结合的理工科大学模式发展。目前共设有17个系，42个硕士点，21个博士点，5个学科13个专业设博士后流动站，4个国家重点学科。学校设有研究生院(合肥、北京)、管理学院、高技术学院。

中国科学技术大学始终把培养高质量的科技人才作为自己努力奋斗的目标。我校毕业的学生在学科门类和质量上都适应了国家的需要,绝大多数已成为科学研究工作中的骨干力量。例如,在我国研制原子弹、人造卫星和洲际火箭以及人工合成胰岛素、丙氨酸转移核糖核酸和超导研究中,都有中国科大的毕业生参加。

同时,学校也注重教学与科研的结合,按照教学、科研中心的建设目标,在搞好教学的同时,积极开展科学研究,取得了一批国际水平的科研成果,尤其在基础研究方面显示出雄厚的实力。1989年,我校超导研究中心研制成功零电阻温度为132开尔文(K)的超导新材料,表明我校在超导研究中达到世界先进水平。自力更生建立了可调谐万兆瓦激光器。1991年12月,同步辐射实验室顺利通过国家鉴定和验收并正式对外开放,这一国际先进水平的科研成果标志着我国加速器研制技术已跃入世界前列。这一工程在开始时,研制者是一支平均年龄为38岁的年轻科技队伍。根据中国科技情报所公布的《学术榜》,我校在国际上发表学术论文数一直名列国内高校的前三名。学校还形成了26个在国内有特色并能进行对等的国际学术交流的学科方向。1978年以来,学校共取得重大科研成果450多项。近年来,学校在继续重视基础研究的同时,积极进行高技术跟踪并把主要研究力量转向国民经济主战场,调整了科研布局,大力加强科技开发工作,发展与大庆油田、中国石化总公司及宝钢等大、中型企业的全面合作关系,科研和开发工作不断发展。

中国科大具有学术气氛浓、年轻人才多的特点,这与郭沫若校长在创建初期倡导的民主作风是息息相关的。郭沫若提倡不同学派兼容并存、各种学术观点的自由争鸣,校内学术氛围浓厚而活跃。

学校自1970年南迁合肥,客观情况促进了我校中青年教师的迅速成长。此外,学校坚持以党的“双百方针”指导教学科研,保持了学术流派纷呈,青年人才辈出的优良传统。学校领导明确指出:中国科大应成为年轻人才大显身手的舞台。学校放手让中青年教师挑重担,让他们担任主讲教员或科研项目主持人,破格提拔年轻优秀的教师为副教授、教授，并为他们创造较好的工作、生活条件和学习的机会，从而形成了一支基础扎实、年富力强、思想活跃、奋力拼搏的教师队伍，涌现了一批中青年学术骨干和学术带头人。目前，学校教师中青年教师占80%以上，190名正教授的平均年龄为51岁，低于其他重点大学5～7岁。

在改革开放的新形势下，学校在鼓励教师把事业的根扎在祖国大地的同时，支持教师面向世界，不断吸收国外最新成果。学校规定，留学归国人员在完成本职工作前提下，根据工作需要，条件许可，可以很快再次出国。我校先后派出教师1000多人次到19个国家讲学、进修、访问，目前85%都已学成回国，并在教学、科研、管理岗位上发挥着骨干作用。广泛的国际学术交流，对我校教学内容的更新，科研水平的提高，对学校培养人才能力的增强，缩短与先进国家的差距起到很大的作用。

党的十一届三中全会以来，学校大胆改革，锐意进取，努力培养高质量的优秀拔尖人才，为国家经济建设和科学发展作出了贡献。学校从创办开始就提出了科学与技术结合，教育与科研结合的思想，力求对传统的高等教育模式进行改革和创新。1977年在全国率先提出恢复高考招生制度，后又创办我国第一个研究生院。1978年创办少年班，至今已招生16期554人，毕业的390名学生中72%考取了国内外研究生，并有50多人获得了博士学位。实践证明，少年班学生德、智、体全面发展，是一种早出人才的很有意义的尝试。目前，学校正总结经验，继续完善超常教育体系。学校强调基础教学，坚持按系招生。本科生生源质量一直保持在全国名列前茅。在本科生培养中为了拓宽学生知识面，增强适应性和竞争能力，从1985年起，开办了不分系科专业的“零零班”。同时设立主辅修和双学位制，培养复合型人才。1990年又在非线性科学联合研究组基础上选拔优秀学生，举办“非线性科学高年级试点班”，从事跨学科培养，以立足国内，造就从事基础性研究的攻坚人才。1992年开始，学校又在数学、物理两个学科试行“4—2—3分流培养”(本科—硕士—博士分流培养制)，探索理科人才分流培养的新途径。

最近，全校上下正在讨论我校深入改革的方案，党的十四大胜利召开,极大地鼓舞了全校师生,思想更加解放,精神更加振奋,决心乘十四大的东风,同心同德,团结奋斗,在教学、科研、开发、管理等方面加快改革步伐,作出新的成绩,迎接经济建设和科技发展的新形势。

郭沫若生前常说:“青年,是人类的春天。”他总是满腔热情地关怀青年一代的成长。中国科大在北京时,他与师生们朝夕相处,言传身教。1969年底,中国科学技术大学南迁安庆,接着又辗转迁至合肥。郭沫若虽年高体弱不能南行,但每逢学校重大庆祝和纪念活动,他都要发电抒怀,寄托思念关切之情。1977年8月,在邓小平同志“一定要办好科技大学”的指示下,中国科学院在京召开中国科学技术大学第一次工作会议。会议期间,郭沫若正卧病住院,但他仍重新审定了中国科大校歌,还特意从医院赶到会场与代表座谈,为学校题词:“忠诚党的教育事业。”1977年10月,郭沫若再次被党中央批准任命为中国科学技术大学校长直至逝世。逝世前,他将15万元稿费积蓄奉献给国家,用作中国科学技术大学奖学金。

1988年,中国科大建校30周年之际,为了纪念郭沫若校长,学校建了郭沫若铜像,邓小平同志题字,严济慈名誉校长书写了题字说明。校友们捐建了郭沫若倡导的校风纪念碑。每个学生离校前都怀着依依惜别的心情到郭老的铜像和校风纪念碑去瞻仰、留影。郭老那不倦的身影、慈祥的笑容、谆谆的教诲,将永远铭刻在中国科大师生心中,激励着我们去奋进、去攀登。

令人欣喜的是,郭沫若校长倾注心血的中国科大一直受到中央领导的高度重视和亲切关怀,1984年被列入国家“七五”期间重点支持的高等院校,如今又被列入国家“八五”期间重点支持的高等院校。在广大师生的不懈努力下,她已成为一所在国内外有影响的“年轻人才较多”的著名大学。在科学技术是第一生产力的今天,中国科大深知肩负的重任,决心发愤图强,以生机勃发的英姿朝着具有中国特色的国内一流、国际知名的社会主义大学目标努力奋进,要为振兴经济,为中华民族跻身于世界发达民族之林而作出新的贡献。

郭沫若与中国科学技术大学[①]

郁　文[②]

郭沫若是中国科学技术大学的创建者。他担任校长近20年，工作中充分显示了他渊博的学识，深邃的办学思想，他热爱青年，对青年一代循循善诱，关怀备至，深受广大师生的衷心爱戴。

1956年初，根据社会主义建设的需要，全国掀起了"向科学进军"的热潮。在许多科学家的赞同下，郭沫若于1958年5月9日向党中央提交报告，建议由中国科学院创办一所大学。当时负责领导科技工作的聂荣臻副总理于5月21日批示："中国科学院拟办一所大学，我认为是可行的。昨天与恩来同志面谈后，他也很赞成。"6月2日，经中央书记处会议讨论后，邓小平同志作了批示："书记处会议批准这个报告，决定成立这个大学。"接着，刘少奇、周恩来、陈云等领导人审核同意了书记处的决定。同年9月20日，中国科学技术大学在北京正式成立，国务院任命郭沫若为校长。

中国科学技术大学的成立，正如聂荣臻副总理在开学典礼上所指出的："经过很短的时间，在郭沫若院长的直接领导下进行了筹备工作，一个社会主义的新型大学中国科学技术大学诞生了。这将是写在我国教育史和科学史上的一项重大事件。"创建中国科学技术大学的筹备工作仅花了三个多月时间。当时，招生在即，校舍、生源、教职员工、教学计划

① 原载于1992年12月15日《中国科大报》。

② 郁文，中国科学技术大学首任党委书记。

和后勤供应等一系列问题都迫在眉睫，亟待解决。校舍不足，郭老和当时任中国科学院党组书记的张劲夫副院长亲自奔波，筹借礼堂和宿舍；没有教师，郭沫若主持校务委员会聘请中国科学院一大批著名科学家任教；为解决招生问题，经报请中央批准，从各省、市当年的考生中优先录取1600名品学兼优的学生入学。开学前，郭沫若陪同聂荣臻到校仔细查看了教室、实验室、运动场和宿舍，并且亲自为校歌作词，并约请著名音乐家、中国音乐家协会主席吕骥为校歌谱曲，并一起教学生练唱校歌。

郭沫若在中国科大建设中强调要"在实事求是的基础上大胆创造，在大胆创造的风格中实事求是"，要求学生"不仅要创建校园，而且还要创建校风，将来还要创建学派"。中国科学技术大学的创建，本身就是大胆创造和实事求是的产物。创办中国科大有两个十分重要的决策因素：尽快填补国内新兴技术学科方面的空白和力量薄弱的专业，为国家培养急需的尖端科技人才。因此，当时中国科大设立的13个系和41个专业都是国内首次设立或少有的新兴学科专业。为实现培养高质量科技人才的目标，形成自己的特色，郭沫若积极主张实行"全院办校，所系结合"的办学方针，强调教学科研结合和理工结合，重视基础理论教学，采用多种形式探索培养高质量人才的新途径。

按照社会主义的教育制度办学，坚持党的领导，继承抗大的优良传统，这是郭沫若自担任中国科学技术大学校长之日起就反复强调的。郭沫若亲自起草了在中国科大成立暨开学典礼大会上致辞的讲稿，并送周恩来总理审阅，周总理赞许地称之为办科技大学的"施政方针"。郭沫若明确指出党的教育方针是办校的根本原则，并用"三纲""五化"做了具体阐释和发挥。"三纲"的内容是：政治挂帅，党的坚强领导；勤工俭学，教学、研究和生产劳动相结合；抓尖端技术，为国家经济建设服务。"五化"是：思想马列化，生活工农化，组织军事化，教学集体化，技能多面化。他还强调："在社会主义事业中，党的坚强领导是占第一位的一条大纲。校长、教员和学生都必须服从党的领导，谁也不能例外。假使我们忽视了思想教育，那我们就会犯错误，不仅学校办不出成果来，连已有的政治水平也可能降低,那是绝对不能允许的。"这些语重心长的教诲,今天重温起来仍有现实意义。

1959年开学典礼,郭沫若以《勤奋学习,红专并进》为题做了长篇讲话,将中国科大校风概括为"勤俭办学,艰苦朴素,红专并进,团结互助",要求同学们坚决把抗大精神继承下来。他经常亲自给学生做报告,讲党和国家的方针、政策,谈形势及访问外国的观感,还常在校刊撰文对学生进行思想政治教育。一有机会,郭老便邀请党和国家领导人到校做报告。1962年6月26日,陈毅元帅到校作报告时曾幽默地说:"郭老两次写信邀我作报告,不能再推了,只得从命。"

郭沫若热爱党,对革命事业热情洋溢,1958年他加入中国共产党,特意在中国科大校刊撰文坦诚地表明心迹,表示要全心全意为人民服务,一息尚存,决不停歇。同年,学校召开党代会,他代表校党委在党代会上致开幕词。在党内,他不以国家领导人和大学者自居,而总是以一个普通党员严格要求自己。他还言传身教,满腔热情地关怀青年一代的成长。新生入学,他深入学生宿舍问长问短,关怀备至。首届开学典礼结束后,郭沫若同学生一起就餐,晚上又参加文娱晚会并登台朗诵他的诗作。当时入学学生大部分是工农学员,经济上不充裕,入冬了,有的同学没有冬装,郭老和钱学森教授看了很同情,立即从稿费中拿出几万元钱给学生置办冬装。1960年春节,许多学生没有回家,郭老便到校和学生一起吃年饭,还发给每个学生一些"压岁钱",使远离家乡和亲人的同学们感到格外温暖。为丰富学生的文体生活,郭老用稿费为学校修建游泳池,给学校买放映机和影片,把自己创作剧本的首演票送给师生,还将国外友人馈赠的礼品转赠给学校。所有这些,充分体现了郭沫若悉心培育下一代的热切之心和无私奉献的高贵品质。

郭沫若治学严谨,办事认真,在中国科大的报告、演讲稿都亲自动笔起草。一次,《人民画报》拟刊登一篇介绍中国科学技术大学的文章,我将这件事同郭老说了,他竟亲手将文章写成。还给我写来便函:"郁文同志:《人民画报》需要的文章,我草拟了一篇,送上,请您斟酌。"通过这件小事可以看出郭老的谦逊和认真。还有一件事给我的印象特别深，一次郭沫若开完最高国务会议便赶到学校参加党代会，接着与学生代表座谈，一直到下午五点钟又去参加别的会议。汽车启动时，大家才知道郭校长还没顾上吃午饭。此情此景，深深感动和激励着全校师生员工。

1977年10月，郭沫若再次被党中央批准任命为中国科学技术大学校长直至逝世。逝世前，他将15万元稿费积蓄奉献给国家，用作中国科学技术大学奖学金。

中国科学技术大学的师生员工没有辜负老校长郭沫若的生前期望。进入新的历史时期后，学校各方面工作蓬勃发展，锐意改革，不断创新，取得了丰硕的成果。1984年，邓小平同志称赞“科技大学办得较好，年轻人才较多”，并被确定为“七五”期间国家重点建设的高校，最近又被确定为“八五”期间继续重点支持的学校。消息传来，令我们这些曾经参与创办中国科大并在中国科大工作过的老同志们感到非常欣慰。同时，中国科大今天建设和发展的成就，也是对老校长郭沫若的最好纪念。

关于创办中国科学技术大学[①]

张劲夫[②]

郭老主持科学院工作时，对于培养科技人才是很重视的，每年都要选派青年科技人员到苏联、东欧几个社会主义国家，当研究生或进修，以提高业务水平。由于科技工作开展得很快，每年国家分配给中国科学院的大学生，各研究单位都反映满足不了需要，并在业务对口上不能完全符合要求。因此，1958年初，京区一些研究所的科学家提出：运用科学院各研究单位高级科学家及中青年科学家众多的优势，采取“全院办校，所系结合”的办法创办中国科学技术大学。郭老对此极为重视，不仅积极支持，并亲自担任中国科学技术大学校长。约在1958年5月间登报招生，有些著名科学家如华罗庚等，还到一些主要省、市作学术演讲，号召优秀青年报考中国科学技术大学。从筹办、登报招生到9月1日开学，只有半年左右时间，遇到的首要问题是校址问题。首先要感谢当时任党中央办公厅主任的杨尚昆同志的支持。他决定将原中央党校在玉泉路的二部让给科技大学当校址。只是这块校址在此之前已商定交给解放军工程兵设计院，需要和解放军商量。其次要感谢当时任中央军委秘书长的黄克诚同志，他得知此事后，立即表示支持，下令已进驻工程兵设计院搬家。我向郭老汇报后，他很高兴，约我一同去拜访工程兵设计院。郭

① 原载于1992年12月15日《中国科大报》。本文节选自《深切怀念老院长郭沫若同志》一文。

② 张劲夫，曾任中国科学院党组书记、副院长。

老和我到设计院门口时，院长唐凯少将已在门口迎接。一见面，这位唐将军快人快语，主动先开了口："郭老的意思，我完全明白，保证在一周内搬家，绝不会耽误开学"。这位将军的高尚风格，给我的印象极深，不仅值得感谢，也令人敬佩。第一期招生1400人，教室勉强够用，但宿舍不够。又得感谢解放军政治学院的莫文骅院长，由隔一条马路的政治学院，借了两座宿舍楼，解决了一大难题。这样就使一个从无到有的中国科学技术大学，如期顺利开学。开学时，借用了政治学院的大礼堂，郭老亲自主持，国务院有好几位副总理到会，举行了隆重的开学典礼。

中国科学技术大学虽然是一所新办的大学，由于是郭老兼任校长，各有关研究所的所长兼系主任，许多著名科学家去上课，因此报考中国科大的学生很踊跃，素质水平也较高。学生们艰苦奋斗、勤奋求学的精神令人感动。有的南方学生报到时，在北京站下车，亲自挑着行李，步行20多公里到玉泉路校址报到。还有些农村的学生打着赤脚来上学。这些品学兼优的青年学生，真是可喜可爱。郭老用他的稿费，帮助有困难的学生，并用稿费为中国科大修建了游泳池。中国科大从一开始就树立好学的风气，基础课打得扎实，专业课可到有关研究所参加课题研究实验，由负责课题组科学家指导，学生的成绩一般都较好。毕业后，优先由中国科学院有关研究所录用，同时按国家统一分配，为全国输送了一批优秀大学生。郭老对中国科学技术大学的开创及其发育成长，付出了大量的心血。所有中国科大的毕业生，都深深爱戴这位老校长。自改革开放以来，中国科大在国外的研究生，成就突出，使中国科大在国际上的知名度很高。30多年来，中国科大毕业生，不仅成为科研的骨干力量，并有许多人是高新技术企业的骨干，还有不少人成为省、市的党政领导干部。桃李满天下，郭老泉下有知，也会感到欣慰的。

深切缅怀郭沫若校长[①]

周光泉[②]

时间过得真快，我们十分爱戴和崇敬的老校长郭沫若离开我们已经14个年头了。在他诞辰100周年的时候，来缅怀他创办中国科大的功绩，我们感到特别亲切。我和我的许多同学有幸作为郭老创办的中国科大的第一批学员，并亲耳聆听了他的许多教导，受到他的亲切关怀，感到无比的光荣和自豪。如烟往事，历历在目，未敢一刻忘怀。

中国科大是超常规、高起点、高水平办学的典型，创办伊始，郭老就响亮提出“全院办校，所系结合”的办学方针，并亲自聘请了许多国内著名的专家教授来校执教，我们这些年轻学子为有这些早已仰慕的著名教授讲课而受到莫大鼓励，更从他们言传身教、谆谆教诲中学到终身受用的知识和高尚的道德情操。郭老的办学思想集中体现在他为我们写的校歌歌词，他还特别邀请当时的中国音乐家协会主席、抗大校歌作者吕骥谱曲。开学时，他又请吕骥亲自来校教唱和指挥，郭老还发表了热情洋溢的讲话，语重心长，言犹在耳，永世难忘。那些年代，不管是参加什么活动，或出校门，或进校门，大家都会不约而同地高唱校歌，回忆起来，至今还感到振奋。

郭老一向强调学生要以学为主，一定要保证足够的学习时间。同时，他还循循善诱，教给我们学习方法。有三首诗就是他专为我们写的：

---

① 原载于1992年12月15日《中国科大报》。

② 周光泉，时任中国科学技术大学研究生院副院长。

“凡事不怕难，临事亦须惧。不作浮夸家，两脚踏实地。”“绳可锯木断，水可滴石穿。苦干加巧干，坚持持久战。”“路要两腿走，唱要有节奏。既要专能深，还要红能透。”记得郭老在大礼堂当众泼墨挥毫写下这三首诗，展示给大家看，解释给大家听，这种寓教于诗，寓教于歌的做法是郭老特有的手法，是他大家风范的充分体现。

郭老既是一位伟大的人物，又是一位平易近人的良师益友，他虽有极其繁忙的国务活动，但在培养年轻人才上却舍得花时间，下功夫。他对学生的关怀是无微不至的，每年他总要拿出很多钱（主要是稿费）来补助经济困难的学生，补助书费、冬衣和棉鞋等，我本人就曾直接享受过郭老稿费补助的棉衣。郭老还免费请全校师生观看由他创作并由北京人艺演出的新编历史剧《蔡文姬》。这种一流的话剧当时在北京很难看到，而且票价也很贵，对于穷学生，这是一笔不小的负担，郭老知道后，慷慨解囊，安排了两场专场，请全校师生观看。

我最后一次见到郭老是1978年8月，中国科学院主持召开了中国科学技术大学第一次工作会议，会议始终得到郭老的亲切关怀和直接指导。那时，我们已被告知郭老身患重病，代表们渴望能和老校长见一面，郭老知道后，以抱病之躯由夫人和工作人员搀扶在北京饭店亲切接见了全体代表，和大家一起照了相，我们受到极大的鼓舞和感动，同时也为老校长的健康深深地忧虑。如今可以告慰老校长的是在他的办学思想指导下，中国科大已成了国内一流、国际知名的学府。目前，全校上下正扬鞭跃马，为把中国科大建成真正的寰宇学府而继续努力。

悼刘达同志[1]

余翔林[2]

4月28日从北京传来了刘达同志逝世的噩耗,使我感到十分震惊和悲痛。

刘达同志是我们学校第二任党委书记,从1963年到1975年,在学校工作了13年,他到中国科大的时候正是50岁出头的壮年时期。我当时是大学四年级学生,给我印象很深的是他常常深入到学生宿舍和食堂,十分关心青年学生的学习和生活,深受广大师生的爱戴。1964年我毕业后留在学校当助教,从1963年到1965年,三届毕业生共留校350人,都是在刘达同志主持下,为建立中国科大未来的师资队伍而采取的重要措施。经过30多年的锻炼,当年留校的青年教师和从各高校来到中国科大的青年教师,都成为今天中国科大最重要的骨干力量。

“文化大革命”期间,刘达同志受到“四人帮”的打击、迫害、凌辱和诬陷,1970年又和学校一起南迁到安徽,住在教师集体宿舍里,一个年近花甲的革命老干部,竟没有栖身之地,其境遇是十分悲惨的。但刘达同志毫不畏惧,坚持讲真话,坚持党的原则,坚持革命的乐观主义精神,表现了共产党员的高尚气节。他在中央有许多熟悉的老同志,本可以留在北京,但他对中国科大的感情,对党的教育事业的忠诚,使他不能弃中国科大而去,而是在患难中与中国科大师生风雨同舟,这是他人格的感人之

① 原载于1994年5月30日《中国科大》。

② 余翔林,时任中国科学技术大学党委书记。

处，也是他永远活在科大人心中的重要原因。

1972年，刘达同志复出，继续担任中国科大党委书记，历史给了他新的机遇，当时正是高校恢复招生的一年，百废待兴，中国科大经过"文化大革命"及南迁合肥的劫难，设备已损失了2/3，教师流失了50%以上，到1972年全校讲师以上的教师不足百人，副教授以上不足20人，校舍不足6万平方米，几乎处于解体的边缘。刘达同志没有被困难吓倒，他不仅重组了中国科大的教学工作，又力主招收了300多名老五届的"回炉班"同学，给予两年以上的培训，作为中国科大恢复发展的第二支重要师资力量。20多年过去了，这一批青年教师也成长为中国科大重要的骨干力量，这是中国科大在80年代后能够崛起的重要人才基础。想到这些，我们不能不对刘达同志的远见和魄力表示深深的敬佩。

1975年，因工作的需要，中央调刘达同志去北京，后又到清华大学工作。但他始终关心中国科大，曾亲率清华大学代表团访问中国科大，倡导两校的合作及理科与工科的结合。1984年同步辐射加速器奠基、1988年中国科大建校30周年校庆，他都专程从北京赶来祝贺，表达了对中国科大的一片深情，那一年他已是77岁的高龄。1983年，他从清华大学党委书记、校长的岗位退下来后，有了较多的时间，中国科大的同志去看望他的也多起来。这几年每年春节我也去刘达同志的家中看望他。1993年春节，他因患脑溢血还未痊愈，我们去看望他时，他很高兴，但苦于不能讲话无法和我们畅谈，但全神贯注听我们介绍中国科大的情况，讲到高兴的地方，他就不住地点头，表示称赞。1994年春节，我和包忠谋同志、周瑞康同志又去看望他老人家，此时正值学校领导班子换届不久，我担任中国科大党委书记才只有半年时间，大约是第八任吧，刘达同志自然是老前辈，我算了一下，他1963年到中国科大当党委书记时恰好和我现在的年龄一样，时光飞逝，一转眼30年就过去了，真使人感慨万分。由于这一层的原因，就显得格外亲切。刘达同志气色很好，他夫人汪琼同志高兴地说："他今年身体好多了，话也能讲了，每天还在党校院子里转一圈，你们来看他，他可高兴了。"接着又回忆起70年代初，她从干校千辛万苦坐火车硬座到合肥来看望刘达的往事……临走时，我紧握着刘达同志的手祝愿他多保重身体，我感觉到他的手依然是那样温暖、宽厚，想不到今年2月的一别竟是永别。

5月13日，我从合肥赶到北京专程参加了刘达同志的遗体告别仪式，刘达同志安详地仰卧在鲜花丛中，身上覆盖着中国共产党党旗，他作为我们党的优秀战士、人民教育家、忠诚的共产主义者，虽然走完了他的一生，离我们而去，但他追求的事业却是永存的。

我一直想找一些恰当的词语来表达对他的敬意与怀念，但在万千思绪中始终不能如愿，最后只好用以下四句话来结束这篇短短的悼文：

爱才育才，慧眼匠心；

敢说敢为，一身正气。

安息吧，刘达同志！

回忆做华罗庚研究生的日子[①]

冯克勤[②]

学校研究生院要我为《研究生教育》写一篇文章，这使我回忆起自己做华罗庚老师研究生的那些难忘的日子。我愿意把它讲述给现在的年轻研究生们，并借此寄托我对导师的怀念之情。

一

和中国的许多学生一样，我在孩童时期就对数学着了迷。我和妹妹只吵过一次架，而且我把她揍得很凶，那是因为在小学时她把我的数学习题本剪碎，使我心疼至极而愤怒得失去控制。我在天津一中上高二时，每个星期天中午不吃饭，跑到天津市图书馆去读华罗庚的《数论导引》。高三毕业时，中国科大招生人员来天津一中，说1958年我校上届学生朱滨（现为科大教务长）考上中国科大，使天津一中的信誉很高，动员我们也考中国科大。我在招生手册中看到华罗庚给中国科大1958级学生上课的一张照片，便马上报了名。

在中国科大五年（1959—1964）的大学生活是难以忘怀的。那时的中国科大学生生活真正是“团结、紧张、严肃、活泼”。学校领导对我们的

① 原载于1994年7月1日、9月15日、10月15日、10月31日、11月15日、11月30日、12月15日《中国科大报》。

② 冯克勤，时任中国科学技术大学副校长。

教导是:他们和先烈们创建了统一的新中国,我们的任务就是努力学好知识,把中国建成强大的国家。当时的祖国一派生机勃勃,年轻人充满了单纯的理想。我在中国科大踏踏实实地念了五年数学。许多老科大人都知道中国科大数学系有三条"龙",即华龙(华罗庚)、关龙(关肇直)和吴龙(吴文俊)。我在大学前三年属于关龙,关肇直老师的课有一种高屋建瓴的气势,并富有哲理性。我也听过吴文俊先生的代数几何课,每次课一气呵成,条理清晰,思路敏捷。到了1962年,华罗庚要在我们班开设代数与数论专业,我成了这个专业的学生。当时教我们代数的是华罗庚、万哲先和曾肯成三位大家,教数论的是王元和吴方两名高手,辅导教员是谢盛刚(现任中国科大教授)和徐诚浩(现任复旦大学教授),在这样的教授手下学习真是令人振奋。1963年,吴方老师带我做大学毕业论文,题目是《椭圆内的整点问题》,那是把陈景润关于圆内整点的最新结果推广到椭圆上,曾经得到陈景润的亲自指点。文章做好后,华罗庚同意作为大学毕业论文,并发表在《科大校庆五周年论文集》中,这是我的第一篇学术论文。1964年毕业前夕,我考上了华罗庚的数论研究生。

二

华罗庚在20世纪60年代共招了11名研究生,他任中国科大副校长之后,把很大的精力放在中国科大培养学生上。1962年的研究生为钟家庆、孙继广、曾宪立和陆洪文,1963年的为林秀鼎,1964年的为徐伟宣、那吉生、贺祖琪、陈文德、裴定一和我。我们分别学习华罗庚从事的三个重要研究方向:多复变函数论、代数学和数论。他给我定的方向是代数数论。40年代他本人在美国做过不少杰出的代数数论工作。回国后,于50年代培养了一批优秀的解析数论学生(陈景润、王元、越民义、吴方等)。但他一直希望有人继续从事代数数论工作。这期间,他和王元正在从事数在积分近似计算中的应用的研究,考虑用分圆域的单位构作积分插值,减小高维积分的计算量并提高误差精度。我对代数和数论相交叉并有实际应用的这个研究领域非常合意。

华罗庚指导研究生的方针是以自学为主，指定要念的书，参加一些讨论班，并平均每二周和他谈一下学问。他要我念一本 Landau 的书：《代数数域上的解析方法》，要我念几篇文章，包括他和王元正在做的积分近似计算的文章初稿。参加他主持的一个“不等式”讨论班，大家共同讨论 Bellman 当时刚出版的一本关于不等式的书。参加讨论班的除了我们研究生，还有其他专业的中国科大教员，比如有作概率论的殷涌泉。在一个权威人士带领下，不同学科的人员共同讨论一个课题，是华罗庚从事研究和培养人才的十分显著的特点。而且每个讨论班都有明确的长远目的。他组织“不等式”讨论班的目的是锻炼我们的基本功，更长远的想法是他想从事数理经济学的研究，不等式是一个重要工具。这个讨论班给我的印象极为深刻。在讨论班第一次课上，他说：“我叫你们念这本书是因为我不认为这本书写得很好。”他认为，用他精湛的矩阵技巧可以更系统地整理此书中许多矩阵不等式，归结于少数几个手段，使书中的内容看起来非常简单。这是他一贯倡导的“从薄变厚，又从厚变薄”读书方法的典型体现。记得我在他这种不迷信前人的熏陶之下，改进了此书中的一个不等式，并且在某种意义上改进到最佳程度。听殷涌泉和当时华罗庚的秘书王柱对我讲，他对我的结果和方法颇为欣赏，但他并没有为此事当面夸奖过我。他对学生的要求是非常严格的。他要我们干的事，都要定期有个交代，绝不能抱有“他会忘记”的侥幸心理。每次见他之前，都抱着小心翼翼敬畏的心情，不但在数学上要做好准备，而且要想好如何答复他提出的问题。对于不满意的学生他会当众训斥(但是次数不多)，但对符合心意的人，或者看到我们的成绩，他是由衷地高兴的。这种从严的要求使我终生受益匪浅，督促我学业不断进步，永不自满。

正是在1964年，张劲夫和郁文等有远见的中国科学院领导决定成立中国科学院研究生院，把在全国各所的研究生集中到北京中关村学习一年。我们一共分成四个班，大家的专业从数、理、化一直到考古学，我对这些五花八门的专业感到很新奇，大家相处很融洽。1965年，我去北京顺义县“四清”，然后就开始了“文化大革命”，所以，我的研究生学习只进行了不到一年。1968年10月，我们六位同班同学均被分配到北京之外，我被分配到山西太原公司在动力厂当电工。1973年5月回到已南迁合肥的中国科大，不久去北京随万哲先老师学习代数编码理论。万哲先老师组织我们几位举行代数数论讨论班，随后北大的聂灵沼、丁石孙先生也参加进来。于是，时隔八年，我又重操旧业，继续华老师叫我从事的工作。1979年至1981年，我去美国进修，学习了西方代数数论的新进展，直到今天，这仍是我的主要研究方向。

三

华罗庚老师于1985年6月12日在日本东京大学的讲台上猝然倒地，至今已经九年了。他对世界数学的杰出贡献是举世公认的。他的治学精神和对待人生的态度，则集中表达在他经常讲的名言警语之中。

他多次讲过“天才在于勤奋，聪明在于积累”。熟悉他经历的人都懂得这句话的分量。华罗庚于1910年11月12日出生在江苏省金坛县。父亲华瑞栋开代销店。华罗庚在金坛中学初中毕业后，家里无力供他上高中，便帮助父亲经营小店。1928年，金坛发生流行瘟疫，他的母亲染病去世，他也卧床六个月未翻身，导致左腿残废。就在这时，留法回国的王维克在金坛中学教书，他借书给华罗庚看(一本大代数、一本解析几何、一本50页的微积分)。华罗庚开始对数学着迷，边站柜台边自学数学。由于影响做生意，他父亲多次要撕掉他的“天书”。1929年，他在《科学》第14卷上发表了第一篇论文。他的第二篇论文(1930年《科学》第15卷)引起清华大学数学系主任熊庆来的注意。他于1931年推荐华罗庚当数学系助理，管图书、公文和打字等。至1933年，他的数学水平和能力已为大家公认，由于叶企荪教授等仗义执言(“清华出了个华罗庚是好事，不应资格问题限制人才使用”)，他被破格提升为助教，教微积分。1935年又升为教员，其间，他除了对高等数学基础知识全面认真学习之外，对数论尤有兴趣，曾受到杨武之教授的指点。1936年，法国数学家阿达玛和美国数学家维纳来清华系统讲学，好学勤奋的华罗庚使他们深深感动。1936年，在维纳的推荐下，华罗庚以访问学者身份去英国进修，在剑桥大学受著名解析数论学家哈代的指点。至此，由于他顽强的努力和众多专家的引荐，他终于登上了数学研究的世界舞台。在这里，起根本作用的是他自强不息的精神，即他所说的，要"锲而不舍、持之以恒"，要"勤奋刻苦"。诚如他于1980年3月的一次为别人的题词："苦干猛攻埋头干，熟能生出百巧来。勤能补拙是良训，一分辛劳一分才。"我到他家或办公室去，总是看到桌上铺满了书籍和草稿纸。1978年，他已身背氧气瓶，我到北京医院去看他，他正躺在床上计算分圆单位，寻求新的恒等式，亲手把布满公式的一个笔记本交给我。后来，裴定一和我完成了他的一个想法，尽管他和王元都参与过这项研究，他让裴和我发表了(1980年)，这是他(在病床上)指导我的最后一篇论文。

我还要讲一件事，那是在1978年前后，我去北京时中午常在他办公室休息。每天午睡前都要从一个布袋里随机地抽取五封信读读，那是从全国各地寄给他的。多数表达了人们对他的热爱和敬仰，其中也不乏溢美之词，有些甚至到肉麻的程度。他逝世后，中国科学院数学研究所在他办公室里整理出足足四麻袋草稿纸！这些年来，我常把这个真实的故事讲给年轻人听，希望他们不要只看到那个布袋，不要只看到他的成绩和荣誉，而那四个麻袋是他劳动和汗水的化身，才是他的真正价值。当前改革开放的形势为年轻人创造了更多的机会，但也助长了某些人逃避艰苦的思想。我相信，任何一种真正的事业都是通过艰苦劳动得来的，我这种坚定的信念来源于华罗庚老师：尽管他是天才，他仍然勤奋了一生！

四

华罗庚非常强调基本功的重要性。首先，他舍得在基础知识上多花功夫,他说:"在中学时,别人花一小时,我就花两小时。而到工作时,别人花一小时解决的问题,我有时就可能用更少的时间去解决了。"他多次对我们讲过,他花了整整两年去念Weyl的《群表示论》一书,一直到他认为真正念懂了,并且化成了自己的语言——矩阵,然后作为工具研究多复变函数,写了《典型域上调和分析》一书。"基本功要练成什么样呢?"他说:"要练得很熟,熟了才能有所发明和发现,熟能生巧,在练基本功时最忌讳好高骛远,不要怕粗活,不要轻视点滴工作。轻视困难和惧怕困难是孪生兄弟,往往会出现在一个人身上,例如有人轻视复杂的计算,实际上是惧怕计算。我看见过不少青年,眼高手低,浅尝辄止,匆匆十年,一无成就。"他把练基本功比喻为练拳,要"拳不离手,曲不离口"。

一方面,他鼓励年轻人,做学问要勇于和强者较量。为此,他把"班门弄斧"这句成语反其道而行之,主张"弄斧必到班门"。只有和强者较量才能增长见识和作出高水平成果。另一方面,他又强烈主张不迷信别人,"只是跟着别人的脚印走路,那就总要落后别人一步","在科学研究中最主要的精神之一是创新精神"。他多次对我们讲,要想作出好的文章,关键是要有几手自己的"招路"和"拿手好戏",别人都不如你,这样你才能作出新的东西,人家才注意你。华罗庚的这一治学思想对他的学生影响极大。前面说过,华罗庚对矩阵工具的纯熟使他在数学的多个领域中都取得国际水平的成就,并使研究工作有他自己的特点。曾肯成先生曾有一句戏言:"龙生龙,凤生凤,华罗庚的学生会打洞。"所谓"打洞"即指矩阵对角化,使非对角元素均为零。又如,他对于体的研究也是很独特的。他发现了体上一些别开生面的恒等式,由此出发建立了体上许多新奇结果。这种方法经曾肯成又传给李尚志,使李尚志近年来在体上典型群的极大子群研究中得出国际上最完整和系统的成果。华罗庚用矩阵工具发展出矩阵几何,并用来研究模形式理论,他和他的学生万哲先写了《典型群》一书。

在20世纪60年代,万哲先带领学生们用有限域上典型群理论系统地构作试验设计方案。近来又用于编码理论。在解析数论方面,他的许多世界一流的贡献归结于他对数论工具的创新。他还和王元一起发展了近似计算的数论方法(国际上称为华-王方法)。这一切显示出华罗庚的数学研究有一种鲜明的个性,具有从庞杂中看透本质的深刻洞察能力和一种数学大家的风范,体现着勇攀高峰的强烈创新精神。这种风格深深地影响了下几代而形成"中国学派"。

五

华罗庚对于中国的数学教育和科学发展倾注了极大的热情,也发表了许多精辟的见解。他多次为全国各地中学生和中学教员做演讲,是中国数学竞赛的创始人之一。1981年他访美六个月,受到48个大学的邀请,访问了其中26所美国大学,感触颇深,写了一个汇报。在汇报中,他对于中外的数学教育作了对比,对于中国的教育和科研提出许多中肯的意见。这里只举几个例子,他认为,"中国人一般刻苦用功,考试可以得好分数,但创造性的思考欠缺,这和国内填鸭式教学有关。"他极力主张派人出国学习,至于这些人的回国问题,关键不在于"物质上差异",而在于"安置好他们的工作,让他们发挥作用"。他认为,"研究人员应当教书,有助于他的研究工作和培养新人",研究所"人数要少而精"。"我们某个所的党委书记给外宾介绍情况说'我们所很小,只有六百人',云云,已被人传为笑谈","研究员和教授不应都是永久牌的"。对于学术评价,他也有几句名言:"早发表,缓评价","努力在我,评价由人","我认为这对学术的发展是有益的,我们以往有许多评价太急,在国外造成不好的印象,在国内我就不知道有华不等式、华方程、华算子、华定理,等等,出来之后才知道那是指的什么,好的工作,国外人家是不会抹杀的,与其自己这样说,倒不如迟10年、20年由人家说去"。对于目前学术鉴定会过滥和自己动不动就称为"国际水平"的风气,华罗庚的这些话是很值得深思的。

以上是我想到的华老师的教诲。但我还没有说到他对我更重要更深远的影响，这个影响在我做学生的时候并没有多少察觉。因为那时我还是未出校门阅历不深的学生，在我到了中年，经历了社会的风风雨雨，这种影响才显露出来，那就是一个人应当如何对待困难和挫折，如何选择人生的道路。

我已经说到华罗庚少年和青年时代之艰苦，我也听过华师母泪流满面地诉说，丈夫远渡重洋去英国求学时，她只身一人在上海照顾两个生病孩子，可以想象出一个残疾人离开妻子、儿女是什么滋味。1937年，抗日战争爆发，华罗庚从英国回来，在昆明市的西南联大当教授。据段学复（现北大教授）回忆，他们的讨论班常被敌机轰炸中断，华罗庚拖着残腿跑路极不方便，有一次被弹片溅起的泥土盖住全身，后来索性住在农人家里。1946年华罗庚到了美国，1948年成为伊利诺伊大学正教授，他的数学研究处在顶峰时期，工作也有了保障，这对于艰苦奋斗了半生的华罗庚来说，无疑是极好的人生归宿。然而，他在1950年2月又毅然放弃了优厚的职位，携全家动身回新中国，这是他一生中最重要的抉择！

六

对于他的回国，特别是看到或听到他回国后的坎坷经历，国内外数学家历来有各种不同的看法和评价，他在美国的不少朋友都抱有惋惜之情，华罗庚自己则是充满信念的。在回国途中，他发表了热情洋溢的《致中国全体留美学生的公开信》，信中说："梁园虽好，非久居之乡，归去来兮！为了抉择真理，我们应当回去，为了国家民族，我们应当回去，为了为人民服务，我们也应当回去！"1992年，美国数论学家哈波斯坦在国际数论杂志 *Acta Arithmefiea* 上写了一篇纪念华罗庚逝世的文章，文中说："如果有许多中国数学家现在在科学的新领域中作出特殊的贡献，如果数学在中国享有异常的普遍尊重，那就要归功于作为学者与教师的华罗庚50年来对他国家的数学事业所做的贡献"。研究数学史的美国人贝特曼写道："华罗庚一直是中华人民共和国第一流的科学巨人之一，像爱因斯坦在美国一样，最后成为本国传奇式的科学家……人们可能会设想，如果他留在西方，他将可能完成更多的个人研究计划。然而，如果这样做，他就不可能如他最后30年所做的，在中国发展数学及其应用中起到中心作用。”他的好友赛尔伯格也说：“要是华罗庚像他的许多同胞那样，在第二次世界大战之后仍然留在美国的话，毫无疑问，他本来会对数学作出更多贡献的。另一方面，我认为，他回国对中国是十分重要的，很难想象，如果他不曾回国，中国的数学会是什么样。”上届美国数学会主席格雷厄姆也说：“华罗庚比起历史上任何一位数学家来，受他直接影响的人可能更多。”

这些外国人对华罗庚的评价，他是当之无愧的。华罗庚于1950年3月16日到达北京，执教于清华大学数学系，并筹备成立中国科学院数学研究所。1952年被任命为所长，一切工作重新开始。他诸方网罗人才，生机勃勃，工作进展神速，先成立数论组（华罗庚、越民义、王元、许孔时、吴方、魏道政）和微分方程组（吴新谋、秦元勋、王光寅、丁夏畦、邱佩璋），后成立代数组（华罗庚、陆启铿、龚升），拓扑组（吴文俊、张素诚、孙以丰），泛函分析组（关肇直、田方增、冯康），数理逻辑组（胡世华、唐稚松、陆钟万），概率统计组（王寿仁、张里千），理论物理组（张宗燧、戴元本），力学组（庄逢甘等），计算机设计组（闵乃大、吴几康、夏培肃），他从厦门大学调来陈景润，亲自领导“数论导引”和“哥德巴赫猜想”两个讨论班，数学研究所还向全国开放。从回国到1957年，他的工作受到毛主席和数学家们广泛支持，写了四本专著，工作十分有成效。他在50年代的许多学生后来为中国数学作出杰出贡献，或者改行后，在计算机科学等领域成为学术带头人。

七

1957年反右运动中，他成了数学所重点批判对象。在1962年，他又以极大的勇气整顿数学研究所，提倡在研究实习员中进行基础课考试，成绩太差的调离，并开辟"练拳园地"以增强学术空气。但好景不长，华罗庚这些做法被说成是"资产阶级的反攻倒算"，使他非常灰心，几次对我们说："数学所的所长我不干了，没什么关系，厕所也是所。"于是，他把工作重心转到中国科学技术大学。从1958年，他的研究工作明显地放慢了速度，但仍以固有的顽强毅力，在中国科大重整旗鼓，培养学生，把王元也带到中国科大来，并开始从事积分近似计算和统筹优选化等应用性研究工作。

1966年"文化大革命"开始，华罗庚被抄家，手稿散失，至今没有下落。他遭到多次批判，被罚打扫数学研究所的厕所。直到1970年3月4日，周恩来批示要保护华罗庚，将他的关系转到人大常委，才得以安静。他仍然到全国各地推广优选法。1976年"文化大革命"结束，他积极工作，但已年迈体弱，力不从心，患心肌梗死多次，背起氧气瓶还提出"甘作人梯"的口号，一直工作到倒在东京大学的讲台上。

1982年，他回忆起刚回国时的心情说："1950年由美国回来时，好像入伍的新兵，斗志旺盛，一心想在祖国建设中尽一份力。"他为祖国耗尽了最后一份精力，他的一生有许多好的机遇和顺利的环境，也有不少艰难与困苦。他在任何环境中都自强不息和勇于开拓，使我们不能忘怀。对于那些艰苦创业的人们，人类历史总是给予特殊的地位。今天，我们国家的政治和经济上都有很大进步，但也仍有许多不尽如人意的地方，让我们以华罗庚为榜样，克服困难，继续勇敢地向前迈进！

邓小平与中国科大①

丁世有　蒋家平②

邓小平同志逝世的消息传来，我校师生员工沉浸在悲痛之中，大家以各种不同的方式寄托自己的哀思，缅怀小平同志对科技和教育事业的巨大贡献。中国科学技术大学是一所在国内外享有较高声誉并有良好发展前景的重点大学，虽然只有38年办学历史，但能够异军突起，成为后起之秀，是与邓小平等老一辈革命家的亲切关怀和大力支持分不开的。

1958年5月，为了适应国民经济和国防建设对高级尖端人才的迫切需求，中国科学院向中央提出创办一所新型的社会主义大学——中国科学技术大学的报告。当时担任中共中央政治局常委、总书记的邓小平同志当即主持中央书记处会议予以讨论，并于6月2日在聂荣臻副总理给中央书记处的报告上亲笔批示："书记处会议批准这个报告，决定成立这个大学。"当时学校探索了一条教育与研究相结合、科学与技术相结合的办学模式，这是在20世纪50年代后期，我国高等教育对传统体制和教育思想的最早的改革尝试，是老一辈革命家、教育家和科学家高瞻远瞩的结晶。中国科学技术大学从筹备到成立，仅用了3个多月时间，并首届招收了1600名学生。中国科学技术大学的成立，被《人民日报》《光明日

① 原载于1997年3月8日《中国科大报》。

② 丁世有，中国科学技术大学1958级校友。
蒋家平，时任中国科学技术大学党委宣传部副部长。

报》称为“我国教育史上和科学史上的重大事件”。此后,邓小平同志对中国科大关心备至,一直注视着她的成长和发展,每每在学校发展的关键时刻起到举足轻重的作用。

1975年9月,时任国务院副总理的邓小平在听取中国科学院负责同志《关于科技工作的几个问题》的汇报时强调说:“科学院要把科技大学办好,选数理化好的高中毕业生入学,不照顾干部子弟。这样做要是犯错误,我首先检讨。这不是复旧!一点外语知识、数理化知识也没有,还攀什么高峰?”小平同志的谈话不仅是对中国科学技术大学的有力支持,也为以后教育战线的拨乱反正,打下了坚实的舆论基础。粉碎“四人帮”后,小平同志非常重视抓科技和教育事业的发展,1977年9月,他圈阅同意了中国科学院《关于中国科学技术大学几个问题的报告》。这个报告的主要内容包括:扎根安徽办好中国科大、把中国科大建成能进行高水平的教学和科研的重点大学、加强基础课教学、学制和招生、学校规模和基本建设、在北京设立中国科大研究生院等。这些都是涉及学校发展大局的大事,它明确了学校建设教学科研两个中心、强化学生的基础训练、培养高层次人才等办学方针,对于中国科大的发展至关重要。此后,中国科大即在教育战线的拨乱反正中率先提出并实施一系列改革措施,取得显著成效。

1983年,国家为了发挥部分重点院校的示范作用,决定在“七五”期间重点投资建设一批大学。考虑到中国科学技术大学充满生机活力,发展势头和前景良好,当时的全国人大常委会副委员长兼中国科大校长严济慈于12月8日向邓小平同志上书,建议增列中国科大为重点建设大学。仅过6天,一直关注中国科大发展的小平同志即批示:“据我了解,科技大学办得较好,年轻人才较多,应予扶持。”并要求方毅以及中宣部领导同志关注此事,在邓小平同志的关心下,中国科大在“七五”期间国家重点建设上取得长足的进步,教学和科研工作取得双丰收,进入我国著名大学的前列。

小平同志对中国科大少年班的创建和发展也是关怀备至。1983年

12月，著名物理学家杨振宁向邓小平同志建议："国外认为，搞软件15～18岁较有利。"邓小平说："科大少年班可以搞。"在他的鼓励下，中国科大少年班设立了计算机软件专业，为国家培养了一批软件"神童"。如今，他们正在为国民经济建设和科技发展作出贡献。1984年8月，邓小平在北戴河会见著名物理学家丁肇中时对少年班建设作出较高评价，说："少年班很见效，也是破格提拔，其他几个大学都应办少年班。"

小平同志对中国科大的关怀和支持，也是对科教界的关怀和支持。我们一定要化悲痛为力量，在以江泽民同志为核心的党中央领导下，高举小平同志建设有中国特色社会主义理论的旗帜，为实现"科教兴国"战略而更加努力地工作，把学校建设成为国际著名、独具特色的社会主义现代化大学。

回忆少年班的创始人方毅同志[1]

宁　铂　朱　源　汪惠迪　倪　霖[2]

1997年10月18日,“新闻联播”里传来方毅同志于10月17日不幸逝世的噩耗。顿时,我们沉浸在深深的悲痛之中。往日如烟,往事似梦。回想起方老当年慈祥的音容笑貌,缅怀方老一生的丰功伟绩,我们心潮起伏,不尽的思念滚滚而来……

在1977年那个难忘的夏天,在拨乱反正的历史大潮中,由方毅副总理主管的科技、教育部门一马当先,响亮地提出了“向科学进军”的口号,并在短短的几个月时间里雷厉风行地推出了诸如恢复高考制度、提高科技人员待遇等一系列切中时弊的改革措施,彻底推倒了几十年来极“左”路线强加在知识分子头上的种种污蔑不实之词。历经沧桑但报国赤心不改的广大知识分子扬眉吐气!“漫卷诗书喜欲狂。”由全民迅速自发地掀起的“学科学,用科学”的热潮一浪高过一浪,校园里书声琅琅,中关村灯火通明。白发教授狂喜“青春做伴好还乡”,莘莘学子矢志“九天揽月指日待”。“科学的春天”降临了!

1977年10月20日,当时在江西冶金学院任教的共产党员倪霖,怀着一颗“为国家‘选贤’”的赤诚之心,直接上书当时主管中国科学院工作的

---

① 原载于1997年10月30日《中国科大报》。

② 宁铂,中国科学技术大学少年班首届学员。

朱源、汪惠迪,曾任中国科学技术大学少年班班主任。

倪霖,原江西冶金学院教师。

方老，举荐13岁的少年宁铂，希望能得到有关部门不拘一格的培养，使其成为科技事业的栋梁之材。亲政亲民的方老不顾日理万机的辛劳，仔细地阅读了倪霖的推荐信，并于1977年11月3日在该信上批示："请科技大学去了解一下。如属实，应破格收入大学学习。"在方老的直接领导和关怀下，中国科学技术大学在各地教育部门的鼎力相助下，以当年特有的高效率全力以赴地进行了卓有成效的工作。1978年3月8日，由汪惠迪任班主任的包括21名新生的中国科学技术大学第一期少年班正式开学。一棵棵稚嫩的科技幼苗在肥沃的土壤里生根、发芽，出土了！从此，在中国的大地上诞生了一种高等教育早出人才、出高质量人才的新型办学方式——少年班。

爱才爱教的方老对少年班倾注了难以想象的大量心血。他时刻关注着少年班发展中的每一个关键性的战略决策，像慈祥的母亲一样真诚地为少年班排难导航。1979年11月12日，方老在司有和的文章《从科大少年班看理科超常少年的早期发现和培养》上作出批示："童大林同志：这篇文章很好，提出了一个很重要的问题。请你和政研室讨论一下，在刊物或报上发表，以引起大家注意。科大能办少年班，其他大学也一定能办少年班。"1982年3月12日，方老在少年班学生首次提前两年考取研究生的简报上批示："科大在办少年班这件事上是有成绩的。现在又进一步发展了这个经验。望继续努力。"同年3月28日，方老又在中国科学院简报第13期上批示："科大是办得有成绩的。少年班同学是带了头的。希望学校领导更好地关心他们，使他们在德、智、体各方面都继续巩固和发展。"1987年12月7日，已光荣地退居二线的方老还为少年班题词："世上无难事，只要肯登攀。"勉励大家矢志攀登科学高峰。在方老等一大批老同志的关心、爱护和鼎力扶助下，少年班在19年的尘世风雨中健康地成长、成熟起来了。前后21期共716名优秀少年在这里度过或即将度过也许是他们青少年时代那一段最光辉灿烂，也最值得回忆的时光。554名昔日的少年大学生的足迹已经踏上了地球的许多角落，他们如同一颗颗充实而又充满着活力的神奇种子，不论走到哪里都能够顽强地扎根、发芽、长叶，直到长成参天大树！

1980年6月11日，这是第一、第二、第三这三期少年班同学终生难忘的日子！方老来到了我们当中！同学们怀着崇敬而又有些怯生生的心情凝视着慈祥的方老。方老一直真挚地微笑着，向每一双投向他的目光颔首致意。顶着火辣辣的烈日，方老和少年班全体师生合影留念，然后又不顾旅途的艰辛和连日忘我工作的疲劳，兴致勃勃地与少年班老师及同学代表们分头座谈。当同学代表在第三期少年班班主任朱源的带领下鱼贯走进会议室时，方老在校党委副书记马西林的陪同下站在门口，与每一位同学握手问候。方老不仅能叫出许多同学的名字，还能说出不少有关他们的“奇闻逸事”。第三期的许凯平个子高大，方老笑着说：“比我高一个头啊”；又指着第一期的江风说：“到底是打破跳高纪录的，和其他女孩子就是不一样”；第一期的谢彦波，第二期的周曙东，第三期的曹辉宁都是十一二岁进校的小弟弟，方老赞许地摸着他们的头，说：“衣服还挺干净的。是自己洗的吗？晚上想妈妈吗？”当第一期的宁铂略带羞涩地走向方老时，方老一把就抓住了他的手。“啊，你的围棋厉害，这回我一定要向你学习两盘。你可不能保守哦？”方老还风趣地说：“少年班是科大在全国的独创，是中国特产，新生事物。”在近两个小时的座谈中，方老渊博的知识、儒雅的风度、敏捷的机锋及清晰的思路给大家留下了深刻的印象。两天以后的那个晚上，合肥的夜是那样的宁静……方老在回京的前夕，还专门邀请了朱源及几位少年班同学到他下榻的稻香楼宾馆下棋、座谈。方老搬把椅子坐在同学当中，仔细地向宁铂、陈师众、钱慧等同学询问了有关少年班的一些“内幕情况”，把宁铂手中的纸扇拿过来轻轻地摇动了几下，向每一位“提供情报”的同学一一致谢。方老还将亲笔题写的唐代诗人李白的名句“宣父犹能畏后生，丈夫未可轻年少”，赠送给少年班，并道歉说：“本来还想写韩昌黎的‘业精于勤，荒于嬉；行成于思，毁于随’，实在来不及了，下次再写吧。”

往事如烟，往事似梦。方老啊！就在您亲自关怀之下创建的少年班即将迎来她20岁生日之际，您却过早地离开了我们！此情此景，怎能不令人无限感慨，唏嘘不已。一位少年班的毕业生在得知噩耗后挥笔为您写下了一副挽联：“亲政亲民亲耕耘科苑春色，爱才爱教爱荟萃学坛英华”，横批是“千秋功业”。在此抄录下来，聊寄我等哀思。

方老，您走好啊！

郭沫若的教育思想和中国科学技术大学的成长[①]

尹鸿钧[②]

今年是中国科学技术大学首任校长郭沫若同志逝世20周年，也是郭老亲自倡导创办并担任校长20年的中国科学技术大学建校40周年，中国科大师生无限缅怀郭沫若老校长。郭老在学校的办校方针、校风建设、学科发展、人才培养等方面形成了系统的教育思想，并且倾注心血、悉心培育，亲自率领中国科大师生艰苦创业、努力奋进、勇于攀登、不断创新，使中国科大迅速成长为国内外有影响的“年轻人才较多”[③]的著名大学。郭老的教育思想和实践充分体现着他作为一代宗师的一个侧面，映射着他的远见卓识和非凡才华，显示着他渊博的学识和对年轻一代的关怀热爱。郭老留给中国科大的精神财富，他那不倦的身影、慈祥的笑容和谆谆的教诲，将永远铭刻在中国科大师生心中，激励着科大人去奋进、去攀登。中国科大建校40年来，广大师生不断继承和发扬郭老的办学思想和优良传统，努力把中国科大办成具有中国特色的国内一流、国际知名的社会主义大学。

① 原载于1998年6月15日《中国科大报》。

② 尹鸿钧，曾任中国科学技术大学副校长。

③ 此为邓小平同志于1982年在中国科大请示报告上的批示。

一、贯彻党的教育方针是办校的根本原则[①]

按照社会主义的教育制度办学,坚持党的领导,继承抗大的优良传统[②],是郭老自担任中国科大校长之日起就反复强调的。郭老在中国科大成立暨开学典礼大会致辞中明确指出:"贯彻党的教育方针是办校的根本原则。"

由于自建校初就遵循郭老的办校根本原则进行,中国科大坚持社会主义办学方向,继承抗大精神,重视党的建设和思想教育工作,教师为人师表、教书育人,学生勤奋学习、红专并进,形成优良的传统并且不断发扬。建校40年来为国家输送了3万余名优秀毕业生,他们绝大多数德才兼备,成为中国科学院各所和国家其他部门、单位的业务骨干,有的还走上了重要领导岗位,为国家经济建设和科技发展作出了积极的贡献,有12名毕业生已当选为中国科学院院士或中国工程院院士。他们奋力为中华民族的腾飞而拼搏,以对祖国和人民的贡献而为中国科大赢得了声誉,同时也证明着中国科大在郭老教育思想指引和培育下,40年办学之路的成功。郭老为中国科大的创建和成长,付出了大量的心血,奠定了坚实的基础,实现着他所提出的"源源不绝地培养出一批又一批的科学尖兵"[③]的理想,使科大人才辈出,桃李满天下,以培养高质量的优秀人才享誉国内外。

---

①②③ 摘自1958年9月20日郭沫若在开学典礼上的致辞——《继承抗大的优秀传统前进》。

二、实行"全院办校,所系结合"的办校方针,倡导科学与技术的结合、教学与科研的结合、大胆创造与实事求是的结合①

在郭老和中国科学院的"全院办校,所系结合"的办校方针指引下,中国科大经过了创办初建和迁址重建两次艰苦的创业,迅速成长为国家高质量人才培养和高水平科学研究的重要基地。不仅成为国家"七五"和"八五"期间重点建设的高校之一,并且成为"九五"期间首批进入国家"211工程"建设的全国重点大学之一。通过实施"211工程",学校进入成长历史上的第三次创业历程,其目标是把中国科大建设成为独具特色、国际著名的社会主义现代化大学,成为国家培养高质量、高层次人才,解决经济建设、科技进步和社会发展重大问题的科教基地。

1958年初,郭老向中国科学院提出,运用中国科学院各研究单位高级科学家及中青年专家众多、研究设备基地强等优势,采取"全院办校,所系结合"的办法由中国科学院创办中国科学技术大学,经中央批准于1958年9月20日正式成立中国科学技术大学,首届学生1600余名。郭老由国务院任命兼任中国科学技术大学校长,各有关研究所的所长兼任系主任,聘请一大批著名科学家任教,主持制定教育计划、调拨实验设备和建设教学实验室、落实教学与科研结合的基地、在办校实践中积极探索培养高质量人才的教育模式,使中国科大的教育教学从开创时就独具特色并迅速跻身于我国高等学校一流行列。"全院办校,所系结合"办校方针的贯彻,是中国科大两次创业取得辉煌业绩的保证,也是中国科大第三次创业再创辉煌的基本保证,是中国科大创建和成长进程中生命力之所在。经过40年艰苦创业的科大,现今已在教育质量、科研水平、学科建设、教师队伍和办学条件等方面,都得到较大提高并奠定了坚实的

① 摘自1958年9月20日郭沫若在开学典礼上的致辞　《继承抗大的优秀传统前进》。

基础，已经建立并将不断完善培养学士、硕士、博士和博士后的完整教育体系；已经建立并将不断完善包括国家同步辐射实验室、国家火灾安全科学与防治工程研究中心等研究基地，极端条件下凝聚态物理等研究和教学实验室，作出了一批具有国际先进水平的重要研究成果；已经形成和努力培养一支个体素质优、群体实力强、结构合理的高质量、高层次、高水平的跨世纪师资队伍，一支包括著名学术带头人、较强的学术骨干和优秀青年人才组成的学术梯队；已经和正在积极推进中国科学院合肥教育科研基地的建设，与中国科学院合肥分院共同组建了中国科大高等研究院。依托中国科学院和各研究所、分院，面向"四化"、面向全国，发挥中国科大作为中国科学院重要组成部分和重要高层次人才培养体系基地的作用，在新形势下进一步贯彻"全院办校，所系结合"的办校方针。

郭老在中国科大建设中倡导科学与技术的结合、教学与科研的结合、大胆创造与实事求是的结合。郭老强调指出，"科大有我们的特点，党给我们的任务是抓尖端的科学技术为国家建设服务。"事实上，郭老等中国科大创建者在酝酿创办时有两个重要的决策因素：一是尽快填补我国高校专业设置上的空白；二是加速培养国家急需的尖端科技人才。将基础科学与技术科学紧密结合，注重发展新兴、边缘、交叉学科，故所设立的13个系41个专业多是国内首次设立或少有的空白、薄弱的新兴科学技术专业。在以后学校的建设中，始终保持开创时期的指导思想，坚持"科学与技术结合、理实交融"的传统，形成了具有鲜明科大优势与特色的学科体系。郭老强调，"科大要向两个方向突进：一是向高层突破，即是要向未知的领域突进，揭破自然界的更深的秘密；二是向全面铺开，即是把新科学、新技术的成果，以及对它们的综合创造成果，用于生产、国防建设和提高人民物质文化生活水平。"还提出，"不仅要掌握尖端，还要创造尖端；不仅要攀登科学技术高峰，还要创造科学技术高峰。"郭老还反复强调，科大师生要"在实事求是的基础上大胆创造、在大胆创造的风格中实事求是"，"不仅要创建校园，而且要创建校风，将来还要创建学派"，把大胆创造和实事求是结合起来。中国科大的创建，其本身就是这一结合的产物,中国科大的成长正是“勇创新、占高点”的发展和改革历程。[①]

学校遵照郭老的倡导,注重教学与科研的结合,按照既是教育中心又是科研中心的目标建设中国科大。从创建初期聘请中国科学院各所研究人员进行课程教学和指导学生、安排各专业的学生到对口研究所进行高年级后期教学和毕业论文等研究训练,发展到现今聘请数百名活跃在科技前沿的各所研究人员为兼职教授,定期来校做学术报告、进行合作研究和联合指导学生,高年级本科生和研究生直接参加学校教师的科研项目和实验基地建设工作等,将教学与科研紧密结合,在产学研结合中培养学生。这样既可促使学生在学期间,能及早了解当代科学技术的最新发展和前沿动态,及早接受从事科学研究的严格培训,同时也有利于不断提高教师队伍的水平,促进学校教学和科研工作水平的提高。

三、倡导“勤奋学习、红专并进”的校风,把优良校风与学风的建设作为学校的一项基本建设

1959年9月20日,中国科大第二届新生开学典礼上,郭老以《勤奋学习,红专并进》为题作了长篇演讲,提出建设中国科大的优良校风与学风,要求师生继承抗大精神,形成以“勤奋学习、红专并进”的校风。40年来,中国科大坚持把优良校风与学风建设作为学校的基础建设,广大教职工言传身教,代代学子刻苦实践,形成了勇于攀登、奋力进取、献身祖国、献身科学的育人环境,“勤奋学习、红专并进”在全校蔚然成风、代代相传。为时刻激励学生,1988年,在中国科大建校30周年之际,建了郭沫若铜像,由邓小平同志题字,严济慈名誉校长书写了题字说明,并由校友们捐建了郭老倡导的“勤奋学习、红专并进”的校风纪念碑。郭老的音容笑貌和谆谆教诲,将永远铭刻在科大人的心中,永远激励着科大人。

① 摘自1958年9月20日郭沫若在开学典礼上的致辞——《继承抗大的优秀传统前进》。

为继承和发扬郭老所倡导的优良校风，1980年，经国务院批准，学校设立了“郭沫若奖学金”（其基金是郭老生前所捐的稿酬积累），用以鼓励品学兼优的学生，鼓励广大青年学生献身科学事业，为实现祖国现代化而努力攀登科学高峰。迄今已有18届371名本科生和研究生获得了这项荣誉，它是中国科大所有学生奖学金中最高的荣誉奖励。在郭老奖学金的推动和影响下，现今学校已设有30余项专项学生奖学金，用以鼓励那些脱颖而出的优秀学生，推动优良校风和学风的建设。

四、重视基础理论教学和实验技能训练，重视学生的能力培养，使学生不仅掌握尖端，而且有深厚的基础、广博的知识和丰富多彩的技能

由于郭老的提倡，中国科大一贯重视基础教学，重视能力培养。建校初期，严济慈、华罗庚、吴有训等著名科学家亲自讲授基础课和指导实验技能的训练；1977年恢复高考招生制度后，很快恢复重建了全校性基础课教学组织，大力投资完善基础教学的设施设备，在全校范围内挑选学术造诣深、教学经验丰富的教师讲授基础课，指导和培养青年教师，将最新科研成果、学术思想及时渗透到基础教学内容中去，对学生进行严格的基础训练。在郭老重视基础的思想指引下，经过40年的实践，中国科大形成了基础“宽、厚、实”，专业“精、新、活”，注重培养“全面素质”和“创新精神”的教学思想和教学原则，使学校在人才培养方面独具特色，取得瞩目的成绩，使中国科大的毕业生具有基础宽厚扎实、专业能力强、综合素质高、创新精神强等特点，在国内外受到普遍欢迎和高度评价。

郭老还谆谆教诲我们，搞尖端科学技术的人尤其应该懂些文学艺术，参加各种体育活动，“我们的学校应该有适当的文娱活动和弦歌之声”①，要求我们的学生注重全面素质的培养，注重科学精神和人文精神

① 摘自1958年9月20日郭沫若在开学典礼上的致辞——《继承抗大的优秀传统前进》。

的融合，注重德智体全面发展与个性发展的统一，注重学校文化的传递与文化的创造相统一。

五、提倡学术民主，活跃学术氛围，创造使年轻人才脱颖而出的环境与条件

由于郭老的倡导，中国科大从创建起就具有学术气氛浓厚，让年轻人才展示才能的特色。郭老提倡发扬学术民主，兼容不同学派，允许各种学术观点自由争鸣；坚持以“双百方针”指导科学研究，校内学术空气浓厚而活跃；学校形成了学术思想开阔、学术研讨气氛浓厚、学术流派纷呈、科学思想活跃、青年人才辈出的局面和优良传统。在中国科大，人们敢于创新、勇于开拓、严于求实、乐于勤奋，以科学创造为乐趣、以攻克科技难题为殊荣、为年轻人才的脱颖而出创造了沃土、提供了舞台。郭老经常教诲我们，“学校是搞学问的场所，学术活动的特色是其独创与革新，要有追求真理的大无畏精神，要有尊重实际的科学态度，更要有对祖国、对民族的忠贞不渝，要满腔热忱地扶植新秀”。郭老常说，“青年是人类的春天”，他总是满怀热情地关怀青年一代的成长。①

中国科大建校40年来，始终把培养高质量人才作为学校努力奋斗的目标，注重现代教育思想和教育观念的研究和更新，不断进行教育教学改革，贯彻因材施教，注重发挥学生主动性、积极性和创造性，在教学管理上既严格要求，又机动灵活，为学生迅速成长创造优良的环境与条件。学校于1980年就开始实行学分制，同时实行免修、选修、允许跳级和提前报考研究生等教学管理改革；学校在一些系科试行导师制，允许对拔尖学生单独拟定培养计划，鼓励学生充分发挥自己的才能；鼓励和允许学有余力的学生尽早参加教师的科研活动，还设立学生科研专项费用，开放一部分实验室供学生使用。在1978年创办了少年班；1985年开

① 摘自1992年9月20日刊登在《光明日报》上的《郭沫若与中国科技大学》一文。

办不分系科专业的教学改革试点班(零零班)和设立辅修制、双学位制;1990年举办"非线性科学高年级试点班",进行跨学科培养、造就从事基础研究攻坚人才的教育教学试验;1992年在部分系科试行"4—2—3"即"本科、硕士、博士分流培养制";1993年进一步推进面向21世纪培养高质量人才的各项教育教学改革,为进一步提高教育教学质量和使年轻人才的脱颖而出创造条件。

六、建设一支"忠诚党的教育事业"的师资队伍,坚持教师的主导作用,发挥学生的主体精神,教师与学生教学相长①

1977年8月,在邓小平同志"一定要办好科技大学"的指示下,中国科学院在京召开中国科大第一次工作会议。会议期间,郭老正卧病住院,但仍重新审定了中国科大校歌,并特意从医院赶到会场与代表座谈,再次谆谆教诲全校教师并亲写题词:"忠诚党的教育事业",鼓舞广大教师热爱教育、热爱教学、热爱学生。

在郭老的倡导下,中国科大一贯重视师资队伍的建设,以"忠诚党的教育事业"为原则来培养和要求教师。教师勇于攀登、锐意进取,言传身教、教书育人,严格要求、精益求精,热爱学生、教学相长已在中国科大蔚然成风并形成优良传统。中国科大现今已形成了一支基础扎实、思想活跃,实力雄厚、年富力强、奋力拼搏、勤恳奉献的教师队伍,涌现了一批中青年学术骨干和学术带头人。目前,学校教师中的中青年教师占80%以上,400余名正教授的平均年龄为47岁,有11名中国科学院院士和中国工程院院士,正在努力培养和造就一支高水平的跨世纪师资队伍。

在中国科大第一次创业期间,一大批著名科学家和研究所的骨干来校兼课、指导科研,也培养了中国科大自身的教师队伍。这些科学家和

① 摘自1992年9月20日刊登在《光明日报》上的《郭沫若与中国科技大学》一文。

研究骨干不仅带来了世界科技前沿的最新成果、知识、研究方法以及为国家和民族勇于攀登高峰的进取奉献精神，同时也带来了许多科学家在美、英、德、日、苏等各国留学或参加研究工作的切身体验和这些不同国家的教育与科学工作的模式与特色，使我校教师得以博采百家之长进而创出自身特色，为中国科大师资队伍建设奠定了重要基础。在第二次艰苦创业期间，学校放手让中青年教师挑重担、让他们主持课程和科研项目，精心培养和破格提拔优秀年轻教师，为他们创造较好的工作、生活条件和进修学习的机会。在改革开放的新形势下，学校积极步入国际教育舞台，鼓励教师在把事业扎根祖国大地的同时，面向世界，不断吸收国外最新成果；根据需要和可能，先后派出1000多人次到20余个国家讲学、进修、访问，目前85%已学成回国并在教学、科研、管理岗位上发挥着骨干作用；广泛的国际学术交流，促进了学校课程与教学内容的更新和科研水平的提高，促进了教师学术水平和教学能力的提高，也加强了一支“忠诚党的教育事业”的师资队伍的建设。

七、鼓励学科创新，发展学科内容，根据当代科学技术发展的趋势和国家现代化建设的需要进行学科结构的调整，建设具有鲜明科大特色的学科体系

在郭老的倡导和亲自带领下，中国科大自建校起就注重科学与技术相结合，注重新兴、交叉、边缘学科的建立和建设，鼓励学科创新、发展学科内容。60年代初，设立了激光专业；70年代学校设置了等离子体物理专业；自1978年以来，陆续恢复和增设了计算机科学技术系等新兴与边缘系科，使科学与技术更加紧密结合并为探索其结合的新形式而努力。一方面，积极跟踪世界前沿领域，充分发挥学科齐全的优势，突出学科间的交叉、渗透和联合，注重学科的集成，选择具有优势和发展前景的学科方向，凝聚力量，重点发展，建立学科群，形成综合优势。另一方面，在有深厚科学积累和保持理科优势的基础上，面向高新技术产业的发展，大

力加强技术科学和工程技术学科的建设与创新，建设有科大特色、与现代科技交叉结合的现代经贸管理学科。目前，中国科大设有理学院、高技术学院、商学院、化学和材料科学学院、联想计算机学院、生命科学学院等9个学院，共22个系，43个学士专业，48个硕士专业点，26个博士专业点，在20个专业设博士后流动站，14个国家重点学科，正在建设“211工程”实施计划中学科建设方面的6个国家级重点学科和9个中国科学院级重点学科。

在郭沫若校长的教育思想和实践的指引下，在郭老亲自担任校长20年的直接领导和精心培育下，中国科大走过了40年成功之路，成长为国内外享有盛誉的大学。中国科大的成长道路，闪烁着郭老教育思想和实践的辉煌，它映射着作为科学巨匠、文化大师和教育名家的郭老的品格和风范，永远值得我们科大人学习、继承与发扬。在面向21世纪的新的征途上，中国科大和所有科大人深知肩负的重任，决心发奋图强，以生机勃发的英姿朝着具有中国特色的国内一流、国际著名的社会主义大学目标努力奋进，要为发展科学技术、振兴我国经济、促进社会进步，为中华民族屹立于世界民族之林而作出新的贡献，再创新的辉煌。

忆钱临照先生对学生的关怀[①]

侯建国[②]

送走钱临照先生已整整一个月了，但先生栩栩如生的音容笑貌仍不时浮现在我的面前，回想起多年来他对我们的许多帮助和教诲，心情久久不能平静。

1986年，我考取中国科大的博士生，师从钱临照先生和吴自勤先生。钱先生身为学术泰斗，但与我们小字辈相处十分谦和、耐心，既关心我们课题的进展情况，又经常和我们畅谈科学、历史与人生。他个子不高，带有无锡口音的普通话语调平缓，但与他交谈，能使你感受到一种大家的修养和风度、宽阔的胸怀和对祖国对科大的无限热爱，使晚辈获益匪浅。

20世纪80年代后期，校园内出国风甚烈，我也考了"托福"，并请钱先生给我写出国推荐信。当钱先生见我选择的并非美国名校时，就先和我谈起他早年留英的心得体会，又以位错理论的发现为例，欲出成就，必定要有信念，绝不能随大流和人云亦云，最后才给我分析道："你现在从事有关分形的研究工作，在国际上也才起步，前景看好。你若中断学业而到美国的一般大学重读硕士，很不值得！应该继续在国内完成博士论文，再争取到国外一流大学做博士后的研究工作。"这次谈话，打消了我到美国攻读学位的想法，决心在中国科大完成薄膜分形的博士论文。同时，我在国际著名刊物上发表了多篇论文，引起国际同行的重视，这一研

① 原载于1999年8月30日《中国科大报》。

② 侯建国，时任中国科学技术大学理化科学中心主任。

究成果，还成为获得中国科学院1997年自然科学一等奖的主要依据之一。

钱先生虽年事已高，但对我们每个博士生的工作情况、个性特点都了如指掌，并因人而异，热情扶持。1995年，我从美国归来，参加国家杰出青年基金答辩。担任评委的梁敬魁院士反复提到六年前钱先生为我写的亲笔推荐信给他留下了深刻印象。我与梁先生并无直接交往，他曾任福建物构所所长，1989年钱先生曾为我去福建物构所做博士后而给梁先生写了亲笔推荐信。后来，我到福建物构所时，梁先生已离任。令我感动的是，钱先生为一个学生写的推荐信，能使与我素未谋面的梁先生留下如此深刻的印象，足见钱先生对晚辈深怀爱护之情。

1991年，我赴美工作，随着时间的推移，看到祖国的经济和科学正日新月异地飞速发展，渴望自己能尽快回国服务，但又颇有顾虑。1994年始，吴自勤老师不断来信介绍国内和中国科大的形势，希望我回国工作。年底正值美国复活节前后，我意外地收到钱先生的来信，语调仍是那么平和，他介绍了祖国对科教事业的重视、国家和中国科大对人才的渴求等，最后说他自己年事已高，虽逢盛世，但已力不从心，寄希望于我们这些年轻人尽早回国服务。凝视着钱先生工工整整书写的信，我十分感动，更坚定我回国的信心。

回国后，钱先生一直关心着我的工作。1997年初，朱清时院士去拜访钱先生时，向钱先生介绍了开展激光控制单原子操纵和选键化学的思想。钱先生马上请我去，把朱先生给他的材料转交予我，希望我对这一新的研究方向加以重视，还再三嘱咐我要直接向朱先生请教。可以告慰钱先生的是，两年来，在朱清时校长的指导下，我和一些年轻人共同努力，在单原子、单分子研究领域中已获得一些高水平的研究成果。

钱老与科大[①]

麦汝奇[②]

钱临照教授在世时，无论是我陪同他外出一起返回合肥，还是他单独外出返肥而我到火车站、飞机场接他回校，每当跨进校门，钱老总以无比喜悦的心情说："到家了！"

自1958年秋中国科大诞生于北京之日起，钱老就全身心地投入到办好科大的事业中。中国科大南迁合肥后，遇到诸多困难，钱老总以人定胜天和事在人为的坚定态度与师生共勉，以尽力而为和共谋良策的实际行动激励大家共同为办好中国科大而奋斗。就在钱老生命无几的短暂日子里，他仍关切着把中国科大建设为一流大学和国家同步辐射实验室"二期工程"等进展情况，还热心指导学生"事业有成"。钱老始终以中国科大为家，一心想着为中国科大事业的发展多作贡献。中国科大的事业是无限的，然而为之奋斗者的生命却是有限的。1999年7月26日上午9:40，在中国科大校医院三层东南角的一间特护病房里，钱老的心脏平缓地停止了跳动，实现了自己许下"故于科大校园内"的心愿。

当我们抬着钱老的遗体依依惜别校医院时，我仿佛听到钱老要"回家"的心声。钱老，可以告慰你的是，刚才学校领导已决定按照你的遗愿，将你的大部分骨灰撒在中国科大的土地上，满足你永远"回家"的

---

① 原载于1999年8月30日《中国科大报》。本文写于与钱老遗体告别后的1999年7月30日夜。

② 麦汝奇，曾任中国科学技术大学生物物理专业连队指导员。

愿望。

当我双手捧着钱老的大部分骨灰返回中国科大，跨进校门，仰视迎面高悬"沉痛悼念中国科学院院士钱临照教授"的挽幅时，沉痛的心情得到莫大的安慰——钱老，"到家了！"

钱老生前曾不止一次地讲过，在中国科大校园里安置科学家的雕像，既有纪念意义，又美化了校园，更起着影响后代健康成长的潜在作用。钱老的心是与中国科大相通的。就在钱老停止呼吸后的当天上午，中国科大党委书记汤洪高同志代表组织宣布：校领导已研究决定，明年春天适当时候，将在校园内落成钱老的一座纪念雕像，并进行骨灰安放仪式，同时举办相应的学术纪念活动，以示中国科大师生对钱老的怀念之情。

为中国科大全心全意服务了42个年头的钱老，安息吧！你心中的中国科大一定会日益美好，勤奋的中国科大师生将一如既往地为把中国科大建成一流大学而勇往直前！

深切怀念华罗庚教授[①]

史济怀[②]

今年是华罗庚教授诞辰90周年，逝世15周年。15年前的6月12日，华先生在日本东京大学做完他的最后一次学术讲演，向为他的精彩演讲热烈鼓掌的听众们讲了一句"谢谢大家"后，因突发心脏病而与世长辞，实现了他"最大希望就是工作到生命的最后一刻"的豪言壮语。

华罗庚教授是国际一流的知名数学家，他的研究工作领域十分宽广，他在代数、数论、多复变函数论等多个领域都做了十分杰出的工作，对这些领域的发展作出了极大贡献。学过复变函数论的人都知道，柯西积分公式在复变函数论中是至为重要的。在多个复变函数的理论中，柯西积分公式要比单复变中复杂得多。但多圆柱上柯西积分公式可以用单复变中的方法建立起来，人们早就知道了。但在和多圆柱同样简单的球上，人们却不知道柯西积分公式是什么样子。到了1964年国外有人得到了球上的柯西积分公式。不过后来人们才发现，华罗庚在1958年在更一般的四类典型域上(球只是第一类典型域的一个特例)就得到了柯西积分公式，他的这一结果总结在他的专著《多复变数函数论中的典型域的调和分析》中，当然书中还有很多其他深刻的工作。这本书1958年由科学出版社用中文出版，1963年美国数学会就把它译成英文在美国出版。40多年过去了，华罗庚教授的这本书还常被这一领域的学者所引

① 原载于2000年11月15日《中国科大报》。

② 史济怀，中国科学技术大学数学系教授。

用，成为这一领域的经典著作。费尔茨奖获得者丘成桐教授对华罗庚教授在多复变方面的成就给予很高的评价，认为这是中国近代数学能超越西方或与之并驾齐驱的三项工作之一。华先生在多复变方面的贡献至少比西方早了10年，海外的数学家都很尊重华先生在这方面的成就。

华罗庚教授不仅是一位杰出的数学家，还是一位杰出的教育家。1958年中国科大创办，他就任数学系主任，亲自为1958级学生讲授高等数学课。他一直认为，数学是一个整体，人为地把基础课一门一门分开来教不好，主张把基础课放在一起教，这就是后来大家称的“一条龙”教学法。在华罗庚教授编写的高等数学中，除了微积分外，有微分几何初步，也有微分方程初步，也有复变函数论。受华罗庚教授的影响，1959年关肇直先生、1960年吴文俊先生来为数学系学生讲课时，都采用一条龙教学法。这就是后来大家戏称的华龙、关龙和吴龙的“三条龙”教学法。他们各有各的特色，为数学系培养了众多的杰出人才。

在做研究工作方面，华先生经常教导学生们不要好高骛远，要一步一个脚印。他经常告诫学生，做学问必须从1，2，3到n再到∞，也就是说，你连一维的事都没有搞清楚，就不要去搞2维3维的，等到2维3维搞清楚了再去搞n维的，n维搞清楚了再去搞∞维的。他的一本名著《从单位圆谈起》，正是按这个线索来写的，从单位圆盘上的莫比乌斯变换谈起，逐步展开，延伸到偏微分方程、广义函数等好几个领域。

华罗庚教授一直反对把数学割裂开来，永远只搞一个小分支。1964年和1981年他先后在中国科大举办过两次“综合讨论班”，所谓综合讨论班就是不分学科，只要是有意义的数学问题都可以提出来讨论、研究。当然，这样的讨论班只有大师级的人物才能掌握。记得1981年来参加讨论班的不少是“院士”级的。华不仅要求解决问题，而且在方法上要越简单越好。记得当时有一个问题最后归结到证明一个三角不等式，华仍然非常认真地让大家把问题做到底，尽管这已经是中学数学知识范围内的事了。

华罗庚是自学成才的杰出数学家，他之所以能取得如此令世人瞩目的成就，除了他天赋过人外，刻苦努力，勤奋异常是他取得成功的另一重要原因。1992年,我在美国普渡大学访问时,遇到了当时已是80高龄的华罗庚教授的好朋友徐贤修教授,他向我讲起了好几件华罗庚青年时代勤奋好学的事例。他说华先生的第一篇投往国外的英文论文是他帮助修改的,第一次写英文文章,不太通顺,但经过不长时间的刻苦学习,华先生不仅英文文章写得很好,而且还能用德文发表文章。1937年至1938年,由中华文化基金会资助,华先生去英国剑桥大学留学,师从当时国际知名数学家哈代教授。徐先生说,华到剑桥刚几天,哈代对华说:"你的著作很多,完成一篇好的论文是没有问题的,如果你同意的话,我想你一年以内可以完成博士学位。"华先生回答说:"谢谢你的好意,我只有两年研究的时间,自然要多写些有价值的论文,念博士不免有些繁文缛节,太浪费时间了。"哈氏大感意外地说:"东方来的人,不稀罕剑桥大学博士学位的,你还是第一人。"所以华先生始终是一位没有博士学位的大数学家。徐先生还告诉我,抗战期间,华先生在西南联大教书,当时的条件十分困难,他们住在农家的楼上,楼下饲养着猪狗牛羊,在这样恶劣的环境下,华先生能安之若素,埋首研究工作,无视苍蝇等的干扰,竟然在典型群、解析数论、矩阵几何、自守函数论等多方面作出了杰出的工作。华先生的刻苦勤奋,由此可见一斑。

华罗庚教授热爱自己的祖国。1950年,他放弃了在伊利诺伊大学终身教授的职位,毅然率领全家返回刚成立的新中国。虽然在以后的若干年中,他受到过不少委屈,但他仍然把全身心扑在发展中国的数学事业上。我们现在不能想象,如果不是华罗庚当年回国,中国现在的数论、代数、多复变这些领域将会是一个什么样子!

华先生永远是我们学习的榜样。

让明珠更加璀璨

纪念一代教育宗师严济慈老校长[①]

汤洪高[②]

在杰出科学家、教育家严济慈诞辰一百周年的时候，中国科学技术大学的师生无比怀念衷心爱戴的老校长，追思严老为中国科大的创办、重建和发展所作出的卓越贡献。

严老最后一次亲临学校的动人情景，永远铭刻在科大人心田深处。1991年隆冬时节，91岁高龄的严老冒着漫天大雪从北京赶到合肥，出席同步辐射国家实验室验收会。正是在这次会上，严老用略带浙江东阳口音的普通话深情地说："我今年已经过了90岁，很少出远门，但是我特别喜欢来安徽，回科大。到科大，我就觉得年轻多了，因为中国科大是安徽省和全国人民以及中国科学院的骄傲，也是我的掌上明珠，我每次来都看到她放出新的光彩。"

明珠的璀璨，倾注了宗师的呵护。严老是中国科学技术大学的主要创始人之一，担任了20年的副校长，第二任校长，担任名誉校长12年。中国科大历史上各个关键时期的战略发展，都凝结着严老心血，承载着一代宗师的教育情怀。

早在1958年中国科大创办之初，严老就作为学校筹备委员会主要成员参与了中国科大的创建工作。他与郭沫若、竺可桢、钱学森等委员

---

① 原载于2001年1月5日《中国科大报》。

② 汤洪高，时任中国科学技术大学党委书记。

一起，将这所新型大学定名为“中国科学技术大学”，规划了建校方案；他与其他著名科学家一起瞄准国家十二年科技规划的需求，为中国科大设置了前沿、新兴、交叉的系科专业，参与设计最初的教学计划、教学大纲和课程体系。所有这一切，从根本上奠定了这所大学科学与技术结合、教学与科研结合、理论与实践相结合的鲜明办学特色，这种特色一直成为中国科大超常规发展的教育文化底蕴。中国科大诞生不到一年，就被列为国家重点大学。

为了培养高质量的年轻人才，60多岁的严老还与其他著名科学家一起为中国科大学生授课，不仅培养了中国科大最早的几批优秀毕业生，而且还言传身教了一支年轻教师队伍。自1961年到1980年，严老一直担任中国科大副校长，长期分管中国科大的教学工作。正是严老等一大批著名科学家对年轻师生的影响，使中国科大从创建起就形成了郭沫若老校长所倡导的“勤奋学习、红专并进、理实交融”的优良学风，并发扬至今，成为中国科大宝贵的精神财富。

1970年科大迁址合肥，遭受重大损失。1977年，严老协助郭沫若校长主持召开了中国科学院关于办好中国科大的第一次工作会议。1978年6月郭老逝世，严老受命于中国科大百废待兴之际，自1980年起担任了中国科大第二任校长，在他的主持下，又开了一次中国科学院关于办好科大的工作会议。两次工作会议，使中国科大勇立科教战线拨乱反正、改革开放的潮头，领时代风气之先。中国科大最早选派200名教师去欧美做访问学者，回国后充实了师资队伍；1978年创办了全国第一个研究生院和少年班；中国科大较早探索建立培养学士、硕士、博士的完整教育体系，并加紧理科和技术学科建设。这些我国教育史上有勇气有远见的重大举措，形成了中国科大在整个80年代超常规发展的基本框架。

80年代初正值“七五”计划开局，严老为了中国科大能够进国家重点建设的七所大学之列，于1983年12月8日亲自写信给邓小平同志，他在信中说：“我身为中国科技大学的校长，现在遇到这类事情，我是不得不关心的。”邓小平同志在信上批示：“据我了解，科技大学办得较好，年轻人才较多,应予扶持。”此后,中国科大得到国家重点建设,有了与老校区面积相近的新校区。没有新校区,就不会有中国科大今天的办学规模和质量。

1984年,国务院任命严老担任中国科大名誉校长,同年11月,严老来到中国科大,亲自审定学校新区的建设方案,从大门的位置、人行道的宽窄到学术报告厅和图书馆的设计,严老都提出了具体的要求。

严老始终心系中国科大,呵护这颗“掌上明珠”。他在从北京发给中国科大25周年校庆的贺电中深情地说:“25年来,我们同呼吸,共欢乐,引颈南望,神魂俱驰。”在中国科大28周年校庆大会上,他说:“我年纪大了,很少出门,可是最近八年到科大八次,合肥成了我的第二故乡。”就这样,每逢开学、毕业典礼,严老或是亲临科大,或是专电致贺,勉励学生“心系母校,志在四方、振兴中华,气贯寰宇”。1988年5月,严老为中国科大题词:“创寰宇学府,育天下英才。”这既是严老的教育追求,更是对中国科大建设和发展的殷切期望,对年轻人才的厚爱。

严老虽然离开我们四年了,但他的崇高精神和教育思想将永远激励我们前进。我们要学习他热爱党、热爱祖国、献身科学、追求真理的高贵品质;学习他实事求是、进取创新的精神和严谨治学、一丝不苟的作风;学习他热爱青年、提携后学、诲人不倦、甘为人梯的无私奉献精神,努力把中国科大建设成为一流大学,让明珠更加璀璨,为社会主义现代化建设事业培养高素质创新型人才。

我见到的郭沫若校长[1]

卞祖和[2]

我在1958年考入中国科大读书之前，对郭沫若校长并不陌生。

在中学时代，我和许多同学都读过郭老的一些诗作、剧作和其他文学作品，如《屈原》《女神》《洪波曲》等。我钦佩他知识渊博，才华横溢。他是一位现代诗人、剧作家、文学研究家、书法家，又是一位历史学家、考古学家、古文学家。我也知道他在大革命时期参加过北伐，也参加过南昌起义。抗日战争爆发后，他结束了在日本的流亡生活，毅然回国投身于抗日救国运动。新中国成立后，他先后担任中央人民政府委员、人大常委会副委员长、中国科学院院长等职。不过，大家更把他看成一位重要的社会活动家，和平使者。

但我能亲眼见到郭老却是在来中国科大上学之后。

第一次见到郭老，是在学校举行成立暨开学典礼的前一天，即1958年9月19日。那天上午，大家正在忙碌着，为第二天的典礼进行各项准备工作。突然，广播通知大家立即到大礼堂集合。当我们赶到礼堂后，才得知郭老已邀请中国音乐家协会主席、为我校校歌作曲的著名音乐作曲家吕骥同志来教我们唱校歌，而且他们即将到达。听到这突如其来的喜讯，同学们无不惊喜，正在进场的同学都加快了速度。还未等到大家都坐定，只见郭老陪同吕骥同志已从礼堂的大门走了进来，并在同学们

① 原载于2003年11月30日《中国科大报》。

② 卞祖和，曾任中国科学技术大学副校长。

热烈的掌声中微笑着经礼堂中的过道走向讲台。登上讲台后，郭老热情地把吕骥同志介绍给大家，接着便和大家一起在吕骥同志的指挥下唱校歌。现场的气氛十分热烈，校歌的歌声格外嘹亮。郭老，中国科大的第一任校长，就是这样首次与学生见的面。他从一开始就是这样与大家紧密地融合在一起。

中国科大校歌《永恒的东风》的歌词是郭老亲自起草的，歌词充分体现了郭老为中国科大精心描绘的蓝图。建校45年来，这激昂的歌声一直鼓舞着我们去克服困难，努力进取，不断攀登新的高峰。

1958年9月20日，我和同学们都沉浸在无比激动和兴奋之中。这天上午，受到普遍关注的中国科学技术大学成立暨开学典礼在首都北京隆重举行。前来参加大会的除聂荣臻副总理等许多我们国家的重要领导人以外，还有吴有训、钱学森、华罗庚等一大批最知名的科学家。他们的到来已充分表明，一所新型大学在中国诞生了。

在隆重的大会上，作为中国科大主要创始人之一和第一任校长的郭老，在致辞中以《继承抗大的优秀传统前进》的醒目标题和激情的讲话，为科大，为刚刚迈进科大校门的我们指出了前进的方向。在革命战争年代，正是具有优秀传统的抗大，为新中国培育了大批优秀人才，他们在各自的岗位上作出了不可磨灭的贡献。诞生在新时期的中国科大，要为国家建设事业培养急需的尖端科技人才，尤为需要的不正是抗大的优秀传统吗？从此之后，每当走进校门，首先映入眼帘的便是挂在礼堂正面墙上的“团结、紧张、严肃、活泼”八个大字；“永恒的东风”和“三大纪律、八项注意”的歌声响彻整个校园，不断鼓励和鞭策着我们。

我后来得知，郭老对校歌的歌词和开学典礼的致辞非常重视，曾亲自向周恩来总理作过汇报，并得到周总理的认可。郭老办事总是这样认真、周到。

后来，直到“文化大革命”开始，我又多次见到郭老。

每年新生入学和1963年以后学生毕业，郭老一般都要亲自来校参加开学典礼或毕业典礼。他在讲话中，一再嘱咐我们要“勤奋学习”“红专并进”“理实交融”“实事求是”“自力更生”“团结互助”“大胆创新”……并向同学们提出要做到“八好”，即思想好、作风好、工作好、学习好、互助好、身体好、劳动好、休息好。郭老的谆谆教诲一直印刻在我们心中。

当郭老来校参加重要会议时，会后常常要到校园各处走一走，和学校师生见面谈心，深入了解情况。有一次，我和几个同学在大操场迎面见到郭老，他和我们一一握手后，就和我们一起席地而坐，交谈了起来。到了吃饭时间，又和我们一起去食堂同桌用餐。当时，食堂条件较差，没有凳子坐。郭老已是近70岁的老人，我们到厨房找了一张凳子请他坐下，却遭到了他的拒绝。郭老对工作既深入细致，又平易近人。

当郭老的新编剧本《蔡文姬》即将在北京上演时，他提前邀请北京人民艺术剧院到校为大家演出，让我们先睹为快。当郭老出国访问归来，很快就来校向大家详细介绍那些国家的社会情况、风土人情和他本人的观感。郭老对学校真是一往情深。

当郭老听到有的学生因经济困难缺衣少被，立即捐款帮助。当他听到学校体育运动条件差，学生无法开展游泳活动，又出资在校园内建造游泳池。郭老对学生真是关怀备至。

当郭老在全校大会上听取学校师生所取得的科技成果的汇报后，他要求我们“不但要重视科学，还要特别重视科学精神，大胆创造要与科学精神相结合，要仔细、耐心地观察、分析、研究客观事物的发展规律，掌握规律，利用规律，要有持久战的精神。”郭老对如何开展科学研究的精心指导使我们受益匪浅。

我最后一次见到郭老，已经是1977年8月。那是在粉碎“四人帮”“拨乱反正”的大好形势下，中国科学院在北京召开了中国科学技术大学工作会议。我因毕业后留校工作，也参加了这次会议。这是一次重要的会议。早在1975年，小平同志就曾指示：“科学院要把科技大学办好”，但受到了“四人帮”的干扰。此时，科学院已决定将继续实行“全院办校、所系结合”的方针，“办好科技大学”。毫无疑问，这是中国科大的一个新的起点。正是在这样的大好形势下，8月10日下午，郭老亲自接见了会议代表。听说当时郭老身体欠佳，但外事活动依然频繁，故他当时下榻在北京饭店。因此，这次接见就在北京饭店的一个小会客厅进行。当郭老出现在会客厅时，大家热烈鼓掌。因为是在经历“文化大革命”的种种磨难之后，又见到老校长，大家情不自禁地流下了欣喜的泪水。郭老当时气色还好，频频向大家挥手，迟迟不想离去，眼光中饱含着对中国科大无限的深情和期待。

1978年6月12日，郭老在北京逝世。噩耗传来，全校上下陷入无比的悲痛之中，大家深深地怀念我们的老校长。

自从1988年校庆30周年郭沫若铜像在校园揭幕后，我与家人得空常去瞻仰，以寄托对老校长的缅怀之情。在那里，也经常能遇到怀有相同感情前来的校友，其中有一次的情景让我终生难忘。校园里，每年的7月上旬正是毕业生纷纷离校的日子。记得在去年7月初的一个晚上，我与我爱人又走到那里。当时铜像前的广场正待整修，地面尚未平整，灯光也未完全打开，暮色中只见一位瘦高的男同学，快步径直走到铜像前，对铜像深深地一鞠躬，转身又匆匆地离去。想必他一定是一位即将离校的毕业生，临行前特地抽空来与老校长告别的。眼前的情景使我们既感动，又欣慰。九泉之下的郭老，看到青年人的不断成长，看到先辈们开创的事业后继有人，看到科学的高峰正在不断被攀登，一定可以含笑了。

在那桂子飘香的日子

纪念钱临照先生诞辰100周年[①]

胡升华[②]

1999年1月9日，星期六，早晨8点钟，我接到电话赶到钱临照先生家，见钱老靠在椅上，面色通红，烦躁不安。尿潴留让他胀痛难耐。按照中国科学技术大学校长办公室和校医院的安排，我和他家人把他送到了安徽省立医院。1997年8月我曾陪他到安徽省立医院住院体检，那时我尚年轻，缺乏生命感悟，看他乐呵呵地与为他体检的大夫说笑，我竟没有担心体检报告上的一堆问题。这次送他入院，一开始也没有往坏处多想，但随后几天，他因尿路感染而持续低热，同时大便也不能自排，情况越来越不好，我渐渐有了不祥的预感。

半年前，我经钱老推荐获王宽诚教育基金会资助，计划赴哈佛大学科学史系做博士后研究，已购2月5日由北京飞美国的机票。2月3日不得不与钱老道别。记得是个阴天，病房里光线昏暗，分别时，他倚靠床头，微微地向我挥手，我强露笑容，缓缓向后退出病房，待转过身来不禁泪如泉涌。1999年7月26日，钱老在合肥逝世，我身在异乡，想到没有陪他走完最后的人生旅途，甚至不能回国看他最后一眼，心里十分伤感。

钱老是我的博士生导师，从1985年到1999年，我在他身边学习工作15个年头。说来惭愧，身在桂花园，不闻木樨香。虽然熟谙钱老的一口

① 原载于2006年9月5日《中国科大报》。

② 胡升华，中国科学技术大学科学技术史系兼职教授。

无锡官话，但对他的道德学问、诗思慧心却道不出万一。

钱老生于1906年8月28日，农历七月初九。今天是他诞辰100周年的纪念日，我只能写下几篇记忆，聊寄思念。

1993年9月的一个下午，我陪他在中国科大校园散步，郭沫若塑像旁的小路上桂子飘香。钱老心情很好，跟我谈起他在1948年担任中央研究院总干事期间的事情：“朱家骅要我把中央研究院搬到台湾去。当时国民党已经不行了，不过我们一班人对共产党也了解不多，我的想法是：愿意留下来的人，我帮他留；愿意走的人，我帮他走。大部分研究所选择留在大陆，只有数学所和历史语言所迁到了台湾。我办事苛求有始有终，因此去了趟台湾，看看两个研究所安顿的情况，由台湾回来后，马上向朱家骅交差，结束了三个月的总干事职务。这一趟台湾去坏了，被人家揪住了小辫子。”说到后两句话时，他笑了。过一会他又接着说：“当官是要有点素质的，如果解放前夕我能够摇身一变，现在就不是在这里跟你聊天了。”说完他乐不可支。

1997年4月20日，钱老和我谈他的物理学研究工作，我做了录音。我问了个浅薄的问题，为什么留学期间没有选个名师，抓住一个专题深入研究下去？否则学术成就肯定会大一些。钱老是这样答的：“你说的或许是对的，不过我对自己的选择也不后悔。那个时候在中国做科研的条件很差，只能有什么条件就做什么工作，不能按照设计好的专题去做。所以我在英国，有意去尝试各种工作，也亏得如此，回国后能在好几个方面做点研究。”中国物理学会、电子显微镜学会、科学史学会草创早期，中国科学院物理研究所、中国科大创建和发展时期有这样一位学术领导人是值得庆幸的，很少有人能像他一样在这么多的领域给这么多的研究人员和学生提供影响深远的研究指导。

1992年9月，钱老生病住院逾两月，低热不已。此后衰老过程明显加速。张文裕、任之恭、王淦昌等好友一个个相继离去，他的老师严济慈也于1996年辞世。每一次钱老都要写文章纪念他们，想来每一次对他都是一个不好的心理提示。钱老与李国鼎先生在台北一别42年后于

1990年3月重新建立联系，在他1990年3月28日致李国鼎先生的信中表达了对好友生离死别的感怀："曾忆1936年复活节日，偕文裕、竹溪四人骑车联袂游莎翁故乡……今竹溪已于1982年作古，文裕则偃卧医院。前不久我去探望，则口不能言，饮食鼻饲，神去茫然，不识我矣。四人者今唯兄与我二人健在，回首前尘如烟……今年九月之约在香港晤面，谨当如命。还当桂子飘香时节，剪烛西窗，作永夜谈。当与兄共咏杜诗'人生不相见，动如参与商。今夕复何夕，共此灯烛光'也。"

1998年9月20日下午，严济慈铜像在中国科学技术大学西校区落成，钱老的体力不支，不能参加铜像落成仪式。21日是个公休日，又是一个阳光灿烂、桂子飘香的日子。钱老让我准备了一束鲜花，从学校汽车队要了车，他要去给严老铜像献花。下午3点钟，我走进钱老的卧室，他晚年活动不便，卧室和书房已合而为一。他让我靠近他坐下，给我看了他最近很吃力地写下的屈原《离骚》中的句子："吾令羲和弭节兮，望崦嵫而勿迫"；"恐鹈鴂之先鸣兮，使夫百草为之不芳"。怕我不明白，他做了解释：崦嵫山是神话中日落的地方，前一句是让羲和停住脚步，不要走近崦嵫山，一走近它，太阳就要落山了……这些句子他写过多次，这一次当是表达对生命的眷恋，我当时竟不能深察，现在回忆起来不胜感慨。

车出西校门，由金寨路而转黄山路，行向西校区。钱老情绪很好。参拜过严老塑像，天色还早，知道钱老很长时间没有出校门了，我提议去看看新建的五里墩立交桥，再从三孝口绕一圈观光合肥市容。钱老不安地问司机"可以吗？"司机颇感意外："这有什么不可以，以后想出门转转，招呼一声就是了。"这应是钱老最后一次巡视他生活了近40年的城市。

钱老一生经历了很多风波，总不改学者本色。他曾手书清朝爱国将领林则徐的一副对子挂在书房里："苟利国家生死以，岂因祸福避趋之。"有一次谈到科学家的人品问题，他一脸严肃地跟我说："我们江苏姓钱的人很多，明末常熟有个钱谦益，号牧斋。这个人学问了不起，不过清军入关后，他变节了，做了清朝的官，被《明史》列入《贰臣传》"。"人不能学牧斋，不能做墙头草，不能见风使舵。"

1992年钱老病中听到张文裕逝世的消息，曾赋诗悼念："握手剑桥六十年，今又失一豪剑客。途中如遇王竹溪，问登科峰乐如何。"

又到了桂子飘香的季节，想来钱老早已在天国和李国鼎、张文裕、王竹溪三位同游英伦的同学相遇，又要结伴出游了吧！

郁文同志与中国科学技术大学①

中国科学技术大学

出任中国科大首任党委书记

1956年，中央提出向科学进军的号召，随着第一个科学发展长远规划的实施，到处需要科学人才，大学生来源更显不足。1957年，中国科学院党组决定，利用自身人才优势，创办一所新型大学，自行培养科研急需的大学生，以缓解供需矛盾。1958年6月，这一建议得到中央批准，中国科学技术大学开始筹备建校，具体事宜由中国科学院副院长郁文主持进行。学校成立后，郁文兼任第一任党委书记。

在党中央关怀和中国科学院内外大力支持下，在以郁文为首的学校领导班子组织指挥之下，学校在仅仅三个半月的筹办时间内，解决了校舍、师资、教学设备等问题，建立了学校组织和工作制度，确立了系科设置，草拟了教学计划，完成了招生任务，开办了五个实验工厂，初步建立了工作秩序，保证学校在1958年9月20日正式开学。到1959年元旦，学校师生就在实验工厂中生产出电子计算机、计算管、定标器、石油钻探自动调节器、半导体晶体管、阴极射线示波器、模型火箭等多种科学仪器设备。

---

① 原载于2010年4月5日《中国科大报》。

在郁文担任党委书记期间，学校积极从事教学改革工作。学校注意调节师生关系，形成一种教学相长的良好氛围；要求教师紧密结合实际，因材施教；组织教师自编教材，充实教学内容；要求教师编写教学大纲，交给学生讨论后再修改使用；要求青年辅导教师和同学们一起生活进行深入的辅导；在与教学相结合的基础上建设实验工厂，提供条件让教师从事科学研究工作。1961年8月党委会上，郁文提出了“一切为了教学工作”，要求全校在建校以来的工作成绩上整顿教学工作，从充实教学内容、培养教师队伍、增添图书设备、编写教材、制定教学计划、培养学生学风等方面进一步推动教学改革，提高教学质量。

郁文善于在工作中学习。在到中国科大之前，他没有从事高等教育工作的经验，认为自己是外行，所以总是在工作实践中多钻研，注意吸收别人的实践经验，同时也要求身边的干部在工作中学习，多向有教学经验的同志请教。

郁文十分关心学校的思想政治工作。他善于发挥领导集体的智慧，他认为集体领导就是要集中大家的智慧，同时要尊重个人负责某方面的工作，不是原则问题不要争论；放手让副校长晋曾毅、严济慈全面负责学校的日常教学工作；他要求领导班子成员之间要注意团结，有问题公开谈，不要暗斗，严于律己，宽以待人，对工作要主动地负起责任，雷厉风行地解决问题；他要求领导干部要有深入下去的工作作风，要经常深入到系、班、小组中去了解情况，不要光听汇报；他要求党、团工作干部和学生同吃同住，保持抗日军政大学的优良作风，助教要努力学习，尽快走上讲台。

郁文关心同学们的思想、学习与生活。他亲自安排对学生的学业水平、思想状况进行深入了解和研究，并针对同学中出现的种种不良思想认识，组织人员进行专门的帮助和教育，鼓舞了同学们的学习情绪，成效显著。针对有的同学有畏难情绪，他告诫同学们不要害怕尖端，任何尖端都是建筑在坚实的基础之上的，掌握它了就没什么可怕的，原子弹、放射元素都不可怕，电在没有掌握之前也是可怕的，掌握它就为人类服务，同学们要有攀登科学高峰的勇气；郁文经常鼓励同学们多掌握几门外语，学习西方国家水平较高的科学研究方向，了解他们新的科学知识，吸收他们的科学研究成果；针对部分同学提出转系要求，郁文答应会尽量照顾同学们的志愿，但是不能过分强调个人兴趣，要服从国家需要分配专业；针对有些同学一考取大学就骄傲的现象，告诫同学们不要飘飘然，应该不断吸取别人的经验，追求进步；郁文要求同学们艰苦朴素，但不要马马虎虎，接受严格的劳动锻炼，培养优秀的意志品质，继承抗日军政大学的传统；郁文要求同学们安心学习，尊敬老师，有意见就提，与老师打成一片。1960年学校开展了“反不良倾向”运动，主要是解决部分同学平时生活中的浪费、盗窃等小问题，结果运动过头，很多学生背上思想包袱，甚至有同学为此自杀，郁文发现这一问题后，立即召开党委会，批评了具体执行工作人员，中止了这一运动，给受到不公正待遇的同学卸下了思想包袱。

1959年4月，中国科大第一次党代会召开，郁文在会议上提出了学校在今后一段时期内的发展目标和具体任务。他满怀期望地宣布：“我们要逐步巩固提高，认真做到教师教得好，学生学得好，职工工作好，大家思想好、劳动好，共同努力，争取三年打好基础、五年成型，为把我校建设成为共产主义大学而奋斗。”并提出几条具体建议：

(1) 健全党委的集体领导，开展批评与自我批评，发挥集体智慧，建立党委领导下的校务委员会制度，明确校党委和校委会的分工。

(2) 加强师生员工的思想政治工作，建立民主平等团结、互相尊重、互相促进的师生关系，在教学相长的原则下，充分发挥教师在教学中的主导作用。

(3) 以提高教学为中心，结合生产劳动，开展科学研究工作，使科学研究、生产劳动与教学更好地结合起来，培养德、智、体全面发展的科学技术人才。

(4) 合理安排师生员工的生活，逐步改善师生员工的生活条件，给予教师充分的备课和自修时间，给予同学们足够复习巩固与阅读课外读物的时间。

(5) 加强学校的物质建设,完成校舍扩建工作,筹建各系实验室,增添图书仪器,充实校办实验工厂。

郁文为办好中国科大倾注了很大心力。他坚持办校方针,按照三年打基础、五年成型的目标,团结全校师生员工艰苦奋斗,辛勤创业。他重视党的建设和政工队伍建设,积极推动政治思想教育活动,树立良好校风、学风。他经常到校同教职工和学生谈话,还和郭沫若一起邀请老一辈革命家到校作报告,聂荣臻、陈毅都不止一次到校并讲话。1963年4月,郁文卸任中国科学技术大学党委书记职务。

"文化大革命"两度起落

"文化大革命"开始不久,郁文就和许多老干部一样受到了连续不断的批判斗争,甚至病中也未能幸免,他被隔离审查三年。1969年11月,他被安排到湖北五七干校劳动,患上了急性血吸虫病,直至1972年2月才获准回北京疗养。

在运动中,郁文对涉及自己的事,独自承担责任,从不推诿或连累他人。他也没有记恨那些批判斗争他的人,他坚信总有雨过天晴之时,就在他被"开除党籍"的最困难日子里也没有动摇过。在逆境中,郁文表现出了一个真正共产党员的应有品质。

1973年1月,郁文得到平反,被任命为中国科学院科研组副组长之一,从此开始转上科研业务管理工作岗位。当时,只有高能物理、数学、天文等基础理论工作,以及某些有关国防和生产的科研开发任务等,尚能名正言顺地组织进行,其他科研工作基本上依靠基层单位和科研人员自发自觉的艰苦努力,郁文冒着政治风险从事一些力所能及的工作。1975年,胡耀邦主持中国科学院工作,一度出现全面整顿、系统纠"左"的曙光,郁文精神振奋,成为胡耀邦的得力助手。然而不久,在"反击右倾翻案风"之中,郁文再次受到审查。

1977年1月，方毅到中国科学院主持工作，郁文随即恢复副秘书长职务，主持编制了《全国自然科学学科发展规划(草案)》，为我国今后八年的自然科学研究发展指明了方向。

1978年，郁文出任中国科学院秘书长。他领导完成了中国科学院的调整、整顿工作，使中国科学院的科学研究工作从“文化大革命”的阴影中迅速走了出来；努力争取到国家计划和社会各个方面的支持，为中国科学院的科研工作提供了较好的物质条件；学习国内外先进经验，推进了中国科学院的管理制度改革，极大提高了管理效率。郁文担任中国科学院秘书长职务时，实际上是中国科学院的“总管家”。他虽已年逾花甲，依然经常提前半小时左右来到办公室。他坚持从实际出发贯彻执行中央的方针政策，胸有全局，脚踏实地，既抓实际问题，又抓思想认识问题。他尊重科学家，支持科学家，同科学家院长们团结合作，协调默契。他对手下干部，既严格要求，又放手工作，办事时一丝不苟，不允许应付了事，闲暇时有说有笑，还可以开上几句玩笑。

1979年初，郁文任中国科学院党组副书记。1982年4月，奉命调离中国科学院，任职中宣部常务副部长。1986年4月，任全国人大常委会委员兼民族委员会副主任。1989年，任中国社会科学院党组书记。1995年，担任中国地方志指导小组常务副组长。

热情关怀中国科大

1963年，郁文离开中国科大，却始终关心中国科大的发展，他分管中国科学院教育工作，给予中国科大一如既往的支持。1975年，郁文复职中国科学院副秘书长后，极为关注中国科大在合肥的情况，多次与中国科大领导举行座谈会，提出许多怎样办好学校的建议。他鼓励学校领导办学不要保守，要先迈步走一走，闯出一条路，把学校办成培养科技人才和干部的基地；学校要培养基础扎实的创新人才，方便他们在以后的工作中改变方向；他要求学校总结经验，拿出具体方案，向中国科学院汇报，这直接促成了1975年10月《关于中国科学技术大学几个问题的请示报告》（代拟稿）的出台，他鼓励学校领导要敢于向前走，不要害怕批判，搞错了就批判他这个“后台”。他也在中国科学院为中国科大争取了较多的科研经费和设备，要求恢复科学院研究所的研究人员到中国科大讲课的传统，表示中国科学院下决心把中国科大办好。

1978年9月，郁文主持中国科学院秘书长办公会议，讨论决定：中国科学院抓紧完成中国科大研究生院的基建任务；研究生院要以主要精力做好开学准备工作，上报长远办学规划；同意成立中国科大北京管理处，安排高年级学生来京各个研究所进行学习和研究。1978年10月，中国科大研究生院成立，郁文在开学典礼上对研究生院建设提出了具体要求，由国内科学家担任指导教师和授课，引进国外著名大学课程和教材，聘请不同学派的国际著名学者讲学，开展研究生学术活动，发挥研究生的自主、自觉学习和探索能力，树立实事求是的好学风，培养能够独立从事科研工作的创新型人才。

1981年3月，郁文担任严济慈校长领衔的中国科大校务委员会副主任委员。同年7月，郁文在与中国科大同学座谈时提出，学校教师队伍不要都是中国科大毕业生，要从全国著名高校中引进一些人，互相交流，远缘杂交，这样可以活跃学校的学术气氛。他也给了同学们许多忠告，生活上不要拼命装样儿，要了解时事，不要做书呆子，在科学研究上要有吃苦精神，要学会写文章。

1981年10月，郁文随同严济慈校长到学校检查工作，与学校师生座谈，提出学校建设要有长期规划，学校体制、招生规模、系科设置、师资队伍、实验室建设、教材体系、宿舍楼建设都要纳入整体规划之中，中国科学院一定满足学校建设的合理要求。他还要求学校搞好与国际上著名大学的合作，派人去学习，特别提到与日本的合作已经列上了中日文化合作协定，一定要准备好，请他们协助创办几个高技术科学系，提高中国科大的工科水平。10月23日，郁文在全校大会上说：中国科大原来的办校方针是“全院办校，所系结合”，现在中国科大迁到合肥，还能不能全院办校,有人产生怀疑。我说要统一一下思想,这个总方针不能变,但在新形势下,有新内容、新做法。我主张,关键学科在中国科大设立一些系和专业,对口科学院研究所,互相配合。不能等着人家来办校,学校要主动地有计划地组织,把全院现有的科技力量,著名的科学家,最新的研究成果,组织到我们学校的教学中来。他说,国外许多名牌大学都不在首都,中国科大在合肥照样能办好。中国科学院只有中国科大这个“独生子”,因此很重视。在经费、设备上给中国科大很照顾。没有“全院办校,所系结合”的方针,中国科大是办不起来的,取得这样大的成绩也就很难想象。中国科大和全院都要注意发挥科学院办学的特点、优势,请哪些人讲学,有些什么问题,都可以告诉院里,不要认为到所里是求人,话不好讲。对学校的要求,院里也要当作任务来确定,主动争取配合。

1986年5月,郁文为中国科大1981级毕业生题词:“希望中国科技大学毕业的同学在祖国四化建设的各条战线上作出更大贡献。”1988年9月20日,中国科学技术大学校友总会成立,郁文担任校友总会会长,继续为建设中国科学技术大学贡献力量。1998年9月,郁文亲赴合肥参加建校40周年庆典,被选为校友总会名誉会长,还为校庆题词:“继承优良传统,发扬创业精神,总结实践经验,培育时代新人,发展科学技术,攀登世界高峰,科教兴国大业,大家奋勇前进。”

杨承宗先生与中国科学技术大学①

中国科学技术大学

从1958年中国科学技术大学建校起，杨承宗便与中国科大结下了不解之缘，学校的建校、迁址合肥和第二次艰苦创业，他都积极策划、参与。

建校之初，放射化学和辐射化学系所有的教学大纲、教学计划、任课老师的选择，都是杨承宗亲自编写、亲自确定。他平时白天忙于原子能研究所的科学研究，只有晚上写讲义编教材，每周星期三准时到中国科大讲课。杨承宗给学生上基础课时，亲自编写教材，十分注意把国际化学界前沿科学知识和科学创新的思维方法传授给学生，强调学生的动手能力培养和独立思考能力的训练。他经常对同学们说："科学就是前沿，科学就是尖端，科学就是创新。"在1959年欢迎新同学的致辞中，他满怀豪情地说："化学工作的特点本来是在于探穷索奥，废物利用；但我们还要无中生有，巧夺天工。"他的无机化学课程生动有趣，1958级放射化学专业的学生俞书勤教授等至今还记得，他们进校上的第一堂课即是杨承宗的无机化学课，在课堂上杨先生较详细地介绍居里夫人从铀矿中化学分离钋和镭的方法，在黑板上还写下了分离的流程图。介绍从不可分割的原子转变到可蜕变原子，诸多核素辐射性质各异，寿命长短悬殊，同位素现象造成的扑朔迷离。他的课深入浅出、概念明确、准备充分，他讲的

① 原载于2010年9月25日《中国科大报》。

丝丝入扣、娓娓动听、听他的课简直就是一种享受。他传授的放射化学内容对学生具有一种启蒙教育，给学生留下了深刻的印象。多年后，杨承宗在回忆往事时说："我当时也不知道从哪儿来的劲，每周奔波于研究所和科技大学之间，家务和教育子女的事情都由我爱人承担。我住在研究所里，每周三、六晚上才回家，晚上经常备课到深夜，第二天清晨赶班车去科技大学讲课和处理各项联系事务。"

1970年，中国科大迁往合肥，杨承宗携家带口来到合肥。杨承宗去过马鞍山南山矿参加劳动，并且长期和放射化学专业的师生一起到安徽大学西门外的一个小院值班，因为那里存放着一些放射性物质和标准源，为安全起见，放射化学专业的老师要24小时轮流值班，杨承宗从不间断，无论刮风还是下雨，坚持步行。多年后，当1958级放射化学专业的学生在北京与老人谈到合肥的巨大变化，说到美丽的明珠广场时，他还非常高兴地说："我还和你们一起去那里拉过砖呢。"

1977年，杨承宗在学科规划会上，与其他校领导和专家一起积极争取同步辐射项目立项成功，后来又直接领导利用同步辐射装置的200MeV电子直线加速器作中子源和伽马射线源，由此进行光核反应研究制备轻质量、短半蜕期、有特殊用途的同位素工作取得成功，为我国内地的核科学研究开辟了一条新途径。

1978年11月，杨承宗被任命为中国科大副校长。在他担任副校长期间，为校系的学科建设乃至研究组的发展而不辞辛苦，竭思尽虑。由于学校一向重视外语教学，作为副校长的他还兼任了外语教研室主任。上任伊始，他就对外语教学进行改革。他提出外语教学应以英语为主，全面兼顾。从此，中国科大不仅在全国高校中由俄语向英语转向最快，而且外语成绩多年来一直名列全国高校榜首。

新中国放射化学的奠基人

回国后的杨承宗先在中国科学院近代物理所负责放射化学、辐射化学、射线及放射性同位素应用等领域的研究工作，工作是从零开始的。所长钱三强告诉他，在放射化学方面，我给你准备了"三个两"，就是两架日本的摇摆天平，两个白金坩埚(掺假的)和两个人(林念芸和朱润生)。

1952年，近代物理所制定了第一个五年计划，明确了"以原子核物理研究工作为中心，充分发展放射化学，为原子能应用准备条件"的方向，其中放射部分就是杨先生亲自主持制定的。在科学院制定的中国原子能科学技术发展规划中，放射化学及辐射化学，以及放射性同位素及射线应用等部分的具体计划皆为杨承宗一手制定。

由于放射化学是化学科学中的一个新的分支学科，培养人才在当时是首要任务，杨承宗又同时担任中国科学院原子能研究所放射化学研究室及放射性同位素和射线应用研究室两个室的主任，为青年科技人员主讲放射化学、矿石中铀的提取及分离流程的基础知识等专业课程，同时指导开展了铀矿石的化学分析和分离、电解制备重水、研制超纯石墨等研究工作。他创建新中国第一个放射化学实验室，不仅在所里，而且在核工业部技术局、北京大学、清华大学讲授放射化学和铀化学课程，悉心培育了我国第一代核化学和放射化学中坚骨干。

1958年9月，中国科学技术大学成立。杨承宗受中国科学院重托，任中国科大放射化学和辐射化学系系主任、校务委员会委员，负责筹建放射化学和辐射化学系，并担任几个系无机化学课的基础教学和08系的专业课教学工作。同时，杨承宗还积极组建了中国科大放射化学教研室，担任第一任教研室主任。

杨承宗是中国科大化学学科首位博士生导师，创建了中国科大第一个化学博士点——放射化学博士点，为国家培养了一大批优秀的放射化学人才。

当教师的最大心愿

1963年上半年，1960级08系物理化学课的期中测验出现了令人难以想象的结果，150多位同学中得分在60分以上的不到10人，大部分同学在50分上下。结果一出来，整个年级像炸了锅一样，同学们纷纷抱怨题目出得太难、太偏了。为此，系里和教研组决定安排一次专门的答疑会。

出人意料的是，这一次答疑会竟是主讲教授本人主持，这是三年来第一次由主讲教授来上答疑会。当时的年级课代表祝振鑫同学考试后一直觉得试卷上有一道题有问题。教授在答疑会上讲到这道题时，依然重复考卷上的那种画法。祝振鑫在征得同意后走向讲台说："教授，你这张图画得有问题。在刚刚出版的《固体物理引论》上有这道题，但书上的图是这样画的。"他把教授画的图擦掉又重新画了一张图说："这样就只有一种答案了。"谁知教授沉默片刻后突然把教案一合说："要是郭沫若校长在大会上作报告，有人打断了他的发言，他会怎么想呢？"说完，他夹起教案走出教室。此后一连三天不出家门，不上班也不上课。

为了"安抚"这位教授，系里教学干事找祝振鑫谈话，要他做深刻检查，但祝认为不是故意得罪教授，是在上答疑课，又不是正式课，学生可以向老师提问，何况又是举手得到允许才上讲台的。他坚持不肯写检查。于是经系务委员会同意决定给予祝振鑫处分，只等系主任杨承宗教授下个星期回到学校批准了。

杨先生回校后，听说有一位学生指出了一位教授考题上的错误后，高兴得一连说了几个"好极了，好极了"！他严肃地说："你们要处分这位同学吗？我还要表扬这位同学呢！当教师的最大心愿不就是希望青出于蓝胜于蓝吗？""看到学生超过自己，应该感到很高兴，怎么会觉得丢自己的面子呢？你教的学生一代不如一代，那才丢面子呢！""学生敢于指出老师的错误，这种风气应该提倡。"杨先生力排众议，最终教务处收回处罚的决定。

快乐的“法杨公”

中国科学院搞原子能的有两个姓杨的科学家，一个杨承宗，从法国留学回来的；一个杨澄中，从英国留学回来的。他俩的名字有些音同字不同。为了区别，人们分别叫他们“法杨”“英杨”。2010年9月5日，“法杨公”杨承宗已步入100岁，属于“寿星级”的科学家。他的一生豁达大度，淡泊名利。

1951年初，杨承宗把自己在巴黎五年省吃俭用的“私款”贴补进去为国家购买仪器设备，回国后安排好工作，回到苏州的家中。当妻子拿出一大沓欠账单展现在他面前时，他傻了。他完全没有想到家中的生活是这样艰辛。但是很快，杨承宗又恢复了那份洒脱。他对妻子说：“不用发愁，我回来了，一切都由我来解决。”他把自己最心爱的德国相机和手表卖了，才还清了家中的债务。

1953年，在修复协和医院被日军破坏的镭溶液和制备医用氡针的装置系统时，他的右眼失明，左眼视力大幅降低。但是失去一只眼睛的杨承宗没有抱怨，他仍是快乐的，依然笑声爽朗，依然愉快地从事他醉心的教学和科学研究。

1958年，杨承宗调到中国科学技术大学从事教学工作。离开了比自己亲生儿女还亲的原子能所，杨承宗虽然依依不舍，但他没有半点怨言，高高兴兴地投身于为新中国培养核化学和放射化学人才的工作。

杨承宗为人豁达，待人处世温文尔雅，儒者风范。许多别人难以接受的不平，他都能淡然处之。当原子弹成功爆炸后，为了奖励这些作出特殊贡献的科技人员，二机部为全体受奖人员晋升一级工资，杨承宗因人事关系在中国科大而不能享受。他的同事、学生戴上了共和国勋章，当了院士，他虽然功勋卓越，却是一位“没有勋章的功臣”。每当别人为他打抱不平时，他却毫不在意，依然开怀大笑，他说：“事情作出来就好，别的什么也没有去想。”

笑声爽朗、快乐无私是杨承宗的长寿秘诀。他对别人慷慨大方，自己的家庭在经济上常陷入困顿，但是由于杨承宗的快乐洒脱，全家人总是其乐融融。杨承宗住在北京中关村，周围的邻居经常能听到"法杨公"发自内心的、极具感染力的大笑。

期颐之年的杨承宗，依然身体硬朗，思维敏捷，谈吐幽默。他活得潇洒快乐，得到了人间最高的祝福——健康和长寿。

深切怀念恩师叶笃正先生[①]

陈月娟[②]

世界知名的气象学大师,我国大气科学的奠基人之一叶笃正先生于2013年10月16日仙逝了,噩耗传来,我心中无限悲痛。先生不但是我的授业恩师,更是我的引路人,50多年来,我有幸在学习上得到他的悉心教诲,工作上得到他不断的指导关怀。先生恩情,我终生难忘。

我是1958年进入中国科大地球物理系学习的,这个系是由我国乃至世界著名的地球物理学家赵九章先生创建的。我所在的大气物理专业就设在地球物理系里。叶笃正先生和顾震潮先生曾先后担任过我们专业的主任。我们专业分为云雾物理和天气动力学两个方向。云雾物理的教学和实验室建设由当时的地球物理所的顾震潮研究员负责,而天气动力学的建设则是由叶笃正先生负责(注:现在的大气物理所和地球物理所当时同属地球物理所)。建校初期,一切都是从头开始。叶先生亲自编写讲义,为我们开设天气动力学课程,把普通气象学、天气学和动力气象学结合在一起,由他和中国科学院地球物理所的另两位知名专家陶诗言和杨鉴初先生一起讲授。(注:叶笃正、顾震潮、陶诗言、杨鉴初是当时地球物理所最顶尖的四位气象学家,被称为叶顾陶杨)。我们能在他们四人的教导下学习,是非常幸运的。我们的天气动力学课与当时别的学校的气象专业不同,比如北大等学校是将普通气象学、天气学和动

① 原载于2013年11月5日《中国科大报》。

② 陈月娟,中国科学技术大学地球和空间科学学院教授。

力气象学分开设课，分开讲授的。而我们的课程是结合在一起的，讲一种天气现象或天气过程后，接着就讲它的动力学过程和变化机理，注重理论联系实际，是一种非常创新的做法。叶先生授课除了注重基本原理的讲解外，还把他们的最新科研成果，比如他将创立的大气长波能量频散理论和大气运动的适应理论等也糅到课程中一起讲授。叶先生上课特别认真，物理概念记得特别清楚，对我们要求非常严格。记得有一次，课间休息时他没有去教师休息室，而是坐在我的位子上，看我的课堂笔记，发现我有个地方记得不对，当即在我的本子上做了修改。

1964年，我考上了叶先生的研究生，有幸在他的指导下继续学习。他对我们的要求更加严格了。我们每个周五晚上都要到他家向他汇报公共课的学习进展和文献阅读情况，以及他给我们安排下周的学习任务。除了听他和陶诗言先生讲授研究生专业课外，他还要求我们每周都去地球物理所的天气室分析当天的天气图，参加天气会商，用所学的理论知识来分析和预测天气的变化。他的这种严谨的治学精神和理论联系实际的作风使我受益终身。可惜这样的学习机会一年之后就被打断了。先是我们被派到农村参加"四清"工作，接着就是"文化大革命"。在"文化大革命"中，先生的身心都受到严重的摧残。而我则先后被下放到农场和工厂去劳动锻炼。

直到1971年我被调回中国科大，不久就随同本专业一起调往吉林大学物理系，在那里新办一个气象专业。由于"文化大革命"期间的耽误，我国的气象学教学比欧美和苏联落后了很多。特别是电子计算机的迅速发展和使用，国外的数值天气预报(即用电子计算机求解大气动力学方程组进行天气预报的方法)发展得很快。1972年大学恢复招生后，我们也决定开设数值天气预报课程。但是，经过"文化大革命"后，大学教材严重缺乏，特别是数值天气预报的教材在国内基本上找不到。我只好结合叶先生大气动力学的部分内容和当时美国新出版的一本数值天气预报书(*Numerical Weather Prediction*, George. J. Haltiner, 1971)写了一本数值天气预报讲义。1974年我去北京出差，得知先生刚从"牛棚"

被解放出来不久。我去拜访了他,向他汇报了我们在吉林大学的工作,并请他看看我写的讲义手稿,给我提提意见。他非常高兴。几天之后,他把我叫到家里,说讲义写得不错,不足之处建议我做些修改。我打开我的手稿一看,在上面的不少地方,先生都做了详细批注,有些地方还直接做了修改。我当时非常感动,因为我的手稿有十几万字,他白天要上班(那时上班主要时间都在开会,斗私批修,"批林批孔"),可以想象,他那几天每天都要熬到深夜才有可能这么详细地修改我的手稿。还给我手稿之后,他还向我了解当时学生(工农兵学员)的水平,并和我讨论根据当时学生的情况,哪些地方要讲得浅一些,如何讲解,等等。这对我后来的教学有很大的帮助。1975年(或1976年)中国气象局为发展我国的数值预报,特别请了美国气象局的Shuman博士来北京作为期两周的数值预报讲座。当时想参加听课的人很多。叶先生特别为我搞了一张入场券,让我从长春到北京去听课。由此可见先生对我无微不至的关心和支持。

1958年起,叶先生任我校地球物理系大气物理专业主任,并讲授"大气动力学"等课程。

1980年,我们原来从中国科大调到吉林大学的教员又调回中国科大,恢复中国科大的大气物理专业。叶先生知道后特别高兴,那时他已是大气物理所的所长。他特别关心我们专业的重建。让我和姚克亚老师到北京向他汇报我们专业的重建情况。特别找来陶诗言先生(当时顾震潮先生和杨鉴初先生已经过世),让我们把教学计划和课程设置详细念给他们听,给我们提了不少有益的建议。他还委派了大气物理所的周秀骥研究员(院士)来兼任我们的专业主任。

"文化大革命"结束以后,国家开始选派一些人去国外学习和做研究工作(即访问学者),1981年我考上了教育部的公派出国名额。他非常高兴,立即给我写了一封推荐信给美国芝加哥大学的郭晓岚教授(著名的美籍华人气象学家),推荐我去当访问学者。他说,由于"文化大革命",他没能把我们几个研究生带出来,他总觉得很遗憾。现在有了这个机会，他把我们推荐到他的母校，推荐给他的朋友，希望我们能够更好地完成我们的学业（叶先生和郭晓岚先生以前都是芝加哥大学地球物理系的研究生，师从著名的气象学大师罗斯贝）。每当想起这些，我都禁不住热泪盈眶。

我从美国回来后，除了完成学校的教学任务外，还参加了大气物理所的国家重点实验室的研究课题，每年都会去北京两三次，和他见面的机会更多了，每次见到他，他都会询问学校和专业的情况，询问我们本科生和研究生的教学情况。

20世纪90年代以后，由于先生年事已高，他逐渐离开了行政岗位。但他仍然活跃在大气科学的研究领域中。在不少国际国内的学术会议上都能见到他。除了他自己主持全球变化的研究项目外，在有关大气科学方面的重要会议以及有关国家重大基础研究项目的会议上都能听到他的指导性的建议和意见。

2008年中国科大建校50周年前夕，以李崇银院士为首，我们几个1958级的同学打算为校庆文集写一本关于大气科学若干前沿研究的书，反映我校同学毕业后在大气科学方面的贡献。其间我们去拜访了叶先生。那时他已是93岁的高龄，我们到他家时，他还在看文章。对于我们的“文集”，他很支持，给我们提了不少建议。提到中国科大校庆他很兴奋：“时间过得真快，中国科大建校已经50周年了，很怀念中国科大。”我问他能否来校参加校庆活动。他说可惜他身体不太好，要不然，他是很想再到合肥看看中国科大的。

2008年，安徽教育出版社出版了《叶笃正文选》（中、英文两本），选编了他20世纪50年代以来的代表性论著。由于早年的论文都没有电子版，文选中的大量文章都是重新打字和排版的。为了尽量减少印刷的错误，出版社让我和钱永甫（叶先生的另一研究生，中国科大59级校友，南京大学教授、博士生导师）分别对打印的中英文稿进行审读，这使我有机会系统性地重读先生各个时期的论文，也对先生在创立大气长波能量频散理论、东亚大气环流和季节突变理论、大气运动的适应理论以及开创青藏高原气象学和开拓全球变化科学新研究领域等所作出的卓越贡献有了更进一步的了解。先生的渊博的知识、高深的造诣、严谨的治学态度和不断的创新精神都是我们后辈学习的楷模。

先生虽然离我们而去了,但他的思想和他的精神将激励一代又一代的大气科学工作者。相信先生为之奋斗终生的大气科学事业将会得到更大的发展,为社会的进步和繁荣,为人类的幸福安康作出更大的贡献。

叶先生永远活在我们的心中。

绝江者托于船　致远者托于骥

追忆恩师吴仲华先生[①]

徐建中[②]

1963年从中国科大毕业以后，我就考上了吴先生的研究生，那是“文化大革命”以前第一次公开招收研究生。作为首批研究生，招考非常严格。记得在中国科大毕业晚会上，吴先生悄悄告诉我：“你被录取了。”一个星期日的下午，我在力学所的303房间见到吴先生，他对我说了研究生的要求，主要是按照麻省理工学院的标准，让我们做好面对困难的准备。

吴先生不仅是国际著名的科学家，更是爱国知识分子的典范。我们要传承和发扬吴先生爱国报国的情怀，严谨求实的科学态度。

怀揣深重的家国情怀

科学没有国界，科学家却有祖国。回忆和吴先生学习的时光，我深深地感到他是一位有着强烈爱国主义精神的科学家。吴先生在大学期间曾经投笔从戎，到国民党的炮兵部队参军，想到抗日前线去打日本鬼子。但是那个部队训练很久，就是不去上前线，所以后来他又回到清华

① 原载于2018年10月15日《中国科大报》。

② 徐建中，中国科学院院士，中国科学技术大学1958级校友。

大学念书。

1950年朝鲜战争爆发后，时任外交部苏联东欧司司长的伍修权作为特别代表率团出席了严正要求联合国大会及安理会召开有关讨论美国侵略中国、侵略朝鲜的会议。吴仲华去纽约联合国总部旁听伍修权的发言后，义愤填膺，愤然辞去美国国家航空咨询委员会（NACA）的工作，准备回国。从那以后，吴先生和夫人李敏华先生放弃了优厚的待遇和大好前程，一心准备回国。他们利用美国移民局周末休息不办公的机会，以到英国旅游为名，到日内瓦见到周恩来总理，他们根据总理的指示，从东欧经过苏联回到了祖国。

热爱生活　坚守爱情

吴先生在西南联大认识了李敏华先生，他们因音乐而结缘，李先生弹钢琴，吴先生练小提琴，大学毕业后他们在昆明结了婚。他们的感情非常好，用李敏华先生的话讲：“我们一辈子都没分开过，除了出差这些以外，一辈子都在一起。”即使在那暗无天日的“文化大革命”中，他们夫妇都被打成“牛鬼蛇神”“资产阶级反动学术权威”，吴先生还坚定地说：“我这一辈子有两件事至今不后悔，一件是回国，一件是和李敏华结婚。”1983年我们去到昆明开会，他们两位去找结婚时候住的房子，居然找到了，那里已经变成了派出所。

1943年，年轻的吴仲华考取了清华大学的公费留美，进入麻省理工学院学习。在麻省理工学院学习期间，他和李先生的条件比较艰苦，这段时间还生养了两个孩子。他们真的很不容易，一边念书，一边生孩子带孩子，这个负担是可想而知的，特别是对李敏华先生。他们经常是一个上课一个看孩子，另一个下课就来接班，儿子总是比女儿调皮一些，所以带起来更不容易。

读书期间，他们夫妻两人的功课一直很好。热力学这门课的老师叫Keenen，是很著名的热力学教授。当时吴仲华做习题得了5分，李敏华也是5分,他有点怀疑,就以开玩笑的口吻问,是不是吴仲华在家里帮了你。李先生那时女权思想比较重,顿时觉得中国女性被侮辱了,马上厉色和他讲:“没有这回事,他做他的、我做我的,不信你考试。”于是当场出题、考试,结果李敏华得了5分。1947年吴先生在机械系得到了ScD学位(在美国只有麻省理工学院等少数几所学校可以授予ScD,也就是科学博士),1948年李敏华先生获得了博士学位,她是麻省理工学院航空系的第一位女博士。

李先生为吴先生付出很多,她曾经跟我说:“我后来做的成绩不够大,因为很多时间花在吴仲华身上,他这个人个性很强,不太适应这个社会,所以我总怕他犯错误,花很多时间考虑他的问题,我自己的工作只好放下了。”说到这儿,李先生眼里闪着泪花。

专心科研　诞生“叶轮机械三元流动理论”

第二次世界大战以后不久,航空事业发展非常迅速,NACA在克利夫兰成立了刘易斯实验室,吴先生被录用了在那里工作。当时吴先生的老板给了他两个题目,一个叫做气波机械,另一个就是航空发动机的叶轮机械。吴先生拿着两个题目反复考虑,觉得第一个题目由于有强激波,效率不会高,所以决定做第二个了,此后诞生了“叶轮机械三元流动理论”。他选题时非常慎重,是经过多方分析、深思熟虑的,这也是很重要的一个能力,就是判断什么是有希望的,什么是有前途的。

吴仲华先生的这个理论对全世界航空发动机的发展起了巨大作用,许多著名飞机用的发动机在设计、研制中都用了这一理论;几个大的发动机公司都在这个理论的基础上,形成了自己的设计体系。

这个理论不仅有想象能力、严谨的数学推导、清晰的物理概念,还要考虑其方便的工程应用。为此,在选择流面时就需要进一步考虑工程的应用性,他提出了著名的S1和S2流面。这个理论充分体现了工程科学的美,堪称这方面的一个典范。

他的三元流动理论,也是大型工程计算的先驱。当时世界第一台计算机面世,开发商到NACA去宣传,很多人都不用,吴仲华毅然抛弃了解析求解的方法,勇敢地走上了数字求解的道路。

1952年论文正式发表后,这个理论很快在美国成为主流的设计方法,直到现在依然在应用。1956年NACA出了三大本书,核心就是介绍吴仲华的理论。1983年我陪着吴先生去美国开会,参加美国燃气轮机年会,会上一位提出超临界翼型的著名学者Hobbs在做海报,当吴先生提问时,他看了一下吴胸前的名牌,惊讶地说道:"Ah,you are famous Wu!"有人误传斯贝发动机是吴仲华设计的,那是不对的,但是他们来的人的确跟邓小平讲过,斯贝发动机的设计用到了吴仲华的理论。

重基础　重实践的人才培养理念

吴先生对学生要求很严格。我们第一门课叫工程热力学和统计物理。他给一个教学大纲,列了20多本参考书,基本都是国外的。如果有问题可以答一次疑,如果没有就考试。后来我们考试三天,每半天做一个题目。早上八点来,做一道题,十二点交卷;下午一点半来,五点半交卷。这种注重培养学生自学能力的方法,使学生们深入思考了许多方面的问题,也使研究能力有了很大的提升。平常吴先生很关心学生,他对我们说:"我写了这么多论文,没出一点错,除了印刷问题,所以你们以后也要严格要求自己。"

吴先生思考问题的方式、对待工作的严谨态度,让我受益终身。1976年,唐山大地震之后,我们住地震棚里面。当时工作比较紧,我们在力学所三楼的大厅坚持工作,大家把计算机带到那儿去做计算。有的时候,他会利用一些休息时间和我们谈一些学术上的事情,他讲三元流动理论有个激波问题,他一直在想流面上激波是怎么样的,一直没解决。我就在心里记下了这个问题,地震结束之后我就去图书馆查文献,自己分析、推导、研究。1978年1月出国前,我写了一篇东西交给吴先生,当时写在400字一页的稿纸上，用复写纸写了四份。因为这个研究，我成为副研究员。

吴先生对我的影响是多方面的，最重要的是业务上一定要专心和创新，不能跟在别人屁股后面。我们现在一方面要继承吴先生的思想和精神，另一方面最重要的还是要创新，不能在吴先生的理论基础上"躺"着。现在我们有了创新的方法，但我们的旗帜还是吴仲华先生。好不容易有这么一面旗帜，我们不要再丢掉。

严济慈与钱临照:师生报国路[①]

严慧英[②]

"蜡炬精神在,桃李天下知。"这是钱临照先生在追忆恩师严济慈时写下的句子。

钱临照是中国著名物理学家、教育家,中国金属晶体范性形变、晶体缺陷与物理学史等领域研究的奠基人之一,在大同大学就读期间师从著名物理学家严济慈先生。师生两人均为我国科学界的领军人物,他们一生追求真理,热爱祖国,相携而行,在我国科研教育事业发展中共同书写下璀璨华章,也彰显出他们之间真挚的师生情谊。

为国科研　同攀高峰

1930年,留法归来的严济慈担任北平研究院物理研究所所长,并在居里夫人的帮助下筹建起镭学研究所。严济慈带着几名年轻人积极开展现代物理学研究,钱临照也在其中。此事说来还有一番曲折。1931年"九一八"事变后不久,钱临照被迫离开任教的东北大学,入关来到北平,借住在严济慈家中。为生计所迫,他一度决定南下就任上海工部局一家电话局的技工职位,向严济慈辞行时得到挽留。严济慈劝他跟自己从事科研工作,在研究所编制已满的情况下破格录用了他。后来,严济慈更

① 原载于2021年9月15日《中国科大报》。

② 严慧英,严济慈先生的孙女。

推荐他到英国著名实验室留学深造。

此后几年，严济慈带领钱临照等人潜心科研，作出了中国本土最早的一批物理学研究成果。1932年，严济慈、钱临照合作在《法国科学院周刊》第194卷发表了论文《压力对照相片感光性之影响》。这是该刊第一次刊载我国科学家在国内取得的科研成果。截至1935年，严济慈与钱临照合作发表的科学论文有八篇，并在三年内完成了压力对照相乳胶的感光作用之研究、水晶圆柱体在扭力下产生电荷及其振荡的研究等两个课题。由此，严济慈被钱临照视为对自己一生有重要影响的三位老师之首，而严济慈心无旁骛的科研精神，也为钱临照毕生传承践行。

“七七事变”后，抗战全面爆发，严济慈当时正在法国，他不顾友人劝阻，毅然携家眷从法国经由越南来到昆明，“和四万万同胞共赴国难”。严济慈在昆明继续主持从北平迁来的物理研究所相关工作。钱临照同老师一起，“完全转向战时工作”，在黑龙潭附近几间临时实验室、小工厂里，研究应用光学、研制抗日急需的军用仪器。

在日军不时轰炸的险恶战争环境中，严济慈与钱临照共同设计制造出中国第一台高倍率的显微镜镜头，中国光学奠基人王大珩称“其光学质量与外国名厂的产品不相上下”。基于此制造出的500架1500倍显微镜，被送至前线的医疗阵地以及科研机构。还有1000多具水晶振荡器，被安装在无线电台、警报器上，300多套军用测距镜和望远镜被运往我国及印缅战场。这是我国自己制造的第一批光学仪器。钱临照后来对此深情回忆：“回想当年，虽苦犹荣，不禁再次感念严济慈先生对科学的一片赤诚和对祖国的无限热爱。”

教育报国 代代传承

新中国成立后，严济慈的主要精力逐渐投入到为祖国培养科技人才上来，成为中国科大创始人之一。钱临照也追随恩师的脚步来到中国科大为国育才，直到1999年在合肥去世，为祖国的教育事业奉献终身。

1958年,中国科学院决定创办中国科学技术大学。严济慈参与筹备了学校创立,更于花甲之年重登讲台,为莘莘学子亲执教鞭。他讲课生动形象,神采飞扬,学生争相聆听教诲,一时蔚为盛景;而他编写的一本本教材,同样是深入浅出,深受欢迎,培育了我国几代科技人才,从更广泛的层面上泽惠无穷。

1960年,钱临照也调入中国科大任教。多年以后,他以充满感情的鲜活笔触回顾了老师在科大授课的盛况:"听课的学生挤满了学校的礼堂,而先生则如同炉火纯青的表演大师,为台下那一双双渴望的眼睛展示着科学的妙味……"而这也无疑激励了他以恩师"甘当人梯、化作春泥的忘我高风"为榜样,鼓舞了他为中国科大贡献余生。尤其是1970年中国科大迁往合肥时,他慨然决定与中国科大共进退,将户口一同迁往合肥,为学校谋求各方支持、组建教师队伍、规划学科发展等方面发挥了难以替代的作用,成为中国科大的一面大旗。

师生两人在教育事业上的传承,也体现在对求学海外学子的关爱与感召中。两位先生都有早年赴欧留学经历,深知学习西方先进科技的重要性,但更笃定胸怀祖国、学成报国的爱国之心。他们用自己的一生践行了这一点,同时也推动更多的学子前赴后继。

严济慈晚年推动实行了由李政道发起的CUSPEA(中美联合招考物理研究生项目),自1980年正式启动,前后10年间招录了915名赴美深造的学子,成为我国在特殊历史时期培养人才的有效方式,学成回国的学生对我国的科研事业发展影响深远;钱临照针对改革开放初期的人才外流现象,尽己所能为他们回国服务创造条件,还亲笔写信给很多出国深造的优秀人才,介绍国内、校内情况,关怀他们在国外的工作和生活。他还在信笺上加盖"月是故乡明"的印章,对留学海外的学生寄予殷切期待,激励他们学成归来,报效祖国。中国科学院院长侯建国作为钱临照的博士生,他在留学期间就受到钱先生的关怀和感召,从而更坚定了回国服务的决心。

循着严济慈与钱临照两位先生共同的历史足迹,我们看到了他们与国家命运共振偕行的壮阔诗篇,不仅感受到他们深厚的师生之谊,更深切地体会到老一辈科学家求真务实、报国为民、无私奉献的爱国情怀和高尚品格。

把红旗高举起来　插上科学的高峰[①]

深切缅怀中国科大首任校长郭沫若

包信和[②]

11月16日，是郭沫若先生130周年诞辰。郭沫若先生是著名文学家、历史学家、古文字学家、书法家和社会活动家，是我国当代思想文化界的一面旗帜。同时，他也是中国科学院首任院长、中国科学技术大学首任校长。

作为首任校长，他在校训校风、办校方针、学科发展、人才培养等方面有许多重要的思想和实践，充分体现了他作为杰出教育家的远见卓识和非凡才华。他留给我们的宝贵精神财富，激励着一代代中国科大人牢记“科教报国、追求卓越”的初心使命，奋力把红旗插上科学的高峰。

红色，最鲜亮的办学底色

1958年，为了给“两弹一星”事业培养尖端科技人才，中国科大在北京成立。它的诞生被誉为“我国教育史和科学史上的重大事件”，成立第二年就被列为全国重点大学。

“我们的学校如果可以说像一张白纸，就请把它办成最新最美的学

① 原载于2022年11月25日《中国科大报》、2022年11月14日《中国教育报》，有删节。

② 包信和，中国科学院院士，中国科学技术大学校长。

校吧!"郭沫若先生亲自创办中国科大并担任校长,亲历1970年学校南迁合肥,直至1978年逝世。20年中,他在这张洁净的白纸上倾注了巨大的心血,画出了一幅幅最新最美的画卷。

自担任校长之日起,他就反复强调,要按照社会主义的教育制度办学,坚持党的领导,学校的行政实行党委领导下的校务委员会负责制。1958年9月20日,在学校首届学生开学典礼上,他发表了题为《继承抗大的优秀传统前进》的致辞。

红色,是中国科大最鲜亮的底色。"迎接着永恒的东风,把红旗高举起来,插上科学的高峰。"1958年,在由郭沫若校长作词的中国科大校歌《永恒的东风》里,他对学生提出了"又红又专、理实交融"的要求。为了使学校有声有色地继承抗日军政大学的优良传统,他特意请抗大校歌作曲者吕骥为校歌谱曲。在1959年开学典礼上,他发表了题为《勤奋学习,红专并进》的致辞,并专门题赠"勤奋学习,红专并进"激励学子。1988年9月,在建校30周年之际,"勤奋学习,红专并进"作为中国科大的校风正式确立。如今的校训"红专并进,理实交融"都源于郭沫若校长,后经不同时期提炼和概括,已在一代代中国科大人身上发扬光大。

党的二十大报告明确提出,坚持为党育人、为国育才。党的十八大以来,中国科大始终将党的领导融入办学治校全过程,坚持党委领导下的校长负责制,以实际行动践行郭沫若校长的教育思想,深入开展以抗大精神、"两弹一星"精神、科学家精神为核心的中国共产党人的精神谱系教育,引领广大师生心怀"国之大者",以科教报国为己任,把论文写在祖国大地上。

培养尖端科技人才,从打基础开始

中国科大是一所为"两弹一星"事业创立的大学,学校的特点是专门培养尖端科学技术人才。1963年9月,郭沫若校长在《建校五周年纪念科学论文集》发刊词上指出,为国家多多培养人才,多多贡献出科学成果，这是本校建校的根本任务。当前，中国科大把“潜心立德树人、执着攻关创新”作为两大核心任务，这与郭沫若校长的办学思想一脉相承。

为实现培养德才兼备的科学尖兵的目标，郭沫若校长积极主张实行“全院办校，所系结合”的办学方针，倡导科学与技术相结合、教育与科研相结合、理论与实践相结合，重视基础理论教学，希望同学们在实事求是的基础上大胆创造，在大胆创造的风格中实事求是，采用多种形式探索培养科技英才的新途径。“全院办校，所系结合”办学方针的实施，改变了我国过去办教育单一的传统模式，充分体现了中国科学院办大学的特色和优势，在我国高等教育史上影响深远。时至今天，“全院办校，所系结合”依然是中国科大办学治校和始终实践的重要方针，学科交叉已经成为学校的重要特色。

中国科大培养的学生底子好、冲劲大，勇于创新、敢于超越、力争一流，这是社会各界对学校的赞许。实际上，这与郭沫若校长从创校时起就特别重视打基础密不可分。郭沫若校长在1958年首届学生开学典礼上表示：“我们不仅要掌握尖端，而且要有深厚的基础，广博的知识，丰富多彩的技能。”在郭沫若校长的倡导下，钱学森、郭永怀、严济慈、华罗庚、吴有训等著名科学家纷纷登台授课。如今，这一传统在学校很好地被继承下来，两院院士、国家名师亲自给本科生上基础课，成为校园里随处可见的风景。

党的二十大报告提出了“加强基础学科、新兴学科、交叉学科建设，加快建设中国特色、世界一流的大学和优势学科”的要求。建校64年来，中国科大在人才培养领域特别注重“基础宽厚实、专业精新活”，通过“科教结合、所系结合、理实结合”和“科教融合、产教融合”，着力提升学生源头创新和实践能力，逐步形成“两段式、三结合、长周期、个性化、国际化”的创新人才培养模式。

从重视打基础，到重视基础研究、学科交叉融合，中国科大在基础性、战略性工作上下功夫，近年来创新成果呈现出厚积薄发之势。党的十八大以来，从世界首颗量子科学实验卫星“墨子号”、世界首条千公里级量子通信京沪干线，到"九章号""祖冲之号"量子计算原型机，再到世界首颗量子微纳卫星，中国科大在前沿交叉学科量子信息领域成功攀登一个个科学高峰，让"中国量子声音"在世界舞台愈加响亮。与国家航天局、安徽省共建我国首个深空探测实验室，与紫金山天文台共建大视场巡天望远镜，打造北半球巡天能力最强的光学望远镜，开启星空探测新征程，探寻人类深空新疆域。探索实践的"科大新医学"，以"理工医交叉融合、医教研协同创新、生命科学与医学一体化发展"为办学理念，正在推动中国临床研究走向世界。

人才培养的中国特色、科大风格

平等、自由、宽容，一直是中国科大的传统。1983年12月14日，邓小平同志曾称赞中国科大"办得较好，年轻人才较多"。学校年轻人才多、学术气氛浓，这与郭沫若校长在创校初期就倡导的民主作风息息相关。郭沫若校长兼容不同学派并存，提倡各种学术观点自由争鸣，校内学术空气浓厚而活跃。

郭沫若校长的办学思想，在今天依然深深地影响着学校发展。党的十八大以来，中国科大统筹开展兴趣导向的自由探索和目标导向的有组织科研，充分尊重学术规律，营造宽松的学术氛围，实施长周期柔性考核机制，不设置"科研工分"，以"阶段考核"代替"年度考核"，以"同行交流"代替"述职考评"，重点关注代表性成果的创新点和意义。鼓励青年人才"揭榜挂帅"，在国家重大战略任务中挑大梁、当主角，激发青年人才创新活力，为他们提供足够的"试飞"天空。2021年，入选"中国青年五四奖章集体"的"九章"光量子计算原型机研制团队28名成员中，就有16名在读研究生。他们以实际行动展现了青年一代中国科大人的担当作为。

作为著名文学家，郭沫若校长深知人文精神的重要性。在创校初期，他多次倡导"科学与文艺相结合"，鼓励同学们在钻研科学技术的同时学些文学，以更好地实现科学发明、发现。为实践这一理念，他还用稿费为学校修建游泳池、买放映机和影片，把自己创作剧本的首演票送给师生，亲自为学生修改文学作品。如今，中国科大注重培养学生的人文素养，在推动基础学科率先一流与新工科、新医学跨越式发展的同时，着力打造"科"字当头的特色文科，让学校既能高扬科学技术风帆，又不缺少文化传承，这与郭沫若校长当年的倡导和鼓励不无关系。

党的二十大报告提出，"办好人民满意的教育"，"落实立德树人根本任务，培养德智体美劳全面发展的社会主义建设者和接班人"。2016年4月26日，习近平总书记考察中国科大，勉励同学们"做有理想、有追求的大学生，做有担当、有作为的大学生，做有品质、有修养的大学生"。党的十八大以来，中国科大坚持用习近平新时代中国特色社会主义思想铸魂育人，牢记"为党育人、为国育才"的光荣使命，全面落实立德树人根本任务，坚持育人为本，德育为先，探索构建中国特色、科大风格的人才培养体系，充分发挥思想政治教育的作用，构建全员参与、全过程融入、全方位覆盖的"大思政"格局，全面提高人才自主培养质量，努力培养德智体美劳全面发展、堪当民族复兴重任的"六有"大学生。

"青年，是人类的春天"

郭沫若校长常说："青年，是人类的春天。"中国科大成立后，他总是满腔热情地关心青年学生成长，对青年一代循循善诱、关怀备至，深受广大师生的爱戴。

新中国成立初期，作为国家领导人，他日理万机，但只要有时间，就总是与学生在一起。在那个特殊年代，为了让学生吃饱肚子、增加营养，他亲自去相关单位和部门"化缘"。在食堂就餐时，他经常跟同学们一样站着吃，甚至亲自给同学们打饭添菜。1959年11月23日，他将《沫若文集》的版税2万元捐给学校，用于帮助生活困难和衣被不足的学生。他对学生的爱，给远离故土亲人的学子带来了温暖。

郭沫若校长经常鼓励学生努力学好科学知识，并热情推荐具有艺术天赋的学生们转学到音乐学院、戏剧学院等。1960年11月21日，他在给1959级学生刘凌霄的回信中，鼓励他"科学登上第一峰，火箭拏云摘星昴"。1963年，生物物理系学生曲信先热衷于写剧本，郭沫若校长看过他的话剧作品《斯巴达克斯》后大加赞赏，亲自帮他修改了72处，并主张因材施教，在征求其意见后，推荐他到上海戏剧学院继续学习。郭沫若校长的慧眼识才，为新中国培养了一名优秀的剧作家。

郭沫若校长逝世前，曾将15万元稿费捐给国家。1980年2月25日，经中国科学院请示国务院，国务院正式批准中国科大利用这笔稿费设立"郭沫若奖学金"，以鼓励品学兼优的学生，激励广大青年学生献身科学事业。"郭沫若奖学金"是经国务院批准设立的新中国第一个奖学金，至今仍是中国科大学生的最高荣誉。40多年来，该奖项得主群星璀璨、英才辈出。

建校64年来，在郭沫若校长的实际行动带领下，学校始终将学生冷暖挂在心上。学校自2004年在全国率先试行"隐形资助"，对处于预警线下生活困难的学生进行隐形补助，这种"偷偷地补助，暖暖的关怀"让家庭经济困难学生感受到了平等和尊严。党的十八大以来，学校围绕学生思想、学业、生活、安全、健康、心理等方面，独创了基于网络、大数据和人工智能的"六个预警与援助"体系，全方位呵护学生成长。其中，"隐形资助"和"教学管"联动的管理创新工作，分别获批教育部高校思想政治工作精品项目，成为全国思想政治育人的品牌。

传承，对老校长最好的纪念

1977年8月，中国科学院在北京召开中国科学技术大学第一次工作会议。会议期间，郭沫若校长抱病与会议代表座谈，并为学校题词"忠诚党的教育事业"，鼓舞广大教师热爱教育、热爱教学、热爱学生。1978年春，他抱病出席全国科学大会开幕式，并在闭幕式上发表了书面讲话《科学的春天》，再次吹响向科学技术现代化进军的号角。

1978年6月12日,郭沫若校长在北京逝世。逝世前,中国科学院领导去医院看望他,他表示:“请你们代我问科技大学的同志好。”这是老校长对中国科大的最后关怀。

最深的缅怀是铭记,最好的纪念是传承。郭沫若校长一生心系学校发展、心系学子,在办学治校方面给我们留下了宝贵的精神财富。建校64年来,我们传承和弘扬郭沫若校长的教育思想,在教育、科技、人才等领域为国家作出重要贡献。这些成就的取得,是对郭沫若校长最好的纪念。

党的二十大报告指出,“教育、科技、人才是全面建设社会主义现代化国家的基础性、战略性支撑”,“必须坚持科技是第一生产力、人才是第一资源、创新是第一动力”。大学是“科技第一生产力、人才第一资源、创新第一动力”的交汇点,在服务国家创新驱动发展中具有独特且不可替代的作用。

在新时代的赶考路上,我们将以习近平新时代中国特色社会主义思想为指导,深入学习贯彻党的二十大精神,牢记习近平总书记对中国科大的殷殷嘱托,大力弘扬“红专并进,理实交融”的校训精神,潜心立德树人、执着攻关创新,在基础性、战略性工作上多下功夫,高质量建设中国特色、科大风格的世界一流大学,为加快建设教育强国、科技强国、人才强国作出新的更大贡献。

后　记

今年是中国科学技术大学建校65周年。为献礼中国科大65周岁生日，校党委宣传部精心谋划推出“文化育人”系列图书，力求从文化的角度探求学校在逆境中挫而不败、愈磨愈坚的成功密码。

《中国科大报》与中国科大同龄，截至2023年11月，已经出版1044期。自创刊以来，科大校报(校刊)几经更名。1958年9月24日，《中大校刊》在北京创刊；1959年10月1日，《中大校刊》更名为《科大校刊》；1960年8月至1980年10月，《科大校刊》由于种种原因停刊；1980年11月30日，《科大校刊》复刊；1983年3月15日，《科大校刊》更名为《中国科大》；1992年1月20日，《中国科大》更名为《中国科大报》，这一名称一直沿用至今。

65年来，中国科大校报(校刊)始终与科大同成长、共进步，既记录着学校成长过程中的重大事件，也记录着办学治校的理念、精神等，体现着科大文化的探索和传承，更是展示学校“潜心立德树人、执着攻关创新”的重要窗口，是校史研究中极为宝贵的历史资料。

《校报里的“科大范”》是中国科大校报(校刊)文章的首次结集出版，全书共分六个部分：“理念篇”记载着中国科大办学理念的由来；“精神篇”记录着对科大精神的文化思考；“寄语篇”是领导、校友对广大师生的寄语和期望；“创新篇”记录的是一代代科大人的创新实践；“校园篇”是校友对母校学风、师风、校风以及一草一木的深情回眸;"追忆篇"记录的是后辈学人对前辈先贤的追思和怀念。

在本书编写过程中,校档案文博院执行院长方黑虎对书稿进行了审读,并提出宝贵的修改意见;王敏、宋宇昊、李楠等同志在书稿整理中付出了辛勤的劳动,在此一并致谢!

由于编者水平有限,本书所选稿件时间跨度较长,如有疏漏和不足之处,恳请读者朋友不吝赐教,以便于我们再版时进一步修订完善。

本书编委会

2023年11月